孙春成语文课堂立体教学丛书

本成果荣获2017年基础教育广东省教育教学成果一等奖
本成果荣获2018年基础教育国家级教育教学成果二等奖

语文课堂问题教学课型

孙春成　著

山西出版传媒集团
山 西 教 育 出 版 社

图书在版编目（CIP）数据

语文课堂问题教学课型／孙春成著. — 太原：山西教育出版社，2018.11（2019.1 重印）
ISBN 978－7－5703－0072－3

Ⅰ. ①语…　Ⅱ. ①孙…　Ⅲ. ①语文课—课堂教学—教学研究—中小学　Ⅳ. ①G633.302

中国版本图书馆 CIP 数据核字（2018）第 226975 号

语文课堂问题教学课型
YUWEN KETANG WENTI JIAOXUE KEXING

责任编辑　康红刚
复　　审　康　健
终　　审　杨　文
封面设计　何柳媚
封面题字　钱梦龙
折封摄影　李科军
内文设计　薛　菲
印装监制　蔡　洁

出版发行　山西出版传媒集团·山西教育出版社
（太原市水西门街馒头巷 7 号　电话：0351－4729801　邮编：030002）
印　　装　山西新华印业有限公司
开　　本　720×1020　1/16
印　　张　15
字　　数　268 千字
版　　次　2018 年 11 月第 1 版　2019 年 1 月山西第 2 次印刷
印　　数　3 001－6 000 册
书　　号　ISBN　978－7－5703－0072－3
定　　价　54.00 元

序

于　漪

学科教学是实施素质教育的主渠道，课堂教学是实施素质教育的主阵地。在全面推进素质教育的今天，研究学科课堂教学，探讨提高课堂教学质量的途径与方法，无疑是具有现实意义的好事。孙春成老师关于《语文课堂问题教学课型》一书的出版正是应时而生。

早在20世纪90年代就听到孙老师勤于语文教学改革的事迹，由于地区间距离甚远，我又年老多病，未能有机会亲耳聆听他对语文课堂教学改革的高见。现读《语文课堂问题教学课型》书稿，受到不少启发。

首先，孙老师迎难而上、执着地追求。中学语文教学究竟如何能有效地提高质量，使受教育者在一定的学习阶段提高理解和运用祖国语言文字的能力，提高语文素养，不仅是语文界讨论的热点，也是社会各界关注的问题。1904年，“癸卯学制”颁布，中国现代语文教育随之展开，百年来不知有多少文人学者为之倾心尽力，探求其中规律，寻求语文教育的真谛。于是，各种见解风起云涌；于是，评是说非比比皆是。语文教育质量的有效提高，成了百年来必须攻克的大难题。孙老师作为教学第一线的语文教研员能笑迎困难，三十多年如一日，坚持探索，这种执着追求的精神是难能可贵的。

其次，孙老师广为采集、潜心钻研。从书稿内容上看，真正做有心人，把语文教学中种种鲜活的材料广为收集，分门别类进行研究，并纳入一定的框架，进行理论上的阐述。这里，至少有两点值得赞扬：一是博采众长，虚心向别人学习；二是静得下心，排除外界诱惑，扎扎实实进行研究。在市场经济浪潮的冲击下，能甘于寂寞，实实在在做学科研究工作，也是难能可贵的。

最后，孙老师抓住关键、寻求突破。课堂教学可研究的内容十分丰富，可研究的角度也很多。特别是改革开放以来，国外这方面的种种理论、种种做法洪涌而至，由于国外教育个性化特征鲜明、做法各异，以至于纷至沓来时，往往使我国教师目不暇接。再说，语文教育是母语教育，民族精神是其中的魂，照搬照抄外来的东西，最终的结果是丧失了自己；而丧失了自己，结局则是非常可悲的。因此，借鉴外来的东西要善于筛选，吸取有价值的，拿来为我所用。从学理上说，即是在母语教育中要站得住脚。孙老师在诸多做法中选择了“问题教学”进行研究，意图以此为突破口，逐步实现语文教育的终极目标——学生会自研自学，达到“不需教”的理想境界。这样的选择也是用过心思的。《语文课堂问题教学课型》一书就基本理论，教学目标，基本结构与功能，教学原则，培养学生发现问题、提出问题、分析问题和解决问题的能力，策略观等诸方面进行了详尽的论述，重在培养学生的思维能力和创造意识，有利于促进学生的发展。语文课堂内的问题教学的方方面面思考得如此细致，也是极其不易的。

深化语文课程改革，是篇内涵极为丰富的“大文章”，理论上要加强研究，实践中要加强试验，从理论和实践相结合的高度认清语文教育的内在规律，扎扎实实向前迈进，学生必能深受其益。孙老师数十年来在这方面的努力，对语文教学改革身体力行地做了许多工作，本书是他改革的力作，会给从事语文教学的同行带来不少启发。

2017 年 5 月 8 日于上海

目　录

第一章

问题教学的基本理论

第一节　马赫穆托夫的问题教学理论

一、问题教学的内涵

“问题教学”是由苏联教育科学博士、教育科学院院士米·依·马赫穆托夫首先倡导的，在他的两部著作《问题教学的理论和实践》（1972）、《问题教学基本的理论问题》（1975）中，对问题教学的理论和实践做了详细的论述。

什么是问题教学？马赫穆托夫写道：“问题教学是发展性教学的高级类型，在这种教学结构中占主导地位的是对话设计和认识性作业，这些对话设计和认识性作业需要由教师系统地创建一些问题情境，并组织学生为解决教学问题而进行活动，同时也将学生的独立探索活动与掌握正确的科学结论最优地结合起来。”

众所周知，任何教学都能发展人，发展人的实际技能和技巧，发展人体的灵巧性，发展人的记忆、复现性和创造性思维，发展人的创造能力等。传统教学着重发展的是记忆和复现性思维，是发展教学的低级类型；而问题教学所发展的是学生的智力和情感，是创造性思维，因此，它是发展性教学的高级类型。

所谓对话设计，是教师和学生以提问和回答的方式相互作用的各种形式。所谓认识性作业，是指学生尚不了解的知识、尚不知如何解决的问题。马赫穆托夫认为，采用对话设计这种直接交际的有效手段，与认识性作业有机结合起来，能促使学生在问题情境的条件下进行积极的探索活动。

这里提到了问题情境。对此，马赫穆托夫有着独特的见解。他说：“问题情境并非是一般地被看作是与思想进程遇到意外‘障碍’相关的那种智力紧张状况，而是在一定的教学情境中，由于学生以前所掌握的知识、智力、方法，在客观上不足以解决已产生的认识任务时，所引起的那种智力困窘状况。意外的困窘总是使人感到惊异、困惑，并促使人进行智力探索。”“紧张”和“困窘”的区别就在于：引起紧张的新知识与过去的知识和经验是无关联的，而引起困窘的新知识同学生以前所了解的某种概念与事实之间存在着内在的联系。

按照对话设计和认识性作业的要求，需要教师系统地创造一些问题情境，马赫穆托夫指出了下述一些最常用的创造问题情境的方法：

——激发听课者去解释现象、事实以及它们之间的联系；

——激发听课者去解释概念的实质，探索概念、定理实际运用的方法；

——激发听课者分析现实中这样一些事实和现象，这些事实和现象使人们的日常生活观念与关于这些事实的科学概念发生矛盾；

——激发听课者对事实、现象、结论、规则、作用进行比较、对照和对比；

——让听课者了解那些似乎是不可解释的，但在科学史上却导致提出科学问题的事实；

——组织课程间的联系，其目的在于利用一门科学的结论解释另一门科学的结论等。

对问题情境的分析，对“困窘”的实质的理解，会导致教学问题的产生。

马赫穆托夫认为，教学问题是以课题或任务的方式专门设计出来的逻辑形式。学生以前的知识中没有对这些课题和任务的答案，这种专门设计出来的逻辑形式，旨在组织学生创造性地掌握知识以及智力和实践活动的方法。可以把这种逻辑形式理解成用语言表达的问题情境的内容，这种问题情境之所以产生，是由于学生头脑中未知的解释新事实的方法和他以前的知识发生了矛盾。

教学问题与科学问题有许多共同之处。但是，它的内容与科学问题内容的区别在于，在教学问题中包含的只是学生所不了解的知识，但这些知识却是人类（科学家、学者、教师等）已经了解的。

教师的主导作用首先就表现在将学科的教学问题划分出来，并将它展开成按顺序解决的逻辑链条。

二、问题性原则

马赫穆托夫为“问题教学”规定了两条原则，称作问题性原则，从而构成了“问题教学”的理论基础。问题性原则之一是说“教师要使学生了解在科学历史中概念发展的逻辑，再现形成关于现实的现象、过程和事物的概念中的科学思维的进程”。问题性原则之二是说“通过解决教学问题，即通过解决‘矛盾、提示作为对立面的统一体的新概念的实质’来掌握所研究的概念”。这两条原则反映了认识的辩证方法原则。

三、问题教学的四种层次

问题教学由低级向高级，可分成四种层次：一般性层次→半独立性层次→独立性层次→创造性层次。教师的主导作用又表现在适时地引导学生完成这种由低层次向高层次的过渡。

四、问题教学的组织意义

关于问题教学的组织，马赫穆托夫着重谈了下列三点：

第一，把问题划分成信息性问题和问题性问题具有重要意义。

教师不断地提出问题，以了解学生掌握知识的程度。在这种情况下甚至复杂的、重要的问题，也不能算是问题性问题，因为提这些问题的目的是要学生用已有的知识做出回答，这样的问题一般不会激起学生的积极思维活动，记忆在现有的“大脑仓库”中寻觅现成的信息，并不使脑力紧张工作，这就是信息性问题。问题性问题是有关这种问题的答案既不存在于学生以前的知识中，也不存在于所提供的信息中，而能够引起学生的智力“困窘”的这样一些问题。问题性问题包含着认识矛盾，包含着听课者尚未提示的问题、未知的领域和一些新的知识，为了获得这些新的知识必须进行某种智力活动和一定的智力探索。

在什么样的条件下问题才算是问题性的呢？首先，问题应该与以前掌握的概念和观念有着逻辑联系，也应该与在一定的教学情境中需要掌握的概念和观念有着逻辑联系；其次，必须使问题具有认识上的难度；最后，问题应该引起听课者的情感反应，使听课者在将新的东西与以前已知的东西进行对照时产生惊异感，感到现有知识、技能和技巧的不足。

第二，把习题区分为问题性习题和非问题性习题具有重要意义。

由讲课者提出并讲解的习题，对于听课者来说就不是问题性习题，因为新的解决原则（方法）是听课者从教师的讲解中获得的，而不是通过自己的独立探索来获得的。为让学生独立发现新东西而采用的习题，旨在让学生得出规则、规律和发展智力活动的方式，能引起学生的创造性认识活动，这就是问题性习题。这类习题对问题教学来说具有典型的意义。

第三，把讲课区分为问题性讲课和非问题性讲课具有重要意义。

这就是说，讲课要少用一些独白式的讲述，多用一些示范式和对话式的方法；不要对问题进行详尽地阐述，而是探寻正确解决这些问题的过程。问题性讲课的最可贵、最有效和最有趣的方面，正是这一过程——即问题的产生和解决问题的逻辑本身。问题性讲课的最大特点是叙述的论战风格，教师要展现出在解决问题的不同阶段所产生的各种不同的科学思想流派。关于问题性讲课的高效率可以由以下的一些听课者的标志来证明：始终集中注意力；有思考地抓住主要思想做好笔记；能提出一些问题，旨在弄清楚所考察的事件、现象中的因果联系；力图回答讲课者的问题；善于在课堂讨论中使用讲课中的材料。

五、问题教学的本质性特点

至此，马赫穆托夫已把“问题教学”基本解释清楚。为了加深对它的理解，他进一步与“讲解——直观型教学”相比较，以揭示问题教学的本质特点。

按教学目的来说：

——学生创造性思维活动比表面的执行性活动占优势；

——有目的地形成智力活动的一般方式的体系——确定概念；分析和区分出主要的东西；比较、概括和系统化、具体化；通过解决教学问题来证实或否定这些活动，比按照规定或范例来掌握现成的解决任务的方法占优势。

按教学内容来说：

——在教材中概括——理论性的叙述知识代替了罗列事实的经验性叙述，有着自己的归纳和演绎相结合的逻辑、过去的经验与所学知识相联系的逻辑；

——掌握知识被看作是总体发展和智力发展的手段，而不是被看作是目的。

按教学方法来说：

——教学方法不是被看作活动的具体方法，而是被看作教者和学者双方相互作用的规律体系；借助教学方法组织、发展学生思维的有控制的过程，而不是让学生思维的发展过程成为自发的无控制的过程；

——占主导地位的是组织学生独立地掌握新教材的教学认识活动，而不是教师独白式地叙述新教材，学生死记硬背这些教材；

——使用对话设计和问题的认识性习题相结合的方法，多于使用讲课者通报性的叙述教材和非问题性的提问的回答形式以及非问题性的作业和习题；

——教师在活动和与学生交往中，采取能促使学生自由发表自己见解的民主作风，这种作风被认为比权威式的、只促进执行性学习的那种作风更重要。

第二节 从教学论史的发展看问题教学的意义

一、问题教学的产生背景

20世纪60年代中期，在苏联教学理论界，问题教学的研究特别活跃，问题教学的产生，是苏联教学论发展的一个阶段。问题教学产生的背景一方面取决于社会对人才的实际需要，另一方面也是教学论本身发展的结果。与赞科夫的教学与发展理论、达维多夫的学习活动理论一样，问题教学也同属于发展性教学理论。

教学有一个历史演变过程。它的改变首先取决于生产力水平和生产关系，取决于社会需求以及社会条件、社会的精神财富、文化传统和文明程度。任何一种社会经济结构内部总有它独特的教学类型和模式，从远古时代通过观察、模仿与继承长者经验，到现代以解决实际或理论问题的方式独立掌握新知识，都是因社会经济结构的变化而决定的。

原始社会发展缓慢，是同当时低下的生产力分不开的。当时的教育还融合在生产劳动和生活中，成年人言传身教，后辈人观察模仿。奴隶制社会时期，主要是自发实践式和口传经验式教学；封建社会主要是教条式（口授教条）教学；资本主义时期主要是口授兼直观式教学；苏联时期主要是讲解兼演示式教学（20世纪20—50年代）。

当现代科技革命席卷全球之后，苏联传统的讲解演示教学便跟不上时代要求了，于是开始了对发展性教学理论的研究探索，问题教学即是其中一个流派。

问题教学是应时代之需而产生的，其宗旨是发展学生思维的独立性和创造性。这符合科技革命时代对人才的要求，也正是它的进步意义所在。

问题教学的渊源可以追溯到古希腊苏格拉底的对话式辩论以及近代美国杜威的“通过解决问题进行学习”的思想。杜威的思想获得广泛传播，是因为它反对传统的教条式教学，提倡学生从事独立解决问题的实践活动。他建议取消其他一切形式和类型的教学，取而代之的是学生通过解决问题而形成的独立学习，并且重心是从事学习性的实践活动。他的这种做法对实用的一面过分强调，忽视了理论知识。杜威实用主义的理解思维，把行为的生物学规律机械地照搬于教学论中，由此对应地把科学研究中使用的方法机械地照搬于教育学。随后，杜威以实用主义哲学为基础的教学构想遭到美国教育界的批评并退出了历史舞台，因此无法用来创立问题教学理论。杜威的构想没有哲学上、心理学上、教育学上的可靠论证，只是一种狭隘的解决问题的理论，而不是完整的问题教学过程理论。

当代科技革命给教育提出了新的智力培养目标：培养每个学生的独立认识能力和创造能力。独立认识能力的标志是：

1．能从各种不同的独立渠道获取新知识，能以独立钻研和“发现”的方式获取新的技能和技巧；

2．善于把这些已获得的知识、技能、技巧用于自学；

3．善于把它们用在实际当中，解决各种问题。

而创造能力的标志，是乐于从事独立思维活动，并且具有从事这种活动的能力。这些品质的培养途径，就是让学生参加独立认识活动、积极的智力活动和创造性活动。具体地说，就是通过问题性问话、问题性任务和研究性作业使学生处于问题情境中，从而激起学生紧张的智力活动，去独立地、探索性地获取知识。这就是科技革命时代对人才提出的智力培养目标和培养途径。

传统教学已难以适应这种目标和途径。20 世纪 60 年代以前在苏联形成的讲解演示性教学，只强调学习系统知识，而不从当代所需水平出发去发展学生的独立性和创造力，它的明显弱点是：

1．其教学内容和方法都使学生的认识达不到必需的科学水平；

2．它只授予学生系统性知识并发展学生的记忆力，而不能形成内部动机体系以充当发展其思维的心理基础；

3．它的教学法体系中教条式熟记的比重过大，无法保证掌握智力活动的方式和应用已有知识的技能；

4．它限制学生的独立认识活动，不能为发展其天资和培养其创造力提供条件。

传统的教学论没有把教人思考作为重要目标予以重视，关注的中心是积累知识和发展记忆力，而学生理解思维能力的发展靠自发、顺便解决，得不到保证。思维发展问题的心理学成果并未在教学论中充分运用，也未用相应的教育心理学知识充实教师。

时代鞭策着教育工作者去更新教育观念和实践。20 世纪 50 年代末至 60 年代初，苏联的利佩茨克州、罗斯托夫州、新西伯利亚州和鞑靼斯坦共和国等地，涌现出许多先进的教育经验。它们的共同特点是：

1. 加强教学与生活的联系；
2. 改变上课的传统结构；
3. 提高学生课堂独立工作的比重与作用；
4. 结合教材讲述，提出认识性任务；
5. 加强教学的个别化；
6. 贯彻教学预见原则；
7. 变革上课的进程，更新课的结构。

其突出特点是：让学生独立钻研、探索和由他们“发现”新规律的成分增强了。

专门研究问题教学这个课题的学者有马赫穆托夫、马丘什金等。马丘什金在其专著《思维和教学中的问题情境》（1972 年）中写道：“问题教学之所以在我国获得如此推广，是因为它试图解决一项重大的社会任务——形成创造型的个性。”他还认为，问题教学的推广也是苏联心理学研究成果渗入教育学的证明，问题教学依据了心理学关于思维规律的研究成果，即思维过程首先是解决问题的过程。

二、问题教学的本质

关于问题教学的本质，列尔耐尔写道：“问题教学的本质在于，学生由教师经常引入寻求有根据地解决对他们来说是新问题的办法的过程，由此他们就学会独立地获取知识、运用原先学过的东西和掌握从事创造性活动的经验。”马赫穆托夫把问题教学看作是一种“发展性教学，在这种教学中学生经常性的独立探索活动同他们学习现成的科学结论结合在一起，而教学方法体系和建立要考虑问题性目的和问题原则……问题教学是现代发展性教学体系的主导因素。”

三、问题教学的实验

苏联学者认为问题教学带来的效益是不言而喻的。例如：休金娜指出，“从其对认识性兴趣的影响这个角度看，问题教学在客观上拥有一些宝贵之处，即它能促使学生中出现一般认识性兴趣所特有的情状：惊奇，迷惑不解，智力活跃，情绪高涨，试图去认知，试图更深入地了解自己感兴趣的对象。”

教师在问题教学中起着主导作用，列尔耐尔指出：“甚至在学生独立解决某个问题的情况下，教师的主导作用早就体现在他的备课工作中了，他要去建立一个特殊的施教结构，而这对于他是一种创造性的任务。”

正是由于新时代的要求和先进经验的不断涌现，唤起马赫穆托夫和其志同道合者去开展问题教学的实验。他们当初形成了一个基本构想：知识中相当大的一部分可以不用现成形式传授给学生，而由学生在问题情境下，在独立的认识活动过程中去获得；在此场合下，学生作为学习——认识主体的作用和教师作为学生独立认识活动组织者的作用同时增强。其实验和研究所依据的初步思路是：

1. 教学中，教师传授现成结论与学生独立获取知识结合进行，但增强后者的作用。

2. 变重复熟记式掌握知识的原则为通过独立智力活动掌握知识的原则，后者应成为起主要作用的原则。

3. 以问题教学思想为实施依据。问题教学思想建立在辩证法、现代形式逻辑学、发展性教学理论、思维与活动心理学的基础上。

就这样，马赫穆托夫及其同事们开始了《问题教学》课题的研究，并最终形成了自成体系的问题教学理论。马赫穆托夫是问题教学理论的创始人之一，他直接论问题教学的专著有：《问题教学的理论与实践》《问题式上课的基本问题》。论文有：《问题教学》《鞑靼先进教师经验中的问题教学》《问题教学及其特点》。他的总结性专著是1975年问世的《问题教学基本理论问题》，分上、下两编：上编着重阐明反映论问题和认识过程的矛盾问题，人的思维能力的发展规律及科学认识与教学的相互关系问题；下编论述问题教学思想本身，包括学习性问题概念的内涵、问题式学习的逻辑、激活学生学习认识活动以及培养创造能力的方法，并论证了作为教学体系和教学方法新结构的问题教学过程。

此后问题教学的理论研究逐步深入，并在各级各类教育机构的实践中得到了推广，还提供了各学科如何进行问题教学的参考书。

在实施问题教学过程中引起诸多教学因素、环节的变化，其后开展起来的对课作为一个整体系统的研究逐渐形成了苏联教学论中课的理论的一个新的发展阶段。

第三节　问题教学的心理学依据

一、问题性思维

为了说明问题教学的心理学依据，我们首先概览世界范围内各种心理学流派的理论及其对应的教学模式：

1．联想理论，与之对应的教学模式是操控感性经验积累和其加工过程；

2．条件反射理论，对应教学模式是通过组织实践活动来刺激学生认识和研究的积极性；

3．符号理论，对应教学模式是形成学生概括性概念系统和智力活动方式；

4．操作理论，它是通过组织学生的实物——言语活动来控制其心理活动的教学模式的基础。上述第一种联想理论，即复现思维理论是讲解演示教学的心理学基础。

苏联心理学和教学论领域有两个双双对应的流派。这就是：

1．认为思维是分析和综合的过程，强调分析和综合及其派生的抽象与概括的相互关系，与此对应的是概念形成论。这个流派认为，学生智力发展的最重要的推动力，是他积极克服掌握概念过程中所产生的困难（代表人物有赞科夫、缅钦斯卡娅、博戈亚夫连斯基、卡马诺娃、梅勒等）。

2．认为思维呈现为内化操作系统，强调内化机制，与此对应的是智力动作形成论。这个流派认为，开发学生智力最重要的途径是通过外部动作向内部动作的转变来有控制地按阶段形成智力动作（代表人物有列昂节夫、达维多夫、加里培林等）。

马赫穆托夫认为，以上这些教学心理学理论不同于传统的复现式联想理论，以上这些理论的目标是揭示发展性教学的规律。然而其中每一种理论都不可能充当问题教学的基础。

问题教学的心理学依据是问题性思维理论，或曰创造性思维、能产型思维理论。人常常需要解决某个问题，但现有条件没有为他提示解决问题的办法，过去的经验中也没有经受过验证的解决方案。要摆脱这种处境，人就必须拟出以前未曾有过的新的活动办法，亦即完成创造性行动。这种情境称为“问题情境”，而借以解决包含在其中的问题的心理过程，则叫作问题性思维，或称为创造或能产型思维。

二、问题性思维过程

苏联心理学家鲁宾斯坦在《思维和它的研究途径》（1958）一书中指出：“思维包括在人同客观世界的相互作用的过程中，它是在人同世界的实在的相互作用的过程中产生的。”由于思维是外部世界的反映，所以它是一个活跃的、不断形成和发展的过程。鲁宾斯坦在把思维描述为能动的过程时，指出：“产生这一能动过程的最典型的情境是问题情境，即最鲜明的能动的思维过程表现为人提出并解决生活中遇到的各种问题。”

人在能产型思维活动中使用两种方法：推论方法（即逻辑论证法）和非推论的直觉法（或叫“顿悟”法）。直觉思维是直接的、非形式化的、非言语化的，而推论思维则是间接的、形式化的、言语化的，含有一定思维活动方式和逻辑操作程序。由此可见，能产型思维活动分为两类：一是逻辑分析型，二是直观推断型。解决问题时总有两类思维活动的结合，但由于问题内容和其他因素所致，可能以某一类为主。

通过教学实验，马赫穆托夫把以提出并解决问题的方式来获取新知识的思维过程分为五个阶段：

1. 问题情境的产生和问题的提出；
2. 已知解决方式的使用（这是“封闭式”解决问题的阶段）；
3. 新行动原则及解决方法的寻找（这是“开放式”解决问题的阶段）；
4. 实施寻到的方法和原则；
5. 检验解决方案。

第四节　问题教学的认识论基础

一、反映论

马列主义认识论的核心是反映论，马列主义认识论是问题教学理论的方法论基础。

传统教学论也用反映论解释教学过程，但它对反映论的理解是片面的，即只强调感性反映的一面，却忽视理性反映的一面。用这种片面的方法来解释教学过程就导致了强调“生动的直观”，认为每个新概念都必须从直接感知开始，从直观入手。其结果是对直观性、具体——形象思维的估价过高，而对逻辑思维、概括——抽象思维的作用估价过低，即贬低概括性知识的意义和演绎推理的作用。传统教学论首先强调的是，如何在识记、背诵、复现过程的基础上掌握知识、技能、技巧，而没有论述与创造性反映相联系的人的思维的创造积极性。马列主义的认识路线是“从生动的直观到抽象思维，又从抽象的思维到实践”“劳动过程结束时得到的结果，在这个过程开始时就已经在劳动者的表象中存在着，即已经观念地存在着”。

以上理论说明，其反映有感性的，也有理性的。不能只用感性反映来解释主体的积极思维。逻辑层次上也有反映。科学认识绝不只是从感性开始，人也能够依据概念、范畴、原理、规律来对客观现实作出理性反映。这是一种能动的创造反映。此种创造反映的基础是矛盾，因为“自然界在人的思维中的反映……不是没有矛盾的，而是处在矛盾的产生和解决的永恒过程中”。这就是创造性反映与矛盾这个对立统一规律的辩证关系。其中的矛盾又表现为“问题性”，即以问题的形式呈现出来，可见，问题教学理论的反映论依据是辩证唯物主义。

二、矛盾论

我们还有必要进一步揭示矛盾与问题教学的关系。众所周知，矛盾是辩证法的核心。马赫穆托夫认为，思维中所反映的认识对象的辩证矛盾经过认识过程本身的辩证矛盾的特殊改变可以被人感知为逻辑矛盾，感知为逻辑思维中的矛盾，感知为对逻辑思维规律的背叛。辩证矛盾是现实现象本质所具有的，在概念形成过程中它在意识中反映为逻辑矛盾，被思维着的学生感知为理论性问题。逻辑矛盾在哲学文献中称为辩证矛盾的二律背反形式，或二律背反式问题。解决形式逻辑矛盾就是解决二律背反式矛盾（即问题）的过程。可见，问题教学也有矛盾论依据。

这里还涉及问题学习与科学研究的相同点和不同点，搞清楚这一问题应先区分两种认识过程：以人类或社会与历史为主体的认识过程，以个人为主体的认识过程。可以看出，学生的认识与人类（社会与历史）认识的相同之处是：两种认识作为内部矛盾的发展过程都是按辩证法的法则进行的；两者的不同之处是认识途径不同：人类在未达到思维抽象和用语言固定概括性概念之前经历了一条漫长而艰难的发展路程，而学生的认识从生动的直观到普遍概念和思维抽象通过的是科学、准确、经济的路程，学生不仅可以感知事物和活动，而且还能在已有概念的基础上形成新概念。

此外，还须从具体科学的立场出发，找出问题式学习过程的逻辑与科学研究过程的逻辑的异同，两者的差异是不言而喻的，但两者也有共同之处，即：以上两种过程的主体（学者和学生）都与提出和解决问题相关联，都与问题和假设相关联。而在传统式学习过程中，某一科学知识（教材）阐述上的逻辑形式掩盖了这一科学知识在科学研究过程中真正产生的逻辑。包含在现成结论、定律和定理中的思维方式、方法和操作的严格逻辑顺序，并不反映导致发现真理的方式、方法和操作的实际顺序。因此，如果学生吸收现成的知识、技能、技巧，那么他同时吸收的也是对已作出的发现成果进行加工所得的那类方式、方法和操作，而不是引导研究者达到发现的那种真正的、客观的“发现逻辑”。正是这种远离科研规律的、形式主义化的求知方式充当着传统教学的基础。而真正的“发现逻辑”只有在查明那个以学习性的问题形式摆在学生面前的辩论矛盾过程中才可能被认识到。问题式学习过程与科学研究过程实质上是相似的。

传统教学方法中不包含以科研方法为基础的问题性原则和预想目的性原则。因此，问题教学理论就面临一项任务：必须概括科学研究过程，揭示问题式学习的辩证法，并创立问题式教学的方法体系。为了从认识论的角度建立起不同于传统教学的问题式教学新结构，马赫穆托夫还建议把“学习性问题”“问题性”“问题式阐述”“问题式学习”以及“假设”“系统”“模型化”等概念作为教学论的主要范畴加以研究。

我们可以看出：

1. 问题教学理论更宽广地理解反映，与反映的特殊形式即创造性反映相联系；

2. 问题式地掌握知识和思维方式，只有通过解决认识性学习性矛盾才有可能；

3. 必须从本体论和具体科学的立场考察问题教学过程逻辑与科学研究过程逻辑的相近之处，并且把问题性原则、预想目的性原则以及围绕“问题”的诸多范畴引入教学论研究中，从而引起教学论的发展，才能创立起崭新的问题教学过程结构。

第五节　问题教学是一个复杂的系统体系

一、问题教学过程

马赫穆托夫用控制论描述了问题教学过程，强调问题教学是一个复杂的系统（体系），如下图：

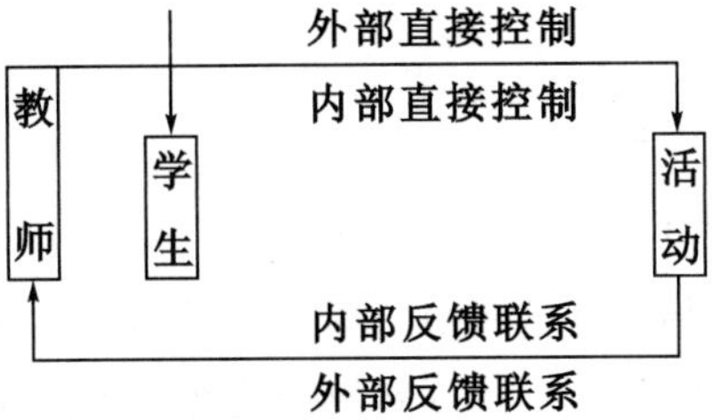

上图中有两个施控主体：一是教师，二是在一定程度上自己调控自己的学生。教师有两个受控客体：一是学生，二是学生的活动。

在问题教学条件下的师生系统中，控制过程的形成取决于教学过程的逻辑——心理内容。如果采用控制论的术语，则问题教学的算法式指令就只有如下周期结构：

1. 指令。即教师创设问题情境（通过提问、布置任务或作业等形式来实现）。
2. 完成指令。这时学生概述问题，提出解题假设等。
3. 反馈联系，包括外部的和内部的（见图）。
4. 新的外部或内部指令，或两者交错在一起（如学生：“下一步怎么办?”教师：“应该怎样解决?”）。

学生的活动不仅受教师的外部指令，而且也受自己内部指令的驱使。可见，问题教学具有自控系统的特征。

二、问题教学的含义

问题教学的确切含义是什么？马赫穆托夫阐述道：问题教学是一种发展性教学，在这种教学中，学生从事的系统的独立探索活动是与其掌握现成的科学结论配合进行的，而其方法体系的建立顾及问题性目的和问题性原则；教与学相互作用于目标达成的过程中，从而形成学生的共产主义世界观，形成他们的认识独立性及其稳定的学习动机和思维能力（包括创造能力），可这又是在学生因问题情境体系的制约而去掌握科学概念和活动方式的进程中实现的。

三、问题式学习过程

为了创立问题教学理论，马赫穆托夫十分重视学习性问题与科学性问题的相近之处，但也强调两者的不同点。

两者的一致性特征是：

1. 都具有问题的主观性质及问题的客观基础，科研过程与问题式学习过程一样，是通过矛盾的产生、发展、克服来实现的。

2. 都具有外在问题情境中的心智犯难感。

3. 问题客观上既是科学性认识，又是学习性掌握的开始阶段。

4. 在分析问题情境和分辨问题时，思维活动的方法和方式是共同的。

5. 表述问题、提出假想、寻找问题解决途径的原则是共同的。

6. 都必须在实践中检验假想（科学上直接进行，教学中通常间接进行）。

7. 认识过程的基本结构成分是共同的。

两者的差别性特征是：

1. 科学性问题总是蕴含有为科学和人类所未知的知识，而学习性问题的内容仅对学生来说是未知的。

2. 两者分别完成着不同的功能，分别具有不同的社会意义。

3. 学习性问题在其本质上因自身所含矛盾的性质不同而有别于科学性问题。

4. 学习性问题在具有与科学性问题同样的内容（从历史的角度来看）的情况下，还可能具有自己的特殊结构。

5. 两者在问题情境产生的根源、问题的表述和概述过程上是各不相同的。

6. 影响问题解决的条件不同（如探寻未知因素时有不同的外部刺激和内部动机，学生解决学习性问题时有教师指导）。

总之，问题式学习过程具有与科学研究过程共同的认识论基础，但就其逻辑——心理学特征和教学论特征来说则是不同的。

在问题教学中，教师必要时也对最复杂的概念加以解释，但大多是预先创设问题情境，组织学生进行独立的认知活动。学生基于分析事实独立地做出结论和概括，对概念、规则、定理、规律的定义做出概述（在教师帮助下），或独立地运用已有的知识于新的情境中（如从事发明、设计、计划、制作），最后，或用艺术方式反映现实（如写诗、作文、绘画、表演）。这样的经常性的学习活动最终会引起思维活动结构的变化。

四、创设问题情境

问题情境是问题教学中的重要范围，对于学习的主体——学生来说，问题情境是产生的，而对于教师来说是他创设出来的。教师可以运用各种各样的问题情境：批判的情境、意外的情境、不对应的情境、选择的情境、冲突的情境、反驳的情境等。

创设问题情境的基本方式有：

1. 使学生遇到需要理论解释的现象和事实。
2. 利用学生完成实践性作业产生问题情境。
3. 布置旨在解释某种现象的问题性作业。
4. 激发学生分析现象本质，让学生遇到日常观念与科学概念之间的矛盾。
5. 提出假想，概述问题，并对结论加以检验，产生问题情境。
6. 激发学生比较，对照事实、现象、行为，由此引起问题情境。
7. 让学生将已知事实与新事实进行对比，并独立作出概括。
8. 组织学科之间的联系，利用其他学科与所学教材有联系的事实和资料，创设问题情境。

五、问题教学的本质

问题教学已形成体系，因而可解除人们的种种误解。有人认为问题教学无非就是积极化教学。实际上这是两个不容混淆的概念：问题教学是手段，而教学积极化是目的。还有人认为问题教学无非是研究法或启发法的别称。而这两者是整体与局部的关系，研究法（或启发法）只是问题教学的方法之一。

问题教学不是一种教学方法，而是拥有专门方法体系的发展性教学的主要组成部分。它是根据问题性目的和原则所创立的方法体系。“问题情境”和“学习性问题”是问题教学的基本概念。

第六节 不会提问的学生不是学习好的学生

一、要鼓励学生提问

学习是一种积极紧张的思维活动。在积极的思维活动中，必然会产生矛盾，从而引起不少疑问。因此在学习中提出问题，是积极思维的结果。科学的发展就在于创造，如果没有疑问，就不会有新的见解；没有新的见解，一切都以书本为经典，以老师的讲课为准绳，就不可能有创造，科学也就得不到发展。因此，要让学生求得真正的知识，长进学问，发展他们的想象力、创造力，就要鼓励学生提问，特别是提出不同的见解。

教学的启发式与注入式的根本区别就在于能不能促进学生的积极思维，从而提出疑问，寻求正确的答案。注入式教学着重把现有的结论教给学生，不要求学生思索，更不喜欢学生提出问题，只要记住那些结论就可以了。启发式教学则要求学生积极思维，提出疑问，寻求答案。所以说，启发式教学不仅是老师提问，而且要能启发学生提问。

我们在观察教学中看到老师采用的“启发式”往往只是老师向学生提问，却很少看到学生向老师提问。为什么会出现这种现象呢？是学生没有疑问吗？不会的，只要积极思维，总是会有疑问的。原因在于，往往是老师把学生可能产生的疑问都考虑到了，由老师提出来，也就是说，老师代替学生思维。为什么不启发学生自己提出问题呢？老师提出问题，固然可以促进学生思考，但总是被动的，只有学生思考时产生疑问才是最积极的。我们的老师一般习惯按照自己的思维方式（当然有经验的老师总结了以往学生在学习中产生的问题）设计一套问题，希望学生沿着他的思路去思索。这也许能少走弯路，但却限制了学生的思路，限制了学生思维的广度和深度，这种方法实际上仍然不能算作是启发式的方法。

二、不会提问的学生不是一个学习好的学生

有人常常批评我们现在的教育缺乏创造性，不重视学生创造力的培养。那么怎样才能培养学生的创造力呢？首先要从培养他们积极思维、学会提出疑问开始。不会提问的学生不是一个学习好的学生。如果学生没有疑问，说明他缺乏积极思维，没有用心去比较、分析、综合、归纳所获得的信息；说明他缺乏独立判断的能力，总是人云亦云。总之，说明他缺乏创造力，没有创造力的人只能是一个平平庸庸的人，将来不可能希望他做出多大成就。

三、重不重视提问是一个教育观念问题

不重视学生提问，不是一个方式问题，而是一种教育观念问题，是学生观的反映。我们传统的教育学生的观念总喜欢学生唯唯诺诺，听话，不乱说乱动。这是一种保家立业的小农经济思想的反映。现代教育的学生观念要求学生能独立思考，敢想敢干，勇于创新。有的留学生比较了中西方家长对孩子学习的态度，曾经说过这样一个现象：在学生放学回家的时候，中国的家长总要问："今天你考了几分？"而西方的家长则问："今天你给老师提了几个问题？"中国家长只重视孩子学习的结果，西方家长则重视孩子学习的过程；中国家长只重视孩子记住了多少知识，而西方家长则重视孩子是否进行了思考，有没有自己的创见。这种现象难道不值得我们思考吗？

第七节 问题教学的真谛在于培养学生的创新精神与能力

一、问题教学的过程就是学生创造性学习的过程

在传统教学中，由教师本人介绍、分析事实，用直观手段解释新概念、概述定理、规律等定义。占主导地位的是教师对教材作信息报道式阐述。学生细听并领会教师的讲解，通过记忆掌握新知识，通过模仿教师行动掌握新的活动方式，从试验、观察等过程中得来的补充性事实也由教师加以解释。教材越来越复杂，教师讲解就越来越详细。已学内容通过大量的练习来巩固。

而问题教学从教学目的到组织形式较之传统教学都不同，问题教学中学生不仅掌握科学认识的成果，还掌握这些成果与结论的获取途径与过程，目的在于形成认识独立性、发展创造力，重点在于发展思维。在组织形式方面问题教学是学生从事探索式学习认识活动：由学生自己去发现科学结论和行动方式，发现新东西。所以，问题教学的过程就是学生创造性学习的过程，问题教学的真谛在于培养学生的创新精神与能力。

二、问题教学的组织方式

问题教学的组织方式包括：1. 问题式阐述［（1）独白或阐述；（2）示范性阐述；（3）对话式阐述］；2. 问题式学习［（1）启发性探讨；（2）研究性探讨；（3）问题程度练习］。问题式阐述多用于人文科目和低龄学生，而问题式学习多用于理科和年龄较大的学生。

问题教学的一般功能是：

1. 保证学生掌握成体系的知识、智力活动和实践活动方式；
2. 开发学生的智力，即认识独立性和创造力；
3. 形成辩证唯物主义思维能力；
4. 促进学生的全面发展。

问题教学还有其特殊的功能：

1．运用一系列逻辑方式和创造性活动方式，培养学生创造性地掌握知识；

2．在新的情境中运用已学知识，培养学生创造性地运用知识；

3．形成并积累创造性活动的经验；

4．形成学习动机以及社会需求、道德需求、认识需求。

问题教学顺应时代潮流，以系统论、控制论、信息论为依托，强调师生的双边协作活动，突出学生主体作用，使传统教学论产生了巨大变化，成为当今世界的一个热门课题。问题教学是世界范围内发展性教学中一个流派，它对发展性教学过程及其实施方法做了深入探讨。

第二章

语文课堂问题教学课型的教学目标

第一节 强化问题意识，造就创新人才

江泽民说："创新是一个民族进步的灵魂。"21 世纪教育的人才观、质量观的核心问题，是培养和造就富有创新精神和创新能力的高素质人才。这一点已经成为人们的共识。现在的问题是，如何将新的人才观、质量观付诸实施，进而引起教学观念更新和教学方法的变革，使学校真正成为赏识和培养创造性才能的场所。而如何使学生保持强烈的好奇心和求异精神，并将其引向真正的科学创新行动，应当成为变革现在教育教学模式的一个切入点。为此，强化问题意识，构建"问题教学课型"，是造就创新人才的关键。

所谓问题意识，是指人们在认识活动中，经常意识到一些难以解决或疑惑的实际问题及理论问题，并产生一种怀疑、困惑、焦虑、探索的心理状态，这种心理又驱使个体积极思维，不断提出问题和解决问题。思维的这种问题性心理品质，称为问题意识。问题意识是思维的动力，是培养学生创新精神的起点，是构建"问题教学课型"的基础，是造就创新人才的关键。

一、创新始于"问题"

创新始于"问题"。提出新问题，或者从新的角度去思考老问题，往往导致新的发现与突破，标志着科学的真正进展。

英国哲学家波普尔认为，科学的第一个特征就是"它始于问题，实践及理论的问题"。他甚至认为，"科学和知识的增长永远始于问题，终于问题——越来越深化的问题，越来越能启发新问题的问题。"爱因斯坦也强调："发现问题和系统阐述问题可能要比得到解答更为重要。解答可能仅仅是数学或实验技能问题，而提出新问题、新的可能性，从新的角度去考虑老问题，则要求创造性的想象，而且标志着科学的真正进步。"

一部科学发展史，就是对奥秘的探索和对问题的解答的历史。牛顿发现万有引力，始于他在苹果树下的思索："为什么苹果从树上掉下来，而不会飞到天上呢?"正是注意到知识与问题之间的关系，胡适在 1932 年 6 月为北大毕业生开的三昧“防身药方”中，第一昧就是“问题丹”。他说：“问题是知识学问的老祖宗；古往今来一切知识的产生与积聚，都是因为要解答问题。”“试想，伽利略和牛顿有多少藏书？有多少仪器？他们不过是有问题而已。有了问题以后他们自会造出仪器来解答他们的问题。没有问题的人们，关在图书馆里也不会真正地看书，锁在试验室里也不会有什么发现。”而“脑子里没有问题之日，就是你的知识生活寿终正寝之时！”

二、“问题”产生于“好奇”与“怀疑”

导致创新的“问题”有两个主要触发点：“好奇”与“怀疑”。

（一）“问题”来源于好奇心

强烈的好奇心会增强人们对外界信息的敏感性，对新出现的情况和新发生的变化及时作出反应，发现问题，并追根溯源，激发思考，引起探索欲望，开始创新活动。

许多看似偶然的发现其实都隐含着一种必然：发现者必然具有强烈的好奇心理。缺乏好奇心，必然对外界的信息反应迟钝，对诸多有意义的现象熟视无睹，对问题无动于衷，更不用论创造与发明。爱因斯坦有句名言：“我没有什么特殊的才能，不过喜欢寻根刨底地追究问题罢了。”这段话一语道破了创新和发现的真谛：好奇心理、问题意识以及锲而不舍的探求，是科学研究获得成功的前提。

（二）“问题”的另一来源是怀疑精神

我国著名地质学家李四光充分肯定怀疑在科学创新中的重要作用。他曾说：“不怀疑不能见真理，所以我希望大家都取怀疑态度，不要为已成的学说所压倒。”对既有的学说和权威的、流行的解释，不是简单地接受与信奉，而是持批判和怀疑的态度，由怀疑进而求异，才能另辟蹊径，突破传统观念，大胆创立新说。

对宇宙结构的认识，先后有我国先秦时代的“盖天说”和“浑天说”以及古希腊托勒密的“地心说”。哥白尼的《天体运行论》对“地心说”提出质疑和挑战，首倡“日心说”，标志着人类对宇宙空间的认识有了一次重大的飞跃。在社会科学领域，情况同样如此。若不是邓小平同志率先对“两个凡是”进行批判，对计划经济与市场经济的传统认识提出质疑，就不会有充满活力的改革开放，就不会有具有中国特色社会主义的生气勃勃的创造性发展。

三、“问题”激发创造力的心理学分析

（一）“问题”有助于摆脱思维的滞涩和定式

我们的思维容易受先入之见的影响，因为人的大脑“有把信息和材料安放在内存模式中的归档能力”。思维还常会陷入滞涩与休眠状态。“问题”的出现，往往造成某种不确定性，使思维活跃起来，打破定式。

（二）“问题”促使思维从“前反省状态”进入“后反省状态”

当一个人碰到令自己感到困惑的问题时，他就会受到刺激，去进行反省性探究。因此，思维是从一种怀疑或混淆的“前反省状态”，进入一种满意或以对先前让自己感到怀疑和困惑的情景的控制为特征的“后反省状态”。在这种状态转换过程中，智力活动总是尝试性的，始于问题的提出，终于问题的解决。

（三）“问题”的解决带来“顶峰”的体验，从而激励再发现和再创新

美国心理学家杰罗姆·S．布鲁纳的研究表明，难易适中且富有挑战性的问题可以激励学生向下一个阶段发展。1998 年 4 月，美国卡内基教学促进基金会提供的研究报告，则力主在研究型大学实施“探索为本的本科教育”。要求教师指导学生学会“如何发现有意义、有价值的问题，而不是简单地去寻找答案”。这种对问题的探求与思考和“运用交流技巧将研究结果向专家以及不熟悉该领域的听众报告”，将使大学生深受鼓励，同时领略“一种巅峰体验”。这种体验常常由于百思不得其解和长期忍受疑惑的困扰而感受尤其强烈。贝尔纳对此有极为精辟的说明：“那些没有受过未知物折磨的人，不知道什么是发现的快乐。”

（四）“问题”有时深藏在潜意识或下意识中，“顿悟”由此而生

阿基米德为了测定王冠含金的纯度，废寝忘食，苦无所得，未料在洗澡时不经意间发现了“浮力定理”。德国化学家凯库勒梦见苯分子像一条蛇咬着尾巴旋转，悟出六个碳原子苯环的概念。人们至今尚未能够破译“灵感”“顿悟”之谜。但是，我们不妨大胆猜测，当某一问题已不受直接注意时，潜意识在某种程度上仍然保持对问题的思索状态。精神高度集中地考虑一个问题，有时可能造成思路的堵塞或误入歧途。而一旦松弛下来，倒可能产生稍纵即逝的思想火花。其实，没有对“问题”的魂牵梦萦、锲而不舍的探究，没有“众里寻他千百度”的执着，也就不可能有“蓦然回首”时的惊喜。

四、“问题”的分类与价值

美国芝加哥大学心理学教授J. W. 盖泽尔斯曾经把“问题”大致分为三类：

其一，呈现型问题。它们是一些给定的问题（由教师或由教科书提出），答案往往是现成的，求解的思路也是现成的。问题解决者只要按图索骥，照章办事，就能获得与标准答案相同的结果，“不需要也无机会去想象或创造”。

其二，发现型问题。它们有的也有已知的答案，但问题是由学生自己提出或自己发现而不是由教师或教科书给定的。南京大学化学教授、已故中科院院士戴安邦在20世纪80年代初就主张把化学实验课变成“小型的科学试验”，实验程序并非完全给定，而是开放式的，要求学生自己设计、自己观察、自己分析。从人类知识角度看，这些实验并未提供新的见解，不过是一种重复、一种演示；但是，对于学生这一认识个体而言，却是一种探索，是独立地发现。这类问题，有的还可能没有已知的公式、已知的解决办法或已知的答案。因此，它们往往通向发现和创造。

其三，创造型问题。这类问题是人们从未提出的。例如，那个困扰、折磨了爱因斯坦十多年的问题：“如果我以光速C和光线一道运动，我是不是将观察到光线仍是静止在空间的振动着的电磁波呢?”这一问题本身就具有科学创新价值，就是对牛顿以来经典物理学的一种突破。

以上三种“问题”是不等价的。有人干脆将“呈现性问题”称为“虚拟的问题”，因为：第一，它们并非学生主动参与的产物；第二，他们往往追求“唯一正确的答案”，因而总是压抑学生求异质疑的精神，妨碍创造性的发挥。“创造性的问题”因其独特、新颖且富有科学意义而显得珍贵。我们所说的“强化问题意识”，主要是让学生自由探讨，积极思维，大胆提出问题，这种质疑和探索并非每一次都能有所发现、有所创造、有所前进；大量的“发现型问题”，也只有为数不多者能够产生有科学价值的创见。因此，有人称之为“智力探险”。实际上，“智力探险”的意义主要不在于获得正确的解答，而在于激发学生对问题、现象保持一种敏感性和好奇心，通过批判性思维，形成自己的独立见解。正是着眼于这一目标和价值取向，有人主张学校教育在系统的学习和有意识的研究探索之间“寻求平衡”，主张把学生“置于问题的情境中，让他们自己去想办法”；而这种“智力的探险”“即便不能导致积极的结果，也应受到重视，并得到系统的支持”。事实证明，要形成一个真正具有科学价值的问题，需要多种条件和多方面的努力。

五、旨在强化“问题意识”的教学探索

从20世纪70年代开始，美国一些教育理论专家陆续在中小学开展了旨在强化“问题意识”、培养创造能力的改革试验，形成了若干教学模式。

（一）奥斯本的“创造性解决问题的五步过程”

由美国创造教育领域的先驱者奥斯本总结归纳。它特别强调学生自己的“发现”。其主要步骤是：（1）发现问题，或从不同的角度搜寻真正具有挑战性的问题；（2）发现事实，为了更好地理解情境和设想可能的解决方案；（3）发现观念，旨在汇集来自潜意识和下意识的观念，并在它们全部涌现之后才对它们的质量进行判断；（4）找到解决答案，并对诸多观念的贴切性和适用性进行评价，从而选出最佳观念付诸实施；（5）寻找认可或获得一批这一观念的拥戴者，并将其付诸实施。

（二）奥斯本—帕内斯创造性教学模式

由美国创造学家迈克尔·帕内斯及其同事根据奥斯本的创造过程理论创立。其一般目标为：（1）使学生善于发现问题。在“给定的困境”中，指导学生提出值得探讨的许多具体问题，描述有关问题的诸多要素；（2）使学生学会确定问题。给定一个复杂的问题情境，要求学生找到陈述问题之后的“潜在的”“真正的”问题，并扩展或重新定义问题，识别若干可能存在的子问题；（3）学会打破习惯性思维；（4）学生应能推迟判断。即对某一问题提出诸多答案但暂不作出评价；（5）进一步发现新的关系，如事物或经历之间的相似或差异；（6）学会评价问题及解决方案。

（三）托马斯—布鲁巴克探究式教学模式

R.M. 托马斯和D.L. 布鲁巴克1971年提出了发现、提炼、解决问题的一般步骤：（1）明确有待调查研究的问题；（2）把这些问题分解为若干组成部分，以便清晰地了解回答问题所需收集的各类信息资料；（3）收集所需的信息资料并加以综合；（4）以解决或回答问题的方式来阐明信息资料；（5）陈述结论；（6）对解决问题过程的成就进行评价，每一步骤是否都有效地完成？如果没有，为什么？如何补救？

（四）布鲁贝克倡导的“问题”课程

这种“问题课程”不从学科着手，不强调学科或知识的系统性和完整性，“而是从那种多面性问题——各门学科复杂地结合在这一问题里开始”。例如，“贫穷问题”“妇女问题”“代沟问题”以及种种全球性、区域性问题。学生在教师的指导下，围绕专门问题进行研究，通过这种问题研讨，激励思维，并将各学科知识整合起来。

六、不让“问题止于智者”

要激发学生的问题意识，就必须创设良好的教育教学环境，使学生问题意识的显现与发展获得环境的肯定和支持。

传统的以“传道、授业、释疑、解惑”为主旨的教师观，显然难以适应以造就高素质创新人才为重任的21世纪教育。“流言止于智者”是一大幸事；而“问题（思索）止于智者”则不但令人遗憾，而且事关国家、民族、社会大局。不幸的是，“问题（思索）止于教授学者”却成为学校教育的常态。当前亟待明确以下一些新的理念：

（一）不仅要“释疑、解惑”，而且要“启思、设疑、引而不发”

作为教师确实要解答学生的疑难，指导他们认识并消除学业上、人生道路上碰到的困惑，但不能越俎代庖，替代学生自己的思考。而且，“释疑、解惑”并非是将疑惑全部“冰释”，而要引导学生在明了旧疑的基础上思考新的、更深层次的问题，有时甚至要“设疑”。

（二）绝不掩饰自己在某些问题上的失察甚至无知

教师绝不可能通晓一切。尤其在信息社会到来的今天，教师再也不可能像古代和近代社会那样，垄断知识和信息。在学生面前坦率地承认自己的不足，与学生共同研讨和思考，应当是21世纪的新型师生关系。采取平等、开放、诚实的态度，对于增强学生的自信心，对于形成激励思考、勇于创新、不怕出错和露短的氛围大有好处。

创新人才的产生，需要十分自由、宽松地探究问题的环境。鼓励大胆质疑，让每一个学生都认识到，即使他们的问题看起来荒诞可笑，或者远离实际，也值得表达、研讨，与他人分享。有人将之称为“去除思想的车闸”。如果要求“问题”都有创意或者都很成熟才能发表、交流，那就等于在事实上取消提问、质疑。

（三）不因似是而非的回答遏止学生的创新

教师由于经验丰富，涉猎较广，而且善于表达，有时在解答学生的问题时，往往会十分“圆润”“妥帖”地将学生的疑虑化解，这其实并未真正解决问题。学生出于对教师的崇拜，在这种似是而非的回答面前，往往中止了进一步的思考和探究，一些颇有价值的问题就此被束之高阁。教师一定要尊重并认真思考学生的提问，不能让“问题（思考）”止于自己。因此，要造就创新人才，更新传统的以“释疑、解惑”为使命的教师观，强化问题意识，构建“问题教学课型”势在必行。

七、培养学生问题意识的途径

（一）充分发挥创新教育功能

发挥教育功能，这里特指发挥语文教材蕴含的创新教育因素。教材中有些创造性因素比较明显，有些课文的创造性因素较为隐藏，这就要求师生努力去挖掘。例如，《跳水》中潜隐着这样的创新因素：当小男孩不知不觉走上桅杆时，怎样去保证他的安全？只有摒弃习惯思维方式，扩展思维空间，才能保证孩子安全。瞬间，船长命令和威逼孩子跳水，这正是创新思维的表现。有一位教师教学《称象》时，针对低年级学生的思维特点，要求学生反复朗读第 4 自然段“曹操的儿子曹冲才 7 岁，他站起来，说：‘我有个办法……’”然后让学生围绕“我有个办法”去思考。显然“我有个办法”是个极好的、也是蕴含较深的创新教育因素。虽然课堂上没有一个学生悟出其中的奥妙，但是在第二节课上，有个学生突然问老师：“曹冲称象的办法是怎样想出来的？”教师对学生进行创新教育的指导思想是十分明确的，曹冲称象的这个办法本来就是创新思维的表现，而且是显露的。教师很注重从“显露点”引申到“潜隐点”，这充分发挥了教材蕴含的教育因素。再如，《将相和》一课中的“负荆请罪”这部分内容既是课文的重点，也是创新教育点，在教学中，教师有意识地让学生给课文加上廉颇请罪的话，正是为了鼓励、启发、诱导学生敢于怀疑，促使他们的心灵触角从书籍伸向未知，从而产生创新的动机。

创新动机是直接激励和推动人们从事创新活动的内驱动力，它对学生的创新行为起着导向的催化作用。创新动机来自学生的内在动机和外在动机。内在动机是由内部需要而引发的动机，如由于学生认识到创新活动的意义或对之产生兴趣而积极参与创造性的学习活动。外在动机则是来自外部的肯定或奖励而产生的动机，它激励学生进行创新活动。创新动机还与成就动机有关。有成就动机的学生能够从学习中获得成就，在学习中敢于创新。

（二）充分发挥学科思维功能

任何学科都具有发展思维的功能。语言的性质和作用决定语文学科具有发展思维的特殊功能。语文与思维是相互联系的。思维是认识的工具，语文是思维的体现。语文和思维处于一个统一体之中，发展语言和发展思维是统一的。学生在学习语言过程中，一方面进行思维活动，另一方面通过语言的学习，又能进一步发展思维能力。发挥语文学科的思维功能，培养学生运用知识创新的能力，其核心是培养创新思维能力。例如，《两个铁球同时着地》中有这样一句："谁要是怀疑亚里士多德，人们就会责备他：'你是什么意思？难道要违背人类的真理吗？'"教学时，有的学生对这句话有新的认识：到底有没有人怀疑亚里士多德呢？这个如石激浪的问题，引发了同学们的思索，有的学生说："我认为有。如果没有，怎么会有那些责备的话呢？"另一个学生说："我认为没有。因为文中用了'要是……就'，这个关联词语表示假设，说明还没有人怀疑亚里士多德。"还有个学生补充："我也认为没有。因为当时人们都非常信奉亚里士多德，而伽利略是第一个敢于怀疑他的人。由此也可以看出，伽利略的勇气、胆识和善于独立思考。"这样，学生自己解开了心中的疑虑，思维也得到了锻炼。

从上例还可以看出，创新思维是一种具有主动性、独创性的思维方式。它往往能突破习惯性思维的束缚，在解决问题的过程中，其观点总是富有新的创意。创新思维能力是创新能力品质中的核心因素。

同时，创新思维不是单一的，而是极其复杂性的心理活动，是思维活动的集成，诸如发散思维与聚合思维的结合；形象思维与抽象思维的互补；直觉思维与分析思维的交融等。其中发散思维是创造性思维的核心。因为它在思维活动中有助于推陈出新，产生大量新奇独特的构想。而直觉思维则是对客观事物本质规律的敏锐洞察、直接理解和整体判断，是一种灵感的迸发和认识的顿悟，是创新思维的一种重要表现形式。

可见，语文教学必须发挥学科的思维功能，把培养学生的创新思维能力放在首位，根据语文学科的特点和创新能力的开发要求，把创新教育融入教学之中。

（三）充分发挥学科综合功能

创新能力与人的个性品质之间有着十分密切的关系，尤其是创造性的个性品质决定了人们能否自觉提高和有效地发挥创新精神和创新思维能力。在众多人格特征中，自信心、探索欲、挑战性和意志力是创新个性的核心品质。同时语文学科的功能是多维的，具有很强的综合性。除包含发展语言和发展思维两大基础功能外，还包含再现知识、认识世界的功能；形成学习方法的功能；提高思想认识、陶冶情操和美育的功能等。构成语文学科这些功能的要素与人的素质结构中的各要素有着密切的联系。毫无疑问，发挥语文的综合功能，必然对人的创新素质和创新能力产生不可估量的影响。

语文课本选入了涉及许多学科内容的各种体裁的文章，内容涵盖古今，广及宇宙，自然学科和社会学科知识无所不包。

宏观地看语文学科，三百六十行，每一行也都要用语文。可以毫不夸张地说，凡是有人群的地方几乎都离不开语文所涉及的知识。语文知识在人类社会中无所不在。从历史沿革到当今社会发展，人类悠久的历史文化和伟大的精神财富都要靠语文来珍存和传承，现代社会政治、外交、经济、教育、文艺、军事等各方面的信息都要靠语文来表达与沟通。语文知识体系包容了语言学、文字学、词汇学、逻辑学、文学、哲学、美学诸多范畴；能力体系更是包容了朗读学、演讲学、写作学、心理学、交际学、书法等多个领域。

美国一个由众多重要领域的专家组成的专家组认为：21 世纪的学生必须掌握 23 项基本技能，而其中有 9 项技能与语文学科密切相关。诸如信息的接受与传递，多层次的语言交际，创造性的思考，独立性的观察与表达，广博的中外文化积累等。

综上所述，这就是要求语文教学要充分发挥语文学科的综合功能，构建语文学科实施创新教育的新体系。

八、培养学生问题意识的方法

问题意识，是指学生在认识活动中意识到一些难以解决的疑惑的实际问题或理论问题时产生的一种怀疑、困惑、焦虑、探究的心理状态。伟大的哲学家苏格拉底曾经说过：“问题是接生婆，它能帮助新思想的诞生。”学生产生了问题意识，就会产生解决问题的需要和强烈的内驱力；就会在试图精确地提出问题及提出解决问题的各种思想时，积极调动观察力、注意力、记忆力、想象力、思维力及动手操作能力；就会养成好问、多问、深问的思维品质，为培养勇于探索、追求真理、发现创新精神、发展求异思维和创造性思维打下坚实的基础。因此，培养学生的问题意识是实施素质教育的教学任务之一。那么，在语文教学中应该如何培养学生的问题意识，提高学生的语文素质呢？

（一）提供形成问题的智能基础

张光鉴教授在他的《相似论》中说道："我们在认识外部世界的过程中，常常要依赖在学习和实践活动中记忆并积累起来贮存在大脑中的知识单元，我们称之为相似块。只有在相似块大量积累的基础上，人们才能在外在信息进入大脑后自动去结合、接通、激活这些已存的相似块中的信息，才能依据这些相似块去对照、分析、比较、鉴别那些纷繁的客观事物的属性，才能有所发现、有所发明、有所创造。"可见，学生的认知结构中必须有适当的基础知识才有可能对新知识产生好奇、渴望。也就是说，掌握牢固的基础知识，具备丰富的生活体验是形成问题的基础和保证。因此，在教学中要培养学生的问题意识，教师一定要注意引导学生积累知识，丰富表象，帮助学生提供形成问题的智能基础。就阅读教学而言，教师在教学过程中不仅要注意引导学生熟读精思，在阅读中积累语言材料、思想内容和语文基础知识，还要结合教材特点，引导学生观察实物、标本、实验、模型和小实验，运用幻灯投影和电视录像等现代化教学手段帮助学生去理解抽象的语言符号，使之尽可能在学生头脑中形成表象。另外，还要特别注意引导学生广泛阅读，多接触和体验生活，让学生在阅读和生活实践中掌握更多的知识。这样，学生语文知识积累得多了，头脑中的表象丰富了，在学习过程中，自然会对新知识产生疑问。

（二）创设产生问题的适宜环境

学生的语文问题意识能否得以表露和发展，关键取决于是否有一个适宜的环境和氛围。在教学过程中，教师要充分爱护和尊重学生的问题意识，师生之间要保持平等和谐、民主的人际关系，消除学生的紧张感、焦虑感，让他们充分显露灵性，展现个性；要有意识地培养学生质疑问难的勇气和兴趣，提供争辩的机会，启发、诱导学生积极思维，发表独立见解，鼓励标新立异，异想天开；还要对学生的问题意识给予积极而合理的评价，让学生真正成为发现问题的主体，充分调动学生参与探索问题的主动性、积极性和自觉性。

（三）教会提出问题的方法技巧

朱熹曾说："读书无疑者须教有疑，有疑者却要无疑，到这里方是长进。"学习的过程其实就是一个质疑、解疑、答疑的过程。但是，由于学生年龄较小，受知识经验的制约，在学习过程中还不能够做到自觉质疑，这就需要教师在教学中有意识地给予指导，教学生学会提问。

1. 抓住课题引导学生发问

俗话说："题好文一半"。经常引导学生推敲课题，有利于激发学生的学习兴趣，调动学生学习的自觉性、主动性，也有利于学生提高把握文章中心和结构的能力。例如，教《鸟的天堂》一文，教师导入新课后可以问学生："看到这个题目你想知道些什么？"学生思考后立刻会提出："'天堂'是什么意思？鸟的天堂是什么样子？为什么称之为'鸟的天堂'？"学生自己有了问题，自然会主动读书，在书中寻求问题的答案。

2. 抓住重点词句引导学生发问

每篇课文都有重点词、重点句，而这些重点词句大多和课文的中心是紧密相关的。比如，教《第一个发明麻醉剂的人》可引导学生提出："深感不安"是什么意思？什么事情使华佗"深感不安"？这说明了什么？然后引导学生围绕提出的问题自读教材展开讨论，学生就会明白，病人动手术时疼得死去活来这件事使华佗深感不安，说明华佗是一位时时关心病人、有崇高医德的医生。

3. 抓住矛盾引导学生发问

语文教材中不少课文，是借助矛盾的对立和统一来表达思想感情、突出人物和事物特点的，貌似矛盾，实则统一。在阅读过程中找出这些矛盾之处并引导学生进行发问，往往能加深对课文内容的理解。如《十里长街送总理》一文中说："一位满头银发的老奶奶，双手拄着拐杖，背靠着一棵洋槐树，焦急而又耐心地等待着。"如果让学生细读这句话，学生就会提出疑问："'焦急'是着急，'耐心'是不着急，'焦急而又耐心'不是自相矛盾吗？"

4. 抓住文章的结构引导学生发问

有些文章从结构上看，作者的安排很是独特。在教学时如能引导学生围绕文章的结构进行发问，不仅能加深对课文的理解，还能从中领悟和借鉴作者的表达方法，为今后的写作打下基础。比如，教《我爱故乡的杨梅》这篇课文，教师可引导学生从文章的结构上质疑，学生则会提出："课文重点写作者对杨梅果的喜爱，那么，作者为什么开始要写春雨中的杨梅树？不是有点多余吗?”通过讲解学生会明白，杨梅果好看、颜色鲜艳、味道甜美，是与杨梅树的生长茂盛分不开的，而杨梅树生长茂盛，又是和春天的雨水充沛分不开的。看来，作者的安排是别具匠心的，绝非多余。

第二节　培养学生的创新精神

一、问题意识与创新精神

把培养学生的创新精神和实践能力作为素质教育的重点，是我国教育思想观念的一次重大转变，更是我国教育改革与发展的又一次质的飞跃，完全有理由相信，它的影响与意义已不局限于教育自身，必将对今天和明天的整个中国社会的方方面面产生广泛而深远的影响。对此，人们已有高度的共识。然而要彻底全面实现这一转变和飞跃，还需要一个漫长的过程，需要从最基础的工作做起。比如，学生的创新精神与创新能力如何培养、从何处培养等类似的问题，都需要我们认真分析和解决，否则，创新教育就很容易成为流于形式的口号标语，或虚无缥缈的空中楼阁。就学生的创新精神培养而言，我们认为，问题意识是创新精神的基石，强化学生的问题意识是培养学生创新精神的起点，培养学生的问题意识是造就创新人才的关键之一。

（一）问题意识是培养学生创新精神的起点

所谓问题意识，是指人们在认识活动中，经常意识到一些难以解决或疑惑的实际问题及理论问题，并产生一种怀疑、困惑、焦虑、探索的心理状态，这种心理又驱使个体积极思维，不断提出问题和解决问题。思维的这种问题性心理品质，称为问题意识。问题意识在思维过程和科学创新活动中占有非常重要的地位，对创新教育教学活动来说，问题意识是培养学生创新精神的切入点。不重视对学生问题意识的培养而谈创新精神及创新教育，是空洞抽象的，毫无实际意义。

问题意识不仅体现了个体思维品质的活跃性和深刻性，也反映了思维的独立性和创造性。强烈的问题意识，作为思维的动力，促使人们去发现问题、解决问题，直到进行新的发现——创新。一般来说，显而易见的问题无须发现，难以发现的是蕴含在习以为常现象背后的问题。所以，发现表现为意识到某种现象的隐蔽未解之处，意识到寻常现象中的非常之处。从这个意义上说，发现问题是解决问题的关键，发现问题是创新的开端。正因为如此，心理学理论中一个极其重要的观点是：科学上很多重大发明与创新，与其说是问题的解决者促成的，毋宁说是问题的寻求者促成的。伽利略对亚里士多德的“自由落体定理”的科学修正及创新，非常清晰而准确地说明了这一点。因为比萨斜塔上的试验几乎人人可为，但是能意识到并发现这一问题存在的仅有伽利略一人。就像每天有无数的人烧开水都可看到水开时壶盖会跳，但没有人能像瓦特那样提问：壶盖为什么会跳？正是瓦特的这个问题以及由此发明的蒸汽机，直接推动了人类社会由农业文明进入工业文明。这些理论与实践，非常有力地证明了一个简单却是十分重要的命题：一切创新都始于问题意识。所以没有问题意识，创新精神及创新活动将成为无本之木。

（二）中外教育家高度肯定和重视学生问题意识的培养

高度肯定和重视培养学生的问题意识，为中外学者所共识。早在两千多年前，孔子就要求自己和学生“每事问”，他高度评价问题的价值及意义，认为“疑是思之始，学之端”。理学大师朱熹也说过：“读书无疑者须教有疑，有疑者却要无疑，到这里方是长进。”这是对学习中的问题意识科学而辩证的阐述。宋代的另一著名学者陆九渊的观点则更精辟，他说：“为学患无疑，疑则有进，小疑则小进，大疑则大进。”这是对问题意识作用的充分肯定。近代著名教育家陶行知说得更生动形象，他在一首诗里写道：“发明千千万，起点是一问。禽兽不如人，过在不会问。智者问得巧，愚者问得笨。人力胜天工，只在每事问。”国外也有很多学者极力推崇问题及问题意识。亚里士多德曾说过，思维是从疑问和惊奇开始的。苏格拉底也同样认为，问题是接生婆，它能帮助新思想诞生。近代英国科学哲学家 K. R. 波普尔说：“科学只能从问题开始”，“科学知识的增长永远始于问题，终于问题——越来越深化的问题、越来越能触发新问题的问题。”爱因斯坦也强调：“发现问题和系统阐述问题可能要比得到解答更为重要。解答可能仅仅是数学或实验技能问题，而提出新问题，新的可能性，从新的角度去考虑问题，则要求创造性的想象，而且标志着科学的真正进步。”

（三）问题意识是思维的动力，是创新精神的基石

问题意识是思维的动力，是创新精神的基石，培养创新精神，应始于问题意识。然而问题意识不是天生的，它也需要培养和激发。据考察和研究，我国学生的问题意识比较薄弱，具体表现为两种典型形式：第一类是不敢或不愿提出问题，第二类是不能或不善于提出问题。第一类情况是学生虽有一定的问题意识，但没有表现出来，呈潜在的状态。对教育者来说，需要激发学生的问题意识，而

激发的过程就是潜在的、静态的问题意识转化为显在的动态的问题意识，发挥其作用和价值。第二类情况是学生因教与学等多种因素，不善思考，思维惰性大，不能提出问题或者不善于提出问题，问题意识较少或没有。对教育者来说，是要培养学生的问题意识，而培养的过程是指使问题意识从无到有、从少到多的过程。相比较而言，大部分学生属于第一种类型，具有问题意识，但需要激发。少数学生属于第二类型，问题意识较少，重点在于培养。

针对第一种类型，激发学生问题意识的关键是创设良好的教育环境和气氛，增进教学民主，加强师生交往，鼓励学生质疑问难。青少年学生好奇心强，求知欲旺盛，这正是问题意识的表现，教师在教育教学活动中要充分爱护和尊重学生的问题意识，师生之间要保持民主、平等、和谐的人际关系，消除学生在学习中、课堂上的紧张感、压抑感和焦虑感，从而在轻松、愉快的气氛中显露灵性，展现个性。有了这样的适宜环境，学生的问题意识就可以获得充分的发挥和显示，各种奇思异想、独立见解就会层出不穷。反之，教师对学生大胆的发问，经常的质疑不予重视或视为刁难、捣乱、钻牛角尖，并加以批评、训斥甚至讽刺和挖苦，毫无疑问不仅扼杀了学生的问题意识，还扼杀了学生的创新精神。应该承认，一般教师为学生的“学”提供了很好的条件，提出了很多的要求，而对“问”则很少关心，很少要求，因此大部分学生能学不能问，会学不会问，只学不问。如此，学问不会真正长进。因为缺少问题意识，创新精神也显贫乏，而创新能力则非常有限。这可能是中国教育的一个特征，也是一个弊端。所以，要激发学生的问题意识，就必须创设良好的教育教学环境，使学生问题意识的显现与发展获得环境的肯定和支持。

针对第二种类型，培养学生的问题意识，除了要有良好的教育教学环境外，还要特别注意采用启发式教学，精心设置问题情境，为学生问题意识从无到有、从少到多的培养提供科学的方法。有的人认为，培养学生的问题意识，只要多问几个“为什么”就能达到目标，于是在短暂的时间里给学生提很多问题，而这些所谓的“问题”，多数不具备问题的价值，实质上仍是过去的“填鸭式”满堂灌。所以，教师在教学过程中，不能把“问题”强加给学生，而应通过启发式教学，精心设置问题情境，来培养学生的问题意识，让他们自己主动提出问题，并在教师的引导下，去解决问题。因此，教师要以问题为中心，巧妙地设疑、布疑、激疑和质疑，科学地释疑、解疑，以促进学生问题意识的发展，最终实现创新精神的培养和创新能力的提高。

二、创新精神及其培养策略

（一）创新精神的内涵

培养学生的创新精神是一项复杂的工程。其成效与广大社会成员尤其是教育工作者在这方面认识的科学性和实践的合理性密切相关。

在认识上，有必要进一步理解“新”和“创新”以及“创新精神”的基本意义。因为长期以来，由于对“新”定位过高，有人对中小学生创新持怀疑态度。其实，通常所说的“新”大多在两个层面上凸显自己的意义：一是“前无古人的”层面，亦即首创性的事物谓之新。其参照系为人类历史，因而这种“新”只有极少数人可以企及。二是“概率不大的”层面，就是在特定群体中是鲜见的，同样具有“新”意。可见，在前一层面上，学生特别是中小学生可及者确实不多。但在后一层面上，尤以具体的学生群体为参照时，情形迥然。当然“新”还关涉价值。毫无价值甚至有害之“新”，社会非但不倡导反而禁止。一般情况下，人们看创新的社会价值和经济价值以及发展价值，得其一者即可，三者兼及尤佳。中小学生创新，重在发展价值。举凡学生别出心裁地解决一道题，虽无明显社会效益和经济效益，却锻炼了心智，是甚为宝贵的。

知晓“新”意，进而言说创新。从本质上看，创新就是发现事物的“新关系”，并按照新关系形成作品（精神的与物质的）。任何事物都由一定的要素组成，要素的组合方式通常决定事物的功能。当需要事物具备新功能时，人们往往采取按“新关系”组合要素的办法。如果不想改变事物的功能，却要求更合理的结构，其做法也是找到承载“更合理的结构”的要素的新关系。从举世瞩目的转基因技术、克隆技术到具有划时代意义的爱因斯坦的相对论，无不是发现新关系的结果。当然这里有必要提及，发现事物的新关系需要相应的环境，否则，创新本领再强的人也会空怀壮志。

明确了创新的实质，再看“创新精神”。精神的意义非常丰富，但在个体层面上通常指动机、勇气、情绪或态度、倾向、心理状态、智慧等。由此推之，学生创新精神的基本内容包括与发现新关系相关的学生的动机因素和情意因素以及智慧因素。动机因素是由发现新关系的需要转化成的推动人们发现新关系的力量，这种力量大的学生往往对新事物格外敏感，垂青言行的独到之处。情意因素，就是在发现新关系上表现出的肯定的情感体验与坚忍的意志品质。创新比常规性解决问题有更多的艰难险阻。在排难除险的过程中，如能累中得乐、苦中知甜、锲而不舍，那就具备了创新必要的情感体验和意志品质。智慧因素，涵盖操作因素与调节因素。操作因素即加工创造对象信息的因素，如记忆、想象、思维等；调节因素是通过纠正失误等控制操作因素正常活动的因素，如元认知（metacognition）。当然要强调的是，智慧因素中包含知识，因为缺乏有关的知识，人们便无法思想，在创造对象面前只能显出无知的尴尬。

用这些认识引导培养学生创新精神的实践活动，可以开创如下局面：

第一，营造适宜的社会环境，使培养学生创新精神由单一的学校行为变为整体的社会行为。

如前所述，适宜的环境对于创新甚为必要。作为培养人才的基地，学校致力学生创新精神的培养，理所当然。但仅有学校的努力，不仅因缺乏大气候而不成“气候”，还可能出现培养成的有创新精神的学生走向社会后，由于有关部门因循守旧而遭压抑甚至排斥的现象。因此，社会各个部门或行业都要提供创新的场所，大兴创新之风，使学生不仅在学校而且在社会（包括家庭）都受到创新风气的熏陶，感到处处有创新的用武之地。

第二，合理设计教学工作，恰当处理“一般”与“个别”、“内容”与“策略”方面的关系。

先说“一般”与“个别”。在这里，“一般”既要面向全体学生发展创新精神，文理工各领域、德智体诸方面概莫能外，同时又要遵循创新精神的一般规律性。“一般”具有普遍意义，但如果缺乏着眼“个别”的具体措施的支持，很可能难以落实。如前所述，“新”是有层次的，而且学生年龄不同、所学专业各异等决定了培养学生的创新精神必须区别对待，因势利导。越能把握住培养创新精神在不同学科、不同学生方面的特殊性，就越可获得有效性。

再说“内容”与“策略”。创新是通过一定“内容”体现的。因此，培养学生创新精神至少要关注这几方面的内容：一是要让学生掌握必要的创新对象与创新方法等方面的知识，同时要有获得信息与设计实验等创新的常识。二是要大力开发“情境课程”，使现有的由理论课程（又叫文化课程）与实践课程构成的课程体系变成理论课程与情境课程以及实践课程有机联系的新体系。所谓情境课程是指面对真实的或模拟的与理论和实践课程的内容有关的问题情境，诱导学生当场思考并用理论创造性解说，以锻炼学生的问题意识和迅速反应能力以及创新精神的课程。这种课程的介入，使学生接触的情境多，发现的问题多，设想的方案多，“见多识广”，会积累大量的经验，增强创新的信心和勇气。

（二）培养学生创新精神的策略

内容与策略密切相关。策略既包括技能与方法，却又不等于技能与方法，是主体计划、评价与调控活动以增强效果的计策与谋略。鉴于发展学生创新精神的策略复杂多样，难以尽言，这里仅从激发动机与利用智慧两方面择要而述。

在激发动机方面，常用的策略有二：一是提供相应信息，诱发创新需要。通过课堂和其他活动形式，向学生提供人类亟须方面的科学发明的信息，有关科学家或青少年因创造发明使社会进步、个人发展更好的信息以及有的青少年克服重重困难攻克科学难关取得成就的信息等，使学生由感动到羡慕再萌生需要——别人可为，己亦可为，进而形成合理的前提下的“为别人所不为”的愿望。二是组织竞争活动，激活创新动机。心理学家托伦斯（E. P. Torrance）做过竞争条件下小学生创造性思维的实验，结果表明，每个年级的学生在思维的灵活性、清晰性和流畅性等方面都与非竞争条件下不同，而且有统计学意义。

在启迪智慧方面，基本点是引导学生发现新关系，主要策略有五点：

第一，引导类比。类比是建立一种相似关系。如把某个事物或观念与另一事物或观念进行比较，并通过替代物把熟悉的与不熟悉的事物联系起来，以熟悉的事物为基础建构一种具有相似意义的新关系。这方面的举措大致有：一是自我类比，类比者以他人或物自居，产生移情作用。二是直接类比，类比者将两个客体或概念作简单的比较（不必面面俱到）。其目的在于把实现的问题情境与另一情境作简单交换，以便出现人们期待的新关系。三是简略性冲突，类比者用相互矛盾的两个词汇描述同一个客体。采用这种练习主要是为了增强学生将两种事物结合起来的能力。结合的事物在性质上或时空上的距离越大，学生心理变通性越大，发现新关系的能力越强。

第二，训练发散思维。发散思维是主体面临问题时思路由一条扩展到多条、由一个方向转移到多个方向的思维方式。在进行这方面训练时，至少要做到：其一，选择有多种结论的问题，否则思想容易围绕在“一棵树”上，无法散开；其二，开导思维的流畅性、变通性和精致性，尤其要在变通性方面下功夫；其三，鼓励学生大胆运用假设，对一个问题提出的合理假设越多，发现新关系的可能性越大。

第三，启发学生妙用转化。在思索新关系的过程中，思维定式是主要障碍之一。克服这种障碍的一种有效方法是进行“生”“熟”转化与“顺”“逆”转化。当遇到陌生事物难以发现新关系时，可以帮助学生在思想上将其转化为熟悉的，即借助联想等消除其陌生因素。结果，熟能生巧，新思想就会迸发出来。相反，有时面临熟悉的事物，由于司空见惯、习以为常，思想驾轻就熟，新意难出。在这种情况下，可以帮助学生在思想上将熟悉的事物转化为陌生的事物。其具体办法有两种：一是有意识地保持一种认识上的陌生感，把已经有所认识的事物当作并不认识而需钻研的对象。即使面对了如指掌的事物也要明知故问“为什么是这样的而不是那样的?”二是通过若干次联想使事物达到当时状态下失真的程度。认识对象一旦陌生起来，往往引起学生异想天开的说法和见解。

“顺”“逆”转化具有类似的功用。这里的“顺”指顺向思维，即从已知到未知、由先到后、先因后果，犹如水依一定的落差顺向流动一样。“逆”指逆向思维，与顺向相对而言。举例来说，如果把“已知被乘数与乘数，求两数之积”视为顺向思维，那“已知积和乘数，求被乘数”就是逆向思维，一旦无法抵达新关系，都可以尝试向对方转化。由此，双向思维习惯形成，遇事发现新关系的概率自然增长。

第四，充分发挥学生主体作用，形成热烈的切磋气氛。智慧只有和智慧在碰撞中才会发出火花。学生主体之间的切磋、探讨和争辩，是激发创新智能、打破常规思维程序的利器。1979 年的诺贝尔物理学奖 3 位得奖者中，美国的格拉肖和温伯格是康奈尔大学尖子班的同学，而且还是纽约布朗克斯高级理科中学的同班同学。这个班单在物理学领域就出了 8 位博士。他们年级的二十几名学生组织了一个“科学幻想小说俱乐部”，格拉肖、温伯格、范伯格等人都是其成员。在这个俱乐部中，谁想出什么有趣的新玩意儿，便很快在小伙伴中传开。这种主体式自由自在的学习、讨论和竞赛气氛，对他们创造力的开发起了很大作用。在我们日常教学中，充分发挥学生主体作用，形成合作学习、共同前进的例子也屡见不鲜。江苏高邮市菱塘职业中学 97 级计算机班的 15 名同学，组成了创新能力“培养小组”，他们经常聚会并交流思想，探索作文写作技巧，或到工厂、农村访问，或到名胜古迹参观，或就同一题材的不同体裁作文展开讨论，使智慧相撞，知识相通，相互激励，彼此促进。结果在各类中学生作文竞赛中，15 名同学人人获奖，其中 3 名同学的作文还在杂志上发表。可见，热烈切磋的气氛一旦形成，十分有利于激扬学生的创新精神，产生群体感应和共生效应。

第五，倡导创新，鼓励异想天开的冒尖人物。学校培养创新能力，就要大力激发创新智力，鼓励异想天开的冒尖学生。山有峰，才显其险；针有尖，才显其锐气；刀有刃，才显其利；智能有尖，才能突破创新。在创新能力培养中，肯定冒尖、支持冒尖和创新者自己敢于早冒尖、大胆冒尖都是缺一不可的。例如，在《为了六十一个阶级弟兄》课文教学中，有的同学提出了疑问：整篇文章以时间性的短语为小标题，目的是突出抢救阶级弟兄生命在时间上的紧迫性。然而，在首都北京，一位工人蹬着一辆载货自行车，走了三十华里的路程，用了一个多小时，冒着药品闪失的危险，才把特效药由药库运到特种药品商店。这个情节出奇的“慢”，让人不可思议。为了六十一个阶级弟兄的生命，连飞机都可以调动，难道在首都就调动不到一辆救护车运药品吗？经过分析，得出结论：这篇文章有许多地方违情悖理，是失败的作品，应该从中学教材中删除。对于学生在学习中由质疑而产生的“冒尖”结论，教师应加以鼓励，并由此带动整个班级创新气候的形成。倡导创新，努力营造一个敢于冒尖和支持冒尖的教学环境，对培养创新意识非常重要。

（三）让学生展开自由思维的翅膀

探索和创新是思维的高级功能。从某种角度来看，教学中的加强双基、培养能力、开发智力，都是为此服务的。所以，培养学生的探索和创新精神，应是各科教学的共同任务。

语文教学的目的任务是我们多次反复讨论过的。无论它是以让学生掌握语言文字为目的，还是以综合地传授“文”“道”为目的，都不排斥开发智力、启发思维这个大目标的。我们的语文教法改革，也是多次反复讨论过的。现在我们正在综合运用当代世界上各派教育学家的观点，在教学实践中探索前进。这种探索也都是以课堂上如何发挥教师的主导作用，才能使这种作用成为杠杆，来最大限度地调动学生主动学习的积极性为目的的。我们认为，学生主动学习的积极性并不是一种类型，而是多种类型。有的学生虽能主动地获取知识，但仅以学到知识为满足，以提高能力为目的，别无他求。这种积极性，是保守型的。有的则不然，他们不是以对现成知识的获得为满足，而是以提高解决问题的能力为目标，还要质疑问难，用前无古人的气概大胆发展真理，探寻尚未被人们认识的新规律。这种积极性是革新型的。我们教师的主导作用应充分发挥到培养学生革新型的积极性上，这就是我们所说的培养学生的探索精神和创新精神。

对这种精神的培养，我们要有点气魄，要放得开，要失败得起，不要把目光只盯在一堂课的得失上，要用宏观的气度、战略家的眼光纵观全局，看一学期的效果，看一年的效果，看三年的效果，看学生一生的发展。所以，即使学生的想法或看法有点幼稚，有点想入非非，有点脱离你制订的教学目标，有点干扰你的教学计划，甚至有点离经叛道，也不可嘲讽，不可批评，更不可压制。因为你要那样做了，就把他们刚刚萌发的一种探索、创新精神扼杀在摇篮里。这样的教师，即使这堂课教得再好，那也是功小而过大的。因为你把一个具有革新型学习积极性的学生捆绑成为保守型的了，你摧残了“天才”，当然是功不抵过的。

在学习《荷塘月色》时，我说描写荷塘和月光的第四、五、六自然段是文章的重点段落。他们说，不对，第三段才重要呢！他们的理解是：纵观《荷塘月色》，全文流淌着一股在淡淡的哀愁中夹杂着淡淡的喜悦的思想源泉。这股泉水的源头就是来自第三自然段。试想，明明哀愁何来喜悦？是作者面对幽静的环境想超脱现实。是意念（不去想严酷的现实，且欣赏荷塘月色）产生了喜悦。但现实是超脱不了的，所以喜悦只是淡淡的。而这淡淡的喜悦也不能把哀愁冲刷干净，所以仍留下淡淡的哀愁。整篇文章的基调不正是由这个第三自然段定下的吗？“横看成岭侧成峰”么！我对学生换个角度去探寻文章重点的态度，也给予了赞扬和肯定。

假若上面的例子可赞扬的话，那下面出现的情况该怎样处理呢？

在学习《记王忠肃公翱三事》一文时，我引导学生去认识王翱不徇私情的精神。在讲这篇文章时，我曾努力引导学生去深入体会作者所用的，未加任何铺垫的任何渲染的白描手法。运用白描手法写典型事例，会生发出对环境和人物的无形烘托。这种烘托似书法中的飞白、音乐中的休止、戏剧中的潜台词。它是无墨胜有墨、无声胜有声的。这种被烘托出来的人物形象，不是纯用直观可以看见的，而是让读者在思考中领悟出来的。所以就更为高大，几乎无边无岸、顶天立地。这是典型事例的威力，这是白描手法的神韵。在学生神思飞动地领悟着、景仰着这一形象，从而激动地发出过分的言辞时，我们怎能当头棒喝呢！不妨让他们平静下来再议。

例子就举这么点。我看这些学生并不只满足于学一点现成的东西吧！他们甚至还有点故意找碴呢！他们不惧权威，他们不带框子，他们不只把老师看成是“传道、授业、解惑”者，而是看成同志、朋友和同学，看成辩论的对象，看成是和自己一起研究学问的人。他们无拘无束，深入钻研，大胆反诘。这样他们才能学得主动、学得活，他们的智力才能得到开发，他们的思维才能在海阔天空中驰骋，不断探索，力求创新。这样将来才能成大器。有人问，学生的这种革新型的主动学习精神，是怎样培养出来的呢？我的体会是，别无他法，全在于我们自觉地去爱护他们的独立思考、积极思维。在我们启发调动下，在他们去主动学习的过程中，千万不可迫使他们按我们既定的框子去思考，而要让我们的课堂教学计划去服从学生的自由的思维翅膀。我们绝不能削学生的足来就我们的履，而应随着学生的思维态势，因势利导，不断改变着我们的教学计划。一旦发现他们颇有见地的提法后，可以不惜一切地放纵他们思考下去。长此以往，保守型的学生也会受感染，受鼓舞，而变成革新型的了。所以这种学风的形成，主要靠我们来培养。而培养的成败，又主要看我们能否彻底解决自己的认识问题。培养学生的探索和创新精神，不仅要解决我们的认识问题，还要解决我们的气质和修养问题。我们应有一种听得进不同意见的气度。我们应具备平易近人、循循善诱、虚怀若谷、既是人师而又不好为人师的作风。我们应有一种由衷地希望学生能真正成为咱们教研中的伙伴，让他们以咱为梯，更上一层的情怀。没有这些，这项任务也是完成不好的。

三、语文教学培养学生创新精神要处理好四种关系

创新精神是创新能力发展的灵魂和动力，培养创新精神是开发创新能力的重要措施。根据创新精神的内涵，语文教学培养创新精神必须处理好四种关系。

（一）处理好课堂氛围与培养创新意识的关系

课堂教学是师生相互合作、双向交流的活动。民主平等的师生关系是营造宽松、和谐的课堂教学氛围的基础，是学生在课堂上积极思维，主动探究的先决条件。

1. 建立民主和谐的师生关系

教师要摆正自己的位置，不能以一副师道尊严的面孔出现在学生面前，而应以朋友式的平等身份参与教学。有位教师在教学《燕子》一课时，新课伊始便营造了学生积极参与的课堂气氛。

师：同学们，春天来了，活泼可爱的小燕子从南方飞来了，你们喜欢燕子吗?

生：喜欢!

师：咱们班的同学中有用“燕”起名字的吗?大家知道为什么要用“燕”起名字吗?

生：因为燕子既活泼可爱又非常美丽，所以人们很喜欢它。

生：因为燕子总是跟美好的春天联系在一起。

师：大家说得很有道理。由此可见，人们都非常喜爱燕子，今天我们来学习著名作家郑振铎写的《燕子》，看看他笔下的燕子会给我们留下怎样的印象？

显然，教师从学生以“燕”为名的事例切入，使学生觉得十分亲切，缩短了师生间的心理距离，为学生大胆参与教学活动创造了条件。

2. 对学生的学习活动，教师要给予积极评价

课堂教学中要调动学生思维的积极性，激发浓厚的学习兴趣，教师要善于对学生课堂学习活动作出正确的、激励性的评价，使学生享受到“被赏识”的喜悦，从而产生浓厚的学习动力。例如，修改病句：“老红军焦急地看看天，对小红军说‘老红军背你走！’”不少学生将这句改为：“老红军焦急地看看天，对小红军说：‘我背你走！’”有一位学生则这样修改：“老红军焦急地看看天，对小红军说，他背小红军走！”这位同学不用通常的修改方法，而是把直接引语转述为间接引语，这是一种创新，教师给予了激励评价：“你真聪明！”精心呵护了学生的创新思维。

（二）处理好自主参与和培养创新能力的关系

自主参与是创新能力的前提，没有自主就谈不上创新，而没有创新也就无从展现自主。例如，《伟大的友谊》一文中有这样一个过渡段：“在生活上，恩格斯热忱地帮助马克思，更重要的是在共产主义事业上，他们互相关怀，互相帮助，亲密地合作。”教学时，我围绕过渡段精心设计提问，注重优化教学目标，强化学生的自主参与意识。教学过程如下：

师：读这一段，你知道了什么？

生：我知道了这段有两层意思：一是在生活上，恩格斯热忱地帮助马克思；二是在共产主义事业上，他俩互相关怀，互相帮助，亲密合作。

师：从这一段中你想了解些什么？

生：我想了解恩格斯在生活上是如何帮助马克思的。

生：我想了解在共产主义事业上，他俩是如何亲密合作的。

师：首先我们来看第一个问题，这个问题的答案可从课文的哪几小节里去找？

生：从课文的第2、3小节里去找。

师：那么请同学们自读第2、3小节，并从中找出答案。

这一教学环节体现了教学目标来自学生的实际认识，通过教学再回到学生

中去，让教学目标“来回地走一遍”。这样把“教师传授”型的语文课堂教学模式转变为“在教师引导下学生主动参与”型的课堂教学模式，使学生从敢于参与到乐于参与，再到善于参与，从而提高了课堂教学效率，为创新精神的培养奠定了基础。

（三）处理好质疑求异与培养创新思维品质的关系

质疑求异是人类思维的精华，是培养创新能力不可缺少的环节。教学中不仅要教会学生“质疑”，还要引导学生“疑中出新”，达到“求异”。例如，教学《海底世界》第二、三自然段时，让学生自读这两小节，思考从中知道些什么。学生读后纷纷向老师陈述海底情景，有的说“很宁静，五百米以下就全黑了”，有的说“有许多光点，海底的动物常常在窃窃私语”，这时，有位学生提出问题：“既然海底有许多光点，有许多动物常常在窃窃私语，怎么又说‘很宁静’‘全黑’呢？这不是前后矛盾吗？”显然，这位同学在自主学习的过程中敢于大胆质疑。对此，教师首先予以肯定，接着引导学生联系上下文，自己寻找答案，最后组织讨论，达成共识，作者之所以这么写海底“静”“黑”，是相对于海面“波涛澎湃”而言的。

（四）处理好再造想象与培养创新素质的关系

再造想象是创造性活动的前提，是培养创新精神的重要体现。培养创新精神要注意拓宽学生的思维领域，进行再造想象。例如，教学《凡卡》一课时，我便启发学生续写“假如爷爷收到了信”，要求写出爷爷的外貌、表情、心理活动和动作，让学生根据课文进行创造性思维，这样不仅活跃了课堂，还激发了学生的想象力，培养了学生的创造性思维。

四、语文学习之异解是创新的结晶

阅读的本质是阅读者的一种再创造。我们的阅读教学就是要引导学生去完成这一“再创造”的过程。既然是“再创造”，由于读者的认识水平和认识角度不同，对同一篇文章产生异解现象是符合阅读规律的。学生在阅读中出现的异解现象，是学生学习的主动性、积极性、创造性得到发挥的结晶，要正确对待，倍加尊重、鼓励和爱护。异解现象的表现一般可分为四类：

（一）多解

多解是指学生对课文内容、中心的多种理解。例如，教学《亡羊补牢》这则寓言时，教师问学生“从中懂得了一个什么道理?”学生纷纷举手回答：①懂得了我们犯了错误后，及时纠正还不迟。②懂得了一个人有了错误或缺点，别人劝说时，你应该接受。③懂得了一个人有了错误应该用实际行动去改正、补救，做一个知错就改的人。④懂得了不听别人的劝告，一错再错，终将一事无成。⑤懂得了一个人要虚心接受批评及时改正才能有进步。⑥懂得出了差错，受到损失之后，要想办法补救，以免今后受到更大的损失，亡羊补牢还不算晚。

这些亮丽的思维火花，正是我们教学所要挖掘、发现和培养的别具一格的创新意识的具体表现。因此，教师要好好保护学生的这种创新意识的萌芽。

（二）异解

异解指的是学生在读同一篇文章时出现的种种不同且具有合理性，甚至独特性、深刻性的理解。例如，对《小猫种鱼》这一课的理解，许多学生不同意老师说的“小猫学习别人不动脑筋，生搬硬套”。有的学生说：“小猫最喜欢吃鱼，他没有吃掉，把鱼种到地下可收获更多的鱼，这说明它是一只肯动脑的小猫。”有的说：“小猫种鱼，不是小猫不动脑筋，而是它不懂得鱼不能种在土里。”再比如，对《劳动最有滋味》一文中“劳动与取巧是结合不到一处的”这句话的理解，有的学生提出“只要劳动效率高，劳动时完全可以巧干妙做，不然还发明电脑、机器做什么?”若从“取巧”的意思来看，这位同学的说法不无道理。

上述这些理解，教学中会经常碰到。显然这些理解不同于教材、教参和教师的理解，可是它具有合理性，符合人们对客观世界的认识，除了“非此即彼”，又在适当的地方承认“亦此亦彼”。所以，在教学中有经验的教师常使理解具有不确定性和求异性，增加学生对问题认识的深度和广度，让学生思维之潮奔涌，智慧之花竞开，达到思接千载、视通万里的境界。

（三）误解

误解是指学生根据自己的想法，对文章的一种片面的或不确切的，甚至是错误的理解。例如，有的学生学习了《狐狸和乌鸦》这一课后，情不自禁地发出感慨：“多聪明的狐狸呀!”

这种误解现象在课堂上经常发生。误解现象的产生充分说明学生思维的活跃，说明学生真正从封闭式的教学环境中解脱出来了。学生要获得真正的阅读能力必须要经历“阅读实践—独立思考—修正错误”的过程，这是任何人都替代不了的，所以，作为教师应该以正确的态度给予正确的引导。

（四）曲解

曲解是指学生对文章错误的甚至是荒谬的理解。例如，《鲁班学艺》一课中师傅问鲁班：“大徒弟用斧子挣下了一座金山，二徒弟用斧子在人们心中刻下了一个名字，你愿意跟哪个徒弟学？”鲁班要学二徒弟，师傅哈哈大笑。在讨论中有的学生发表了这样的意见：大徒弟得到了一座金山是用斧子“挣”来的。在当今市场经济条件下，用自己的辛勤汗水创造一笔物质财富是允许的，又怎么不能学习呢？还有的学生说：“要我回答这个问题，很简单，向大徒弟学习。”

这种曲解现象在思想单纯、辨别是非能力有限的学生当中是比较普遍的，教师不可忽视，一不可简单粗暴地训斥；二不可置之不理，听之任之。应该在热情鼓励敢于发表意见、积极思考的学生的同时，进行有说服力的正确引导。

语文课堂上出现日益增多的异解现象，是课堂大开放、学生思想大解放、思维大开拓、语文教学渐趋成熟的表现，这给我们的语文教师提出了更高的要求：在这种新的挑战面前，应该努力提高自己的思想与文化素质。

第三节 培养学生的创造性思维能力

一、克服思维定式的消极作用

思维是教学艺术活动的核心。中学生的思维正从“经验型”向“理论型”发展，因此，他们在语文学习中常侧重于背诵知识的结论，习惯套用这些结论进行思考，表现出较多的思维定式。

思维定式有其积极的一面，我们常把“学生熟练地掌握课文中的知识并能正确地应用”作为语文教学的要求，实际上这种要求就容易形成思维定式，因为学生在语文学习中形成思维定式才标志着学生已经掌握了某种知识和方法，这无疑对语文教学有着积极的意义。但是，思维定式也会产生消极作用。学生一旦形成了某种思维定式，在分析新的问题时，就会偏向于某种模式，依赖一种分析问题的方法，固执不变地用它去分析理解新知识，而不去尝试新方法，这必然会影响学生思维的灵活性和广阔性，抑制了学生的创造性思维。

（一）思维定式的形成及其消极作用的产生

1. 长期以来，语文教学中教师习惯采用从字、词、句到段、层分析的方法讲解课文，使学生在语文学习中产生倾向于段、层分析和字、词意思的思考等解决问题的方法。

由于某种方法集中地并且进行了较长时间的强化训练，使学生产生思维定式。人们普遍感觉到文学作品的语言之精美，内涵之丰富，读起来给人一种美的享受，并能激发人的情感。但由于语文各级考试都实行了标准化，五花八门的题目以及各种各样的变种练习的排山倒海袭来，于是课堂教学中“文”常常不见了，被一个个“段”代替，对“段”也是采用肢解的办法，抠这个词，辨那个词，左一个层次，右一个句序。于是琅琅的读书声少了，师生沉浸在课文创设的情文并茂的佳境、流连忘返的动人情景也很少见了。

例如，《老山界》一文中的“半夜里，忽然醒来，才觉得寒气逼人，刺人肌骨，浑身打着颤。把毯子卷得更紧些，把身子蜷起来，还是睡不着。天上闪烁的星星好像黑色幕上缀着的宝石，它跟我们这样地接近哪！……像春蚕在咀嚼桑叶，像野马在平原上奔驰，像山泉在呜咽，像波涛在澎湃。不知什么时候又睡着了。”作者把那种环境及其中的独特感受写得生动形象，学生在分析这段时，往往把“颤”“蜷”“澎湃”等词语画出来解释一下，找出几个比喻句，但对于语境的内涵，作者为什么会有这种感受，跟中心有什么关系就不清楚了，这样一来，文章中那种意境就难以体会了。

如果再让学生依照这段写景去写一段“校园夜色”时，语言疙疙瘩瘩，语境很难让人明白。文理不通，比比皆是。课堂上，教师在讲析《记一辆纺车》时，往往把课文中的生字、段落、中心思想，归纳一下就行了，作者为什么写这篇文章，纺线时的感受常常不能深层次地探讨、理解。学生分析课文也往往如此。

这些都反映了思维定式使得文章的内涵肤浅化，甚至曲解了原意。文章的美感也就不能很好地体现出来了。

2．在日常生活中，人们普遍感觉学习语文就是认清字形、读准字音、理解字义、学会运用。这种习惯使学生在语文学习中产生倾向于在认字、读音等表层知识的思考上大做文章的思维定式。

例如，“许晓轩从息烽到白公馆十年炼狱，早已把生死置之度外”中的“炼狱”学生一看就解释出它的本义，殊不知“炼狱”在本文中的意思是“在监狱中磨炼”的意思。再如，“天苍苍，野茫茫，风吹草低见牛羊”的诗句，绝大多数学生读时、背时都行，根本体会不到诗歌的内涵，更没有那种在广阔的草原上一览美丽画卷的畅快之感。

这种思维定式，使得学生在语文学习中，只求一知半解，而不求甚解，体会不到“文”的意蕴，文章的美感，甚至产生厌学语文的情绪，同时觉得语文没什么好学的，一看就懂，可是写出来的文章文理不通。

3．语文教学中的机械化训练。“每日一练”“每周一练”“自测 ABC”等，充斥课堂、书店，充斥学生书包，加上答案唯一，严重限制了学生思维的发展。例如，有这样一道题目，要求辨别“四面八方响起了枪声”和“他唱的歌声音真响”这两个句子中“响”的意思，学生看了都答“很响的意思”，这有训练的必要吗？训练目的值得推敲。“雪融化了，变成水。”学生回答：“雪融化了，变成了春天。”教师就认为不妥。答案唯一，束缚学生思维扩展。

以上这些，说明在语文教学中，思维定式的消极作用是严重存在着的。如何防止和克服思维定式的消极作用，是语文学习过程中必须认真研究解决的问题。

（二）克服思维定式的消极作用

对学生有目的、有计划地进行科学训练，能够防止和克服思维定式的消极作用，从而丰富学生的想象力，培养学生的创造性思维。

1. 引导学生把握文章的总体内涵

在加强语文基础训练的基础上，注重理解文章的内涵，体会文章的深意，拓宽学生的思维空间。可以突破“只求音、义的理解”的思维定式，使学生的思维更广阔、更敏捷。例如，《老山界》中“极远的又是极近的……”这一段写景，不仅让学生理解“又是”“不可捉摸”等词的意思，还要引导学生深入到“山谷之中”去体会那种意境，要有一种身临其境之感，这样就能很好地理解红军那种不畏艰险的革命英雄主义精神和乐观主义精神。有了这种感受，仿照句子去写文章也就不费劲了。

语言具有人文性的特点，离开了思想，离开了情意，离开了民族文化，难以对语言有完整而深刻的认识。带领学生进行语言文字的训练，同时对文化背景、人文精神也要去引导分析，有效地提高学生读、写、听、说的能力。

2. 指导学生多角度思维

引导学生多角度思维，容易激发学生学习语文的积极性。如讲《花儿为什么这样红》时，可引导学生思考“长颈鹿脖子为什么这样长？”“松树为什么常青？”等，只要善于联想，放开思想做多角度思考，是可以不断发现新的话题、新的思想的。当然，这样做的弱点是面铺得开阔，常常发掘的深度不够。可以抓住一个题目不放，持久地、细致地做下去，终会有效果的。

3. 训练学生的逆向思维

加强对学生逆向思维的训练，必将打破顺向思维的定式，如遇到课文中精彩语段的分析，可以先从语意入手，多问几个“为什么”，“为什么作者这样写？”“不这样写行不行？”，“假如让我写该怎么写？”

4. 跳出文图圈子

进行语文基本训练必须与生活密切联系。语文是交际工具，是用来反映生活并服务于生活的。社会生活中有许多美的东西，要设法让学生去感受。生活积累的增多，能使考虑问题不再肤浅，学习语文不再受框框限制，而立足于它的深意。同时学生知识的习得，不仅有循序渐进连续性的一面，而且有豁然开朗非连续性的一面，即所谓的顿悟。教师要创造语文学习和社会生活中的情感氛围，激发学生的灵感，使学生的思维在连续性中产生非连续性的飞跃。随着书本知识和生活积累的增多，学生的语文水平必然会得到提高。

5. 训练学生学会在思维过程中进行自我评价，不断发展学生思维的批判性，这也是学生克服思维定式的有效途径

对思维过程的自我评价，就是要不断地观察自己的思维定式和思维方法，正确评价自己的思维过程，对文章的观点敢于大胆地怀疑，不断调整思维结构和方式，训练思维的多样化和缜密性。

探究某些问题时，可以引导学生从常规思维的反方向寻求解决问题的途径和方法，对自己的观点提出质疑，这样就更能深入全面地理解文章内容，也极大活跃了学生的思维活动。如《生于忧患，死于安乐》一文，让学生认识到“自古英雄多磨难”后，又话锋一转，引导学生以“顺境更能使人大有作为”为题写读后感。

6. 以学生为主体，灵活运用教学媒体和方法

采取多种教学方法相结合，调动学生的积极性，激发学生学习语文的兴趣。教学中，运用现代教育理论和教育技术手段，图文并茂，声像再现，发挥学生各种感官的作用。在课堂教学中尤其要注意提问的艺术和小组讨论，让学生在智力碰撞中，得到思维质量的升华，更好地发挥学生的主体作用。

总之，在语文教学中，在教育引导学生掌握学习语文思维方法的同时，也要防止学生产生思维定式，避免思维定式的消极影响，全面发展学生的思维能力，提高学生语文学习和运用的综合素质。

二、语文教学中培养学生创造性思维能力的范畴

（一）在字词教学中进行创造性思维训练

利用字词教学培养学生的创造性思维能力，必须注意对字的音、形、义异同的比较，注意词语在不同语言环境中的表达作用。如果教师能根据教学内容的特点，采取新颖的教学方法，效果会更好。

1. 注意对字的音、形、义异同的比较

在教学“伦、论、沦”这一组形似字时，我改变通常的辨形、注音、组词的做法，进行了有益的尝试：在黑板上写出偏旁“仑”，让学生自己添加部首组成一个字。学生觉得很新鲜，“伦”“论”“沦”“抡”“轮”“纶”“囵”等字都被学生搜索出来。通过对这几个形似字的学习，学生熟悉、了解了更多的形似

字，也学到了更多的词语。更为难得的是，学生亲自参与“寻找”和“发现”，体会到成功的喜悦，学习兴趣被激发出来，发散思维和求异思维能力得到了很好的锻炼。

2. 注意词语在不同语言环境中的表达作用

同一词语在不同的语言环境中意义不同，可运用比较法加以区别。这样能起到培养学生创造性思维能力的作用。例如，《故乡》结尾部分连用三个“辛苦”（“辛苦”：①辗转；②麻木；③恣睢），结合具体的语言环境进行比较，联系“我”“闰土”“别人”这三种人的生活，就容易理解上述三个“辛苦”的含义：①奔波劳碌；②辛苦劳累；③挖空心思。这种一词多义的例子可以列举很多。

理解词语的正确意义还可以使用替换词语的方法。例如，鲁迅《无题·惯于长夜过春时》诗中，“忍看朋辈成新鬼，怒向刀丛觅小诗”两句中“忍”“丛”能不能换用“眼”“边”或者别的词语？这样的词语替换拓宽了学生思维的空间。

（二）在阅读教学中进行创造性思维训练

在阅读教学中，我们应该努力培养学生发现问题的能力。在这一方面教师的引导显得特别重要。如果学生在学习过程中提出了问题，即使不成熟，也应该爱护、鼓励。

教材中有不少值得商榷的地方，提出来让学生讨论，可以帮助学生更好地理解教学内容。如《白毛女》选场中喜儿独白：“今儿年三十啦，家家都蒸黄米糕、包饺子……”就很值得怀疑，难道只有喜儿一家过年什么东西也没有吗？把这样的问题提出来让学生讨论，他们的兴趣会特别浓厚，不时迸发出创造性思维的火花。

教材中相当多的地方为师生教学时的再创造提供了可能。周立波《分马》中有为老王太太换马的情节。郭全海召集积极分子开会时，患得患失的老孙头也表示愿意换。老王太太围着老孙头的那匹玻璃眼儿马转，老孙头神色紧张，贬起自己的马来……小说中的老王太太最终选中了老田头的马。我问学生：“假如老王太太挑中了老孙头的马，会怎样呢？”话音刚落，许多学生就争先恐后地发表看法。这时教室里热闹非凡。不少学生能以小说前半部分对老孙头等人物的描写为依据，自己虚构小说的故事情节。特别是对于老孙头这个人物可能出现的神态、语言运用、心理活动等相关描写，大家各抒己见，绘声绘色，颇有新意。

其实，学生的创造性思维能力一旦得到培养，他们的目光是很敏锐的。在教学过程中，不少学生敢于对教材置疑，敢于提出新的见解，其中不乏真知灼见。

例如“《小橘灯》一文，小姑娘挑选的是最大的橘子制作的橘灯，为何文题叫‘小橘灯’不叫‘大橘灯’呢?”“《从百草园到三味书屋》前半部分可用文中‘乐园’二字概括，后半部分能不能用文中的‘严厉’二字概括呢?”“《皇帝的新装》一文是揭露皇帝的昏庸、骗子的骗术呢，还是揭露成人世界的虚伪，赞扬孩童的纯洁真诚?”……遇到学生提出类似问题，我总是及时表扬提出问题的学生，并组织大家讨论，通过多角度的思考，去寻求满意的答案，以培养他们的创造性思维能力。

（三）在作文教学中进行创造性思维训练

写作过程是一个综合运用语文知识的复杂的思维过程。要在写作教学中培养学生的创造性思维能力，教师应注意：

1. 命题、题型要有利于活跃学生思维

好的作文题目就像是开启学生心扉的一把钥匙，能使他们产生丰富的联想、奇特的想象，从而让他们拥有广阔的思维空间。如《假如我是语文老师》《2049年的中国》《我在宇宙空间站的日子》等都是能激发学生想象与创造的好题目。此外，题型也应多样化，多写些材料作文，适当进行改写、扩写、缩写练习，以发展学生创造性思维。

2. 观察事物、分析问题的角度要多样化

教师要教会学生从不同角度观察事物、分析问题，自己就不能限制作文中心思想，不能戴有色眼镜来看待学生作文，认为“四平八稳”的是好作文，符合老师心意的就是好作文。这样的教学只能束缚学生的手脚，限制学生的思维。教师应该想方设法引导学生从另一个角度分析问题，尝试“走新路”。例如，“达·芬奇画蛋”我们既可以从“基础重要”的角度来理解，也可以从“严师出高徒”的角度来理解；《生于忧患，死于安乐》既可以从被重用的孙叔敖等出身贫寒却终有所成的角度来理解，也可以从用人者（君主）贤明“唯才是举，不计出身”的角度来理解；《杨修之死》既在于曹操的“妒贤嫉能”，也与杨修的“恃才傲物”分不开……经常进行这样的分析，学生的创造性思维能力必将得到提高。

3. 扩大学生视野，拓宽思维境界

发展学生的创造性思维不能局限于课堂小天地以及有限的书本知识，而应该勤奋阅读有益书籍以丰富知识，悉心观察日常生活以增加阅历，因为“生活是创作的源泉”。教师还应创造条件带领学生“走出校门”，开展丰富多彩的课外活动，让学生从中汲取营养。只有这样，视野开阔了，知识渊博了，思想深刻了，思维能力才可能有较大的提高。这样，写出来的作品才可能进入“思接千载”“视通万里”的境界。

三、语文教学中培养学生创造性思维能力的方法

（一）精心设疑

“学起于思，思源于疑。”教学的根本在于引导学生思考，而思考的起点却是疑问。“疑”使学生在认知上感到困惑，产生认知冲突，引起探究性反射，产生思维活动。而传统教学使学生在无“疑”状态下被动接受，盲从依附，思维被束缚在教学的圈子里，创新个性受到压抑。杜勃罗留波夫曾经说过：“教师如果把科学的材料嚼得这样细，使学生无需咀嚼，只要把教师讲的吞下去就行了，这样从学生中可能培养出懂知识的猿猴，而绝不能是独立思考的人。”我们的教学目标是培养“人”而不是“猿猴”，所以在教学中要精心设疑，充分发展学生的创新个性。

记得我讲鲁迅的小说《药》时，曾发问：“课文第四部分夏瑜的母亲提着‘破旧的朱漆圆篮’上坟，文中‘破旧’‘朱漆’两个定语引出你怎样的结论?”学生先是一愣，认为不足为奇。我接着启发他们说：“如果没有这两个定语，我们将失去一个了解夏瑜的重要线索。我们读书不仅要有一双敏锐的眼睛，还应有一个福尔摩斯的大脑，能根据一个不起眼的细节，做出一系列合情合理的推论与判断。一个圆篮油上朱漆跟不油朱漆一样吗？这个家常用具如此考究，说明了什么?”学生领悟到：这表明夏瑜原先家境比较富有，现在破落了。“还有别的证据吗?”学生七嘴八舌加以补充：有的说阿义向夏瑜盘问底细，可见夏家给人留下“有家底”的印象；有的说夏三爷、夏四奶奶的称呼足见其曾是名门望族；还有的说从夏瑜的“瑜”字起名上，可看出是书香门第出身。我又进一步发问道：“这与夏瑜具有民主思想有什么关系?”就这样层层设疑、处处探讨，使学生充分展开创新思考，收到很好的教学效果。

过去我们的作文教学常常以课文为范本，让学生机械仿作。这样无视于学生的差异，硬把学生的思维捆在一个框架内、亦步亦趋，其后果自不待说。我们要相信每个学生都有一定的创造潜能，完全可以让他们发挥想象，想人之未想，言人之未言，写出新颖、独到的文章。比如，我在布置一篇题为《从愚公移山说起》的作文时，就鼓励学生突破历史的局限，打破常规思维，大胆创新、求异，

可多角度立意展开议论。学生经过发散思维，纷纷确立各种各样的立意，有从经济角度立意，有从保护生态环境角度立意，有从人口学角度立意等，凡此种种，不一而足，创新思维个性得到了充分展示。

我国著名的教育家陶行知说过："行是知之路，学非问不明。"哲学家培根也说过："疑而能问，已是知识之半。"学生有疑问就是进步，证明他们对问题进行了深入的考虑。在教学中，教师要善于发现孩子爆发的独创的火花，要鼓励学生质疑问难，大胆创新，允许他们别出心裁、标新立异。让学生敢于提问、乐于提问、善于提问。要使学生善于提问，不但要让学生多实践，而且要授之以提问的方法。凡是学生有可能发现的问题，要引导他们自己去发现。

例如，在教学《草船借箭》一课时，学生在预习中就产生了不少问题，迫切希望得到解决。教师在课内的时间让学生质疑问难，气氛相当活跃，很多学生在回答诸葛亮到底比周瑜高明在哪里时，只是把诸葛亮神机妙算的内容复述一遍，而有一名学生却说："周瑜以为凡是箭都是造的，只要不备好造箭的材料，而且把造箭的时间限制得很紧，就一定能把诸葛亮置于死地，而诸葛亮却能出人意料地想出利用天时地利，向多疑善猜的曹操'借'箭的办法，明显看出诸葛亮比周瑜高出一筹。"可见，在质疑问难中，激发了学生见解独特的创造性思维。

"学贵有疑，小疑则小进，大疑则大进。"疑是思之源，思是智之本。疑是创新的开始，也是创新的动力。不断发现问题、提出问题是思维活跃的表现，是勤于动脑、勤于思考的表现。

一位教师在教完《白鹭》一课后，让学生提问题。学生提出：第七自然段最后一句话不懂。教师投影了两句话，让学生比较：

A. 人们说它是在瞭望，可它真的在瞭望吗？

B. 白鹭的本身不就是一首优美的歌吗？

学生通过朗读、比较，明白了 B 句是反问句，意思是白鹭的本身就是一首优美的歌；A 句是疑问句，答案是不明确的。

教师再问："人们说它是在瞭望，你们认为呢？"通过细读品味，讨论交流，让学生提问、联想。

这里，教师抓住了学生的一处疑问，在比较中引出问题，让学生积极思考。在这个过程中，学生的思维被激活，能够用一个具体的句子，联系课文内容及生活经验，自由地发表自己的看法。

乐于思维，乐于解疑，是使学生获得知识、发展能力、开阔眼界、丰富心理活动的重要方法。在语文教学中，教师进行有意趣的提问，不断激发学生求新求异的思维活动，就会使他们感到因需要的满足，而持久处于乐于思维的心理状态。因此，在教学中应该把主要精力集中在培养学生分析问题和解决问题的能力上。要培养这种能力，就必须把问题带进课堂，充分利用问题启发学生的思维，引起学生探求问题的兴趣和求知欲。

阅读自学课《亲人》是一篇感人至深的小说，在放手让学生自读以后，我提出这么一个问题，曾将军为什么要认一位素不相识的烈士家属为自己的父亲？学生听后，兴趣就来了，大家兴致勃勃地思考这个问题。有的说："司令员不忍心让老人失望，因为老人等待自己的独生子就已经等了20多年了。"有的说："司令员的命是战友救的，他肩上还担负着另一个人的未完成的一切。老人的独生子英勇地死去了，他想使这位失去唯一的独生子的老人得到安慰，将军就怀着这种复杂的心情认下了这个父亲。"经过提问，不仅把学生的注意力高度地集中了起来，而且也使他们受到深深的启发，因为提出的问题既是小说的核心，也使学生感到新奇有趣，不得不在教师的诱导下而积极地展开思维活动。这样的提问，学生乐于思考、乐于答题，使学生在寻求知识的过程中不但不感到是一种负担，反而会感到是一种乐趣。

（二）创设情境

要激发学生的思维动机，关键在于教师要想方设法为学生创造问题情境，为学生的思维创造一种氛围。小学生的思维往往是借助于形象、色彩、声音进行的。因此，创设一个色、形、声俱全的情境，对启发学生的思维是非常必要的。如教《十里长街送总理》一课时，可在周总理相框上披上黑色的挽纱，同时放"送灵车"的幻灯和哀乐，教师在这种气氛中如泣如诉地朗读课文，学生的情感因素被调动了起来，感动得潸然泪下。有的说："我好像也戴着黑纱，佩着白花，在等候周总理的灵车。"有的说："我总觉得周总理一直在我们的身边。"有的说："我仿佛看见自己在追赶着灵车，请求周总理不要离开我们。"这种情境，激发了学生的想象力，迈开了创造性思维的第一步。

如指导学生用"喜气洋洋"一词造句，教师先用播放一些喜庆的音乐，用挂图、幻灯片出示一些喜气洋洋的画面，然后让学生登台模拟表演喜气洋洋的场面，最后让学生造句，学生思路开阔、兴趣盎然，造出了许多优美的句子，从而培养了学生的创造性思维。

叶圣陶先生说过："读书贵有新得，作文贵有新味，最重要的是触发的工夫。”创设情境是触发创新灵感的有效方法。现代教育技术为创设情境提供了有利的条件。比如，在教小说《三顾茅庐》一课时，环境描写是教学重点，我就从电视剧《三国演义》中选取有关的画面在课堂上播放，让学生体会，触发了学生的创新灵感。当然，触发学生灵感的途径很多，如生活展示、实物演示、表演体会、音乐渲染、图像再现等，而运用最广的还是语言表述情景。比如教学《项链》一文，当学生为玛蒂尔德惋惜时，可假设虚拟以下两个情景：（1）倘若玛蒂尔德没有丢项链；（2）倘若赔项链时，福雷斯蒂埃太太一下子就说明了丢失的项链是假的。让学生分别想象可能出现的情节，一下子触发了学生创造的灵感，使之活泼奔放地展开创新思维。

（三）启发想象

高尔基说过：“想象可以补充事实的链条中不足的和没有发现的环节。”教材中有许多课文的结尾言已尽而意无穷，可让学生展开想象的翅膀，延伸情节，培养创造性思维。如《小摄影师》讲的是一个小男孩好不容易得到给著名作家高尔基照相的机会，但没有照成。这个故事似完未完，余音缭绕，留下无限想象的空间。“小男孩还会再来给高尔基照相吗?”教师可提出这样的问题，并引导学生展开丰富的想象，编织故事的各种结局，给课文续篇。在饶有趣味的想象中，锻炼学生创造性的想象。又如讲《在艰苦的岁月里》一课的结尾：“小红军听着笛声，出神地望着远方。他看到了未来，看到了希望。”这希望到底是什么?可引导学生设身处地地去想象。

有的课文学完以后，教师可让学生进入情境，假设自己是文中的一员，应该怎么办。如学了《守株待兔》一课后，述说“假如我是种田人”，让学生根据课文内容和自己的看法，展开合理想象。新教材每一首古诗都配有一幅画，教师也可引导学生凭画理解诗意，展开联想，把古诗改成一篇写景或叙事的文章。这样，学生的创造性也得到了充分培养。

通过文中插图的观察，创设吸引学生积极思维的意境，启发学生想象，可使学生对课文内容有更深刻的理解。如《学会合作》一文教学时，让学生注意观察文中插图，让学生根据小学生们当时的表情、动作，想象他们当时会有哪些想法。学生们说：“他们想：我们应该有秩序，不能挤在一起，这样会一个也逃不出来。”“我不能只顾自己逃生，应让别人先走。”“我是大的，应让小的先走。”……学生的想象入情入理，懂得了具有自我牺牲精神才会有成功的合作。

“补白”是古诗词教学中培养学生想象力的常用方法之一，也是培养学生创造性思维的重要举措。如学习《村居》一课时，教师在指导学生读了第 1、2 句诗意后，让学生想象这两句诗所描绘的是一幅怎样的画面。学生边读边思考后，用语言描述了这样一幅美景图：在这春光明媚的二月天，大地冒出了青青的草芽，远远望去一片黄绿色，可爱的黄莺在空中快活地飞翔；堤岸上的柳树挂着的许多枝条，仿佛是美丽的丝带飘来飘去，也似乎陶醉在这大好春光里。

在这个片段中，教师启迪学生依据诗句的意象对早春二月展开想象，这样的“补白”，不仅培养了学生的想象力、创造力，而且进行了审美教育。

想象是人们的认识由此及彼、由表及里、由现象到本质的智力品质。一切创造性劳动，都是从创造性想象开始的，没有创造性想象，就没有任何创造发明。因此，教会学生想象，特别是创造性想象，是语文教学中发展学生思维独创性的重要内容。

联想是由某一事物想到另一事物的心理过程，“人类失去联想，生活将会怎样?”“联想”电脑的广告语并不夸张。一个人如果缺乏联想，思路就会阻塞，时空受到限制，天地必然狭小；有了联想，思路就像长上了翅膀，可以跨越时空，生活就会变得丰富多彩。

创造性思维始终伴随着创造性想象和联想，这两种思维方式能不断改造旧表象，创造新表象，赋予思维以独特的形式。“登山则情满于山，观海则意溢于海”，这正体现了文学创作中想象和联想的特质。在自然科学中，一切蓝图设计、创造发明，无不充满人类创造性的想象和联想。要培养学生的发散性思维，就必须鼓励他们大胆地想象和联想。

中学课文中，《我的叔叔于勒》《项链》《警察与赞美诗》《最后一片叶子》等外国著名小说结尾有异曲同工之妙，都是戛然而止，余音绕梁。对于留下的艺术空白可引导学生骑着想象的野马纵横驰骋，重新设计结局；还可以配上相应的课外读物，隐去结尾，让学生设计“出乎意料，又在情理之中”的结局，然后对照原文进行品读，这样，可让学生在富有张力的教学环境中延伸思维的触角。

如在教完《眼睛与仿生学》后，可让同学们大胆设想：利用仿生学的原理，你有没有发明创造的思维涌动？学生也许能说出一些来，也许说不上来，没关系，只要能启动想象力，养成他们发散思维的学习习惯，总是一种收获。

作文教学中，指导学生张开联想的翅膀，把思考的问题朝各种可能的方向发散，并引出更多的信息，不拘泥于一个途径，不局限于既定的理解。如作文《砖的联想》，学生经过发散思维，确定的角度有：1. 甘为人梯是美德（总是把后来者举得高高）；2. 表里如一（从外到里是一种颜色）；3. 英雄须有用武之地（一旦放在路上，就成绊脚石）；4. 服从分配，忠于职守（砌在哪里，就在哪里奋斗一生）；5. 团结就是力量（手牵手筑起了万里长城）；6. 艰难困苦，磨炼意志（不经过烈火焚烧，只能是土坯一块）；7. 成才要有必要的约束（由一摊泥土变为一块砖，首先是接受了模子的约束）。这些课堂实践，对促进学生思维的活跃性起了一定的作用。

为培养学生的创造性思维，教师应不断充实、更新自己：一是要更新教学观念，强化教学主体意识；二是要提高文化品位，优化知识结构；三是要不断提高课堂教学的技能，要博采众长，自成一家。

想象是人们在头脑中运用感知所获得的表象，经过加工、改造、创造出来的一个并未直接感知的新形象的心理过程。想象是智力的一个重要因素，它以生活为源泉，以意旨为轴心，使“思接千载，视通万里”。讲授文学作品时，教师要用生动、形象、具体的语言描绘作品中的形象，使学生通过想象再现文章所描写的人物和景物，进入画面，如临其境，如闻其声，如见其形。爱因斯坦说过：“想象力比知识更重要，因为知识是有限的，而想象力概括着世界上的一切，推动着进步，并且是知识进化的源泉。严格地说，想象力是科学研究中的实在因素。”所以，我们要发展学生的想象力，就必须进行逻辑思维的训练，离开了思维，根本谈不上想象。如教《项链》时，可引导学生想象，当福雷斯蒂埃太太告诉玛蒂尔德，她借给她的那串项链是“假的”时，玛蒂尔德的心理活动是怎样的呢？她的神情又如何呢？这些在小说中都没有描写，可引导学生细细咀嚼一番，从而充分发挥学生各自的想象力，培养思维能力。

（四）延伸教学

有位教育专家曾经提出，创造产生的条件有：1. 人的知识、技能和创造性思维；2. 需要、动机、兴趣和情感、意志、性格、自我实现；3. 个体的生活实践条件，包括适宜的家庭、学校集体和社会环境。其中前者是创造产生的内在条件，后者为外在条件。思维活动依赖于充足的材料，没有广博的知识面，就谈不上创造性思维的形成。“两耳不闻窗外事，一心只读圣贤书”，连外界新鲜事物都没有接触，怎么谈得上创新呢？语文的外延和生活的外延相等，语文教育要立足于课堂，但必须走出课堂，走进生活，走向更广阔的天地。在学校，可以建立阅读实验室，举行辩论会，进行课本剧会演和各种形式的语文竞赛活动等；在家庭，可以看电视、听广播、读报纸、与家人谈话讨论等；在社会，可以参观展览、报告会、访问、游览等。总之，要使学生多渠道吸收多方面的知识，开阔视野，丰富情感，让语文教学真正回归生活，使学生获得创新的源泉。

联系已有经验，激发学生的创造兴趣。这对学生创造性思维能力的形成和发展，有启动和引导的作用。以下是一位教师在教学《孔子游春》时的片段：

师问：“课文中说，广袤的大地像母亲的胸怀，茂密的森林像母亲飘逸的长发，温暖的太阳就像母亲明亮的眸子，和煦的轻风就像母亲甜蜜的絮语。大自然和母亲还有什么相似的地方吗？”（鼓励地）学生沉默。

教师又深情地说：“提起母亲，我们每个人心中都会涌起一股暖流；提起母爱，又有谁不为之动容……”学生逐渐兴奋起来。

一生答：“母亲为我们操持劳累，却从不抱怨什么，大自然也像母亲一样，默默地奉献着一切，使我们有吃的有穿的……”

教师又问：“大自然与母亲间不仅形似，而且神似，她们都有可贵的奉献精神，那大家知道这段话的末尾为什么用省略号吗？”

学生思考后回答：“省略号表示语句的省略，就是大自然和母亲在形似方面还有话没说完。”

接着，教师让学生补充省略号的内容，教室里顿时热闹起来……

教师在这里注意利用学生已有的生活经验，充分调动学生的创造性思维，激发他们的创造兴趣。

（五）比较分析

善于分析综合，学会比较鉴别，从矛盾中发现问题，是学生创造性思维能力的又一标志，提高学生分析综合的能力是培养其创造性思维的又一重要途径。比较也是理解和思维的基础，是思维活动的一个重要方面。比较有利于调动学生的创造性，启发学生的思路。教学中引导学生从多种材料中进行比较鉴别，寻求正确答案，不仅能提高学生的分辨能力，获得可靠的知识，而且使学生在比较过程中，逐步学会科学的思维方法，促进学生创造性思维能力的发展。

教师的教学设计可有下列几种方法：单项比较，即就某一个知识点进行单一比较，如游记观察点的写法，《雨中登泰山》是移步换景，《我的空中楼阁》则是定景换点；综合比较，指把几个知识点放在一起进行比较，如《荷塘月色》和《背影》，体裁、线索、主题、基调都有不同。

单篇内部比较，如《记念刘和珍君》，对不同的对象体现不同的情感，从而运用不同的表达方法；单元整体比较，使学生从整体上掌握整个单元的知识点；

横式比较，把几个可比的知识点进行纵深探求；求同比较，找出知识点的共同之处，培养学生的归纳能力，认识事物的规律性；求异比较不拘泥于常规俗见，追求新颖独到。

教学中注意比较鉴别，能够使学生向知识的广度、深度发展，有助于提高学生思维的敏锐性，增强洞察能力。如把事物之间的相似性、特异性、重复现象进行比较，发现事物之间的必然联系，获得新的发展。

比较是发展创造性思维的重要手段，有比较才有鉴别。语文教学中，小到一个标点、一个词语，大到篇章分析，都可以引导学生多向比较，展开求异思维，实现思维创新。

比如同样表示人的去世，在《记念刘和珍君》中用“死掉”，在《马克思墓前的讲话》中用“安静地睡着了”，在《祝福》中用“老了”。引导学生比较，运用求异思维，找出其中的异同，并探究造成这种异同的原因，从而获取富有创造性的见解。学生从中理解了该词的丰富含义和情味，体会到“道是寻常却奇岖”的道理，悟出遣词造句的基本规律。

引导学生比较《荷塘月色》和《绿》，得出如下结论：两篇文章的相似处在写景抒怀，《荷塘月色》的色彩淡雅，《绿》的色彩艳丽；《荷塘月色》的情趣清幽朦胧，《绿》的情趣热烈明快；《荷塘月色》的布局按方位地点移步换景，情景随地点而转移，《绿》则从潭的不同观察点，从波纹、水光、水色等角度来展现其意、态、光、色。如此比较，学生求异创新思维得到了有益的训练。

从思维的类型看，可以分为形象思维和抽象思维，从思维的过程看，可分为分析、综合、判断、推理等。要发展学生这些能力，在教学语言文字时经常采用比较的方法可收到一定的效果。比如词语教学，我们在教学中可以侧重于辨析和比较引导学生体会课文用词的精当，小说《药》在写老栓去取“药”时，写了康大叔一连串的动作，其中用了“嚷、抢、扯、裹、塞、抓、捏、哼”等8个动词，如果把这些动词换成“叫、拿、撕、包、递、接、摸、嘀咕”等，哪个好呢？经过分析思考加以比较，很快就会悟出：课文中运用这些动词生动地刻画出了爪牙丑恶的嘴脸。

教学时也可采用横向比较的方法，也就是说，在一个时间平面上同时将几个方面的问题进行比较，把握这一事物与另一事物之间的本质联系。同一作家的作品也可以进行比较，如学习《荷塘月色》时，引导学生与《绿》进行比较，两篇文章都是以写景为主，但作者心情不同，在表现手法上又有不同，《绿》写在

1924 年，当时正是北伐战争前夕，五四运动给作者带来的激情尚未消失，文章通过热烈的笔调，描写明艳绚丽的画面，来抒发作者热爱生活、积极向上的心情。而《荷塘月色》则写在大革命失败后的 1927 年，现实的黑暗使作者陷入彷徨、苦闷之中，此文流露出作者淡淡的哀愁和对现实不满的苦闷心情。通过比较，思考问题的广度有所锻炼，对作品的个性特征认识得更为清晰。

有比较才有鉴别，有鉴别才能深入认识事物的特点，掌握其规律。故而在读写听说能力的训练过程中，把比较的方法用在关键上，学生思维才能得到有效的锻炼。

（六）激发兴趣

夸美纽斯说："兴趣是创造一个欢乐和光明的教学环境的主要途径之一。"孔子说："知之者不如好知者，好之者不如乐之者。"智慧的教育，应该是一种快乐的教育。学生的学习动机和求知欲是帮助学生形成与发展创造性思维能力的重要条件。而学生的学习兴趣需要教师去引导。教师可从以下几个方面去激发学生的学习兴趣：

1. 营造民主、和谐的教学氛围，使学生好学、乐学

如作文讲评时以鼓励为主，不断使学生享受成功的喜悦，阅读教学中鼓励学生畅所欲言，对学生回答中的错误之处以友好平等的态度加以指正，或通过启发引导由其自行更正，让学生感到自己真正是学习的主人。

2. 创设情境，增强教学的直观性、形象性

如运用现代化教学手段（多媒体、实物投影等）开展教学。《琵琶行》是脍炙人口的名篇，教学中运用多媒体配以画面音乐，以声情并茂的朗读营造舒缓幽怨的氛围，把学生带进诗中的特定境界。

3. 把平时收集的图文资料在课堂上展示

林觉民的《与妻书》读来令人回肠荡气，课堂上如果展示其妻陈意映的相片，将更能引起学生的关注。王羲之的《兰亭集序》通过写景状物抒发了人生的感慨，如果出示其书法艺术的摹本，那"飘若浮云、惊若蛟龙"的书法艺术定会让学生叹为观止。凡此种种，都能提高学生的学习热情，促进教学。

4. 补充课外读物，增加学生的信息量

语文的外延和生活的外延相等，课本上有限的几篇课文与提高学生语文能力是不相适应的，教师可配合课文内容，选择一些贴近学生生活的时文，作为辅助读物，材料可来自报纸、杂志、互联网等。

5．开展各种竞赛，进行激趣、求趣

如举行赛诗会、进行成语接龙比赛，可以选派学生担任主持人，由学生组成评委并记录得分情况，主持人公布试题，学生分组抢答，学生的座位可呈半圆形或圆形，这样不拘一格的形式有利于激活学生的思维。

6．重视活动课、选修课，发展学生特长

根据学生的兴趣爱好，可开设《演讲训练》《影视评论》《编编写写》《古文选读》等，让学生在乐学中求得进步。

此外，还要根据学生特点，不断变换教法。备课中既要“备教材”，更要“备学生”，因材施教、因势利导也是培养学生兴趣的一个有效手段。

（七）质疑问难

教学中要引导学生进行求异思维。所谓求异就是关注现象之间的差异，从多方向、多角度、多起点、多层次等方面思考问题。求异思维是创造性思维的核心。

提出问题往往比解决问题更重要。亚里士多德曾说过：“思维是从疑问和惊奇开始的。”学生能提出问题，就是积极思维的表现，它是素质教育的一个重要内容。在教学中，教师要鼓励学生以研究者和创造者的姿态去独立思考问题，提出与众不同的设想，启发学生经过自己的思考去解决疑难问题。学生的提问如果有独到的见解，教师要热情鼓励；如果他们有不同看法，也应允许其保留，不要挫伤他们的积极性。对有些问题，可以求同存异不必强求学生必须接受教师的结论。

传统的语文教学，着眼于求同思维，只引导学生遵从同一目标、采取同一途径、求达同一终点。在这种情况下，学生所接受的知识只是既有的、固定的，这就难以谈得上发展创造性思维，因此，我们必须改革传统的语文教学，注重培养学生的求异思维能力。

质疑是一种发现，发现是走向成功的一半。教师要鼓励学生质疑，使之享受发现的乐趣。对普通中学而言，教学的实施进程可以是教师鼓励质疑，教师示范质疑，学生模仿质疑，最后以学生的主动质疑带动教学。这一过程的形成需要师生作长期的努力。

《守财奴》中对葛朗台的描写，有一句写道：“老头无意中身边带着百宝钥匙，”老师可质疑：为什么要写“无意中”？让学生通过思考讨论明白：这正说明葛朗台守财已成积习。又如文中描写女儿求他不要撬梳妆匣上的金子时，说：

“看在圣母面上、看在十字架的基督面上、看在所有的圣灵面上，……你不要动它!”葛朗台却丝毫没有被感化，说明他对金子的贪欲至死不变。类似这样可供质疑之处每篇课文都有，教师千万不能放弃质疑这块阵地，而要通过营造气氛、投石激浪、巧设难度、导引探究等方法让学生进行质疑问难。

作文教学中，可以引导学生对一些成语和古训作反思，突破思维定式，站在当今时代的高度去思辨。如对“知足常乐”，要做一分为二的分析，物质上应认同它，精神上则要充满追求，其实对物质的追求只要手段合理，不知足而求富裕也是无可非议的。教师可以出一些逆向思维型的作文题让学生写作，如《“开卷有益”吗?》（本题可从“开什么卷”上进行质疑）、《“哀兵必胜”吗?》（本题可从“哀”的程度上质疑）、《“班门弄斧”又何妨?》、《也说“难得糊涂”》、《“见异思迁”之我见》等。还可以对现代意义上的成语进行质疑，如“不求甚解”，语出陶渊明对读书效率的看法，原意认为读书要掌握要领，不必死抠字眼儿。如今则作为贬义词广泛使用，其实回归原意，不更有其合理性吗?

（八）发散思维

应注意发展发散思维的能力培养，发展学生思维的流畅性、灵活性与独创性。在教学中，教师不宜过早进行评价，待所有答案都提出后，再经过分析、比较进行评价，鼓励学生对问题进行讨论，使他们有机会提出自己的独到见解。

有人担心，进行发散思维训练，会不会乱套?其实学生讨论、辩论、钻牛角尖是好现象，一是有求知的欲望，二是有发散思维的特征，难能可贵。问题是老师如何对待，是呵斥、扼杀，还是欢迎、诱导。例如，有一次教白居易的《琵琶行》，通过预习、诵读，基本弄通词句之后，有个学生提出疑问：“琵琶女暮去朝来颜色故”，“老大嫁作商人妇”，她为什么非要嫁给重利轻别离的商人，而不嫁给忠厚老实的庄稼人呢?这个问题同学们一听兴趣来了，纷纷议论起来，有的说：琵琶女过惯了“五陵年少争缠头，一曲红绡不知数”的富贵生活，不可能过清苦的农民生活。又有同学说：琵琶女在喝酒时那些公子、少爷轻薄地向她劝酒，把酒杯翻倒在她那红色的罗裙上也不吝惜，穷人家怎能养得起这样的媳妇呢?连化妆的胭粉也买不起呀!在这个基础上进一步提出思考题：文中被贬为江州司马的诗人和琵琶女感情上用哪一句沟通?学生一致回答：“同是天涯沦落人，相逢何必曾相识。”这句高度概括了这种感情的沟通。学生对这千古名句便立即融会贯通，过目成诵，对诗的中心思想、构思特点、语言特色也有所领悟。

学习《项链》时，请同学先看“借项链”的情节。看看围绕故事情节，在塑造人物方面还有哪些“牵一发而动全身”地运用语言的例子，一会儿几个学生提出：“作者一连用了七个‘梦想’来写罗瓦赛尔太太的心理活动，正是这些梦想害了她，她梦想的生活方式正与她所处的地位和家境形成了强烈的反差。”根据同学的回答，我归纳说：“把这几个‘梦想’联系起来，我们就可以清楚地看到路瓦栽夫人爱慕虚荣、追求享受的资产阶级思想，同时也突出了她的个性特征，为下文的赴宴而借项链的情节做了很好的铺垫。”

实践证明，培养发散思维，进行创造性思维教学，真正能把知识转化为技能，产生技巧，效果很好。爱因斯坦说过：“要是没有能独立思考和独立判断的创造能力的个人，社会向上发展就不可想象。”为了祖国的繁荣富强，为了培养富有创造性的一代新人，让我们共同努力，从训练思维能力入手，为祖国培养出更多的有创造能力的人才。

（九）适时点拨

课堂点拨是门艺术。教师点拨有方，往往“一石激起千层浪”，使原本陷入僵局的课堂气氛，一下子活跃起来，既充分调动了学生求知的积极性，又使学生尝到了思考的乐趣，享受到创造的快乐。巧妙机智的点拨，不但能给学生指明思考问题的方向，而且能让学生在解决问题的过程中，迸发出创新思维的火花，逐步树立起创新意识。从这一角度说，课堂点拨是培养学生创新思维的好方法。

1．点拨要能凸现创新思维的新颖性

创新思维，除具有一般思维的共同本质和属性外，又具有区别于其他思维类型的独特性质，思维的新颖性便是它区别于其他思维类型的一个显著特征。具体表现为：思维目标新颖、思维方法新颖、思维过程新颖。而当前的语文课堂教学，统一的东西太多了，“新”“异”的东西太少了，所谓的“标准答案”压抑了学生心目中创新种子的萌发。因此作为教师，应鼓励学生独立思考，不人云亦云；应鼓励学生畅所欲言，各抒己见；应鼓励学生交流合作，取长补短。教师要创造条件，提供机会，适时点拨，让学生把隐藏的认知过程充分显示出来。一句话，要鼓励学生求“新”，求“异”。这样，学生的个性品质及创新思维才会得到培养。

例如，《燕子》一课，文后有道练习题，让学生找出文中原句，与去掉修饰成分的句子对比，说说哪句写得好，好在哪里。学生都知道原句好，好在具体、生动，写出了燕子的可爱和春天的美丽。学生的回答，除了简单的几句话，再也没有别的。基本上“众口一词”，毫无“标新立异”。应该说，至此也算完成了教学任务。但有位教师没有就此罢手，他点拨道：“原句写得生动、具体，你们的回答也能说得生动、具体一点吗？比如说，联系生活实际，用上一些修辞手法，请思考一下。”一位学生受到启发，说：“读原句就像吃一道加了油盐酱醋的菜，色香味俱全。而缩减后的句子则显得干巴巴的，没味道！”老师及时表扬了他。于是，同学们议论开了。有的说，原句是加了糖的咖啡，越喝越有味；有的说，原句是一杯浓浓的龙井茶；有的说，原句中的燕子就像我阿姨那条美丽的花裙子，真漂亮。新颖独特的思维方法、思维过程，既发展了学生的语言功能，又培养了学生的创新意识，学生定能受益匪浅。

2. 点拨要能引导创新思维的多向性

创新思维的轨迹是多向性的，它对任何问题都善于从多种方向进行思考，即从“纵”“横”“逆”三个方面来思考问题。课堂教学活动是知识信息的传导过程，教师不仅要引导学生贮存信息，更要点拨他们能够对信息进行筛选、重组、加工并变量输出。教师面对的是一个个活生生的个性迥异的个体，即使同一篇课文，因为每个学生有着不同的知识背景及经验世界，他们对文章的理解也会不同，要充分挖掘其潜能，充分展示各自的长处，最后殊途同归，从多方面解决问题。这一过程，可使学生获得某种创新的启示。

如一位教师在教《跳水》一课时，抓住“所有的人全默默地看着他，等着将要发生的事情”这一句话，要求学生联系课文内容谈谈“默默”一词在这里所表达的意思。一位学生说：“‘默默’就是不说话，不出声，这里指人们一声不响地看着孩子，等待着悲剧的发生。”应该说，这位学生已准确地理解了“默默”一词。但教师并没有忙于评论，而是点拨道：“能联系上下文，说出不同意见吗？”于是，第二个学生说：“‘默默’一词，与上文‘全都吓呆了’相呼应，是对‘吓呆’的具体描绘。”这是从“纵”的方面来分析的。第三个学生说：“人们预感到悲剧马上要发生，心情沉重，因而默默无言。”这是从“横”的方面来分析的。第四个学生说：“这里的‘默默’，表示众人束手无策，从而反衬船长的果断、机智，说明船长具有创造性地解决问题的能力。”这是从“逆”的方面来分析的。这种解决问题的过程，就学生思维的发展而言，无疑是具有创新意义的。

3. 点拨要能刺激创新思维的多元性

创新思维的多元性，也就是它的多维度，指主体思维善于从事物的多侧面、多环节、多因素、多层次来进行思考，善于从不同角度考虑问题。在语文课堂教学中，教师如能对所提问题，引导学生从多角度加以分析、研究、思考，往往可以获得新的发现。这不仅有利于锻炼学生思维的深刻性，而且也可以为某些创新提供契机。这是因为多角度的思考，带给学生的是新异的刺激性，这样就很容易引起学生的探究反射，就会在大脑皮质的相应区域内引起优势兴奋中心。从而为一些创新思想的产生，提供重要条件。

例如，《麻雀》一文中写老麻雀“像一块石头似的落在猎狗的面前”。一个“落”字将老麻雀的形象写活了。一位教师点拨道：“这儿为什么用‘落’而不用‘飞’呢?”一位学生答道：“‘落’比‘飞’来得快、猛，说明老麻雀心急如焚，一心想拯救小麻雀的焦急心理，而‘飞’就显得有点悠闲了。”这是从心情上来说的。另一位学生答道：“‘落’字写出了老麻雀疾飞下来时的勇敢、果断、坚定，‘飞’字给人的感觉是飘忽的，没有这种味道。”这是从态度上来说的。教师引导学生从不同角度去认识老麻雀奋不顾身的英勇形象，对“落”字运用的精妙之处体会得入木三分。学生的智慧之花竞相绽放，产生了许多新的发现，在获取知识的同时，培养了创新思维。

4. 点拨要能促进创新思维的开放性

创新思维是一个开放性的动态思维过程，它善于大量地、广泛地吸收外界各种信息，在与外界各种信息的交换和反馈中，不断吸收新东西，以建立自己的思维模式，整合自己的思维成果。在这一过程中，再造想象又是最活跃的因素，因为它是人们改造世界的一切创造性活动的必要条件。我们在对某一篇课文进行阅读理解时，往往在努力寻求统一的或唯一的认识，而自觉不自觉地淡化了思维的开放性发散过程，这无疑不利于创新思维的培养。语文课的提问设计、问题点拨，应当特别具有培养再造想象的功能，应当充分显示创新思维开放性之优势。

如在教学《赤壁之战》一课时，一位教师设计了这样一个问题：“曹操生性多疑，怎么黄盖的一封假信就让曹操深信不疑了呢?想象一下，黄盖信上会说些什么?”学生甲说：“黄盖可能会写：‘曹将军您有八十万大军，周瑜才三万，这不是明摆着周瑜死路一条吗?!’”学生乙说：“黄盖会写：‘周瑜是个一意孤行的暴君，我可不愿替这个莽夫去送死，我情愿效忠曹将军您。’”学生丙说：“黄盖会写：‘曹将军如果肯收留我，后天早晨我会趁着浓雾，带着数十只大船和粮草，来投奔曹将军。’”教师继续点拨：“同学们的想象力非常丰富，从不同角度想象了黄盖的聪明机智。再请同学们想象一下，曹操收到黄盖的信后，会有怎样的表现呢?”一名学生说：“曹操会手摸胡须，哈哈大笑说，‘赤壁很快就是我的了！'"第二位学生说："曹操会对手下人说，'黄盖有自知之明，是个不可多得的人才！'"第三位学生说："曹操会大摆宴席，等着为黄盖接风洗尘。"这里，教师凭借激发学生的想象力，引导学生再造了黄盖的聪明机智与曹操的骄傲轻敌之形象，全开放性地放手让学生去思考、去想象，既培养了学生的创新思维，又深化了学生对两个历史人物的进一步认识。这种再造想象，正是创新思维的一种表现。

课堂点拨在训练学生的语言能力、思维能力和创造能力方面是一种常用的方法，具有十分重要的作用。我们强调课堂点拨的创新价值，正是改革课堂教学，着力培养学生创造性思维的重要手段之一。

第三章

语文课堂问题教学课型学生核心能力的培养

第一节　培养学生发现问题的能力

一、发现问题比提出问题更重要

在语文教学中，培养学生具有分析问题和解决问题的能力这一点，早已为大家所接受，但同分析问题、解决问题直接有关的发现问题、提出问题的能力，这并没有引起多数教学同行的重视。其实，在人类思维中，发现问题是第一位的。

青少年正处在长身体、长知识的时期，他们精力充沛，富有幻想，有着强烈的好奇心和旺盛的求知欲。他们不但会提出各种各样的问题，而且还常以自己能够发现问题而感到愉快。如果我们充分利用学生这种可贵的特点，培养他们的质疑能力，不仅能使学生钻研课文，主动地获取知识，而且能培养他们受用终身的自学能力。

育才中学在语文教学中贯彻的“以学为主”，提倡“读读议议”的教学方法之所以可贵，就在于它首先引导学生发现问题、提出问题，然后再分析问题、解决问题，体现了思维过程的连续性。“学贵知疑，小疑则小进，大疑则大进”。质疑的过程是学生逐步深入理解课文的过程。这是语文教学必须遵循的一条重要原则。

抓住学生学习中已知与未知的矛盾，是培养学生发现问题的能力的关键。一般学生认为，语文一看就懂，似乎没有什么疑难。针对这种现象我们就要用“问题”激起他们的认识冲突。例如，钱梦龙老师在让学生自读《变色龙》的过程中，一位学生提出：“奥楚蔑洛夫一会儿说天气热得要命，把大衣脱下来；一会儿又说天气冷了，要穿大衣了。是不是真因为天热天冷呢?”这个问题提得好，抓住了“变色龙”的特征。多数学生认为，“奥楚蔑洛夫因为心里紧张，因此产生忽冷忽热的感觉”。但有两位学生却提出了与众不同的看法：“奥楚蔑洛夫并不紧张。只是因为他一会儿说要惩罚狗的主人，一会儿又要奉承狗的主人——将军，所以要来一个一百八十度的大转弯。一下子转不过来，就谈天气，脱大衣，穿大衣，使人们不注意他的态度变化。”这两位学生的看法就较符合奥楚蔑洛夫这种老警油子的性格特征。抓住学生之间不同理解的矛盾，对发展他们的智力更有作用。他们之间不同理解的争论，实际上反映了各自在感知矛盾过程中知识和思维的差异。通过争论，辨清是非，学生会对问题发生兴趣，有利于调动他们发现问题的积极性。在争论中，问题不会使学生愁眉苦脸、望而生畏，恰恰能驱使他们的思想无所羁绊、纵横驰骋。这样，学生容易在学习的过程中产生求知的热情。钱梦龙老师在上《愚公移山》时曾提出了"愚公笨不笨"的问题。学生明显地分为"笨派"和"聪明派"，大家各执一词，热烈争论。教师因势利导，要求学生从文章里找根据，以理服人。结果，学生通过愚公"痛感淤塞之苦""确知移山之利""深明可移之理"三个方面论证了愚公不愚，是大智若愚的道理。并指出，说愚公笨，是因为没有愚公那样的深谋远虑，不像他那样看得远、想得深。可见，抓住学生不同理解的争论，对发展思维有何等重要的作用!

要鼓励学生深入地发现问题，教师除了抓学生在学习过程中的矛盾外，还应该善于设计一些对启发学生深入理解课文起关键作用的问题，对学生起示范作用。使他们明白，只有善于发现问题的人，才能真正善于学习，并不断取得成效。上海市大同中学项国安老师在教《赫耳墨斯与雕像者》时，为七年级的学生创设了这样一个问题，并引起了学生一系列反响。

师：我好像觉得这篇文章不完整。难道赫耳墨斯听了雕刻家的话以后，他就没有感受、没有反应？所以我觉得文章缺少一个结尾。

生（A）：我不同意。

师：什么道理呢？

生（A）：这样结尾可以引人入胜，可以让读者自己去思考。

师：你回答得很好。那么大家思考思考：赫耳墨斯听了雕刻家这样的回答后，他会有什么样的反应呢……现在我们画蛇添足，用一两句话把赫耳墨斯的反应讲出来。

生（B）：赫耳墨斯听了以后暴跳如雷。

生（C）：赫耳墨斯听了以后张口结舌。

生（D）：赫耳墨斯的期望破灭了，他懊丧地走出了工场。

生（E）：他呆若木鸡地站了很久很久。

生（F）：赫耳墨斯像泄了气的皮球一样。

师：……我自己也想了一下，也不知道对不对。这样可以吧：〔板书：!? ……?〕赫耳墨斯的反应我就用标点符号来代替。啊！"我"怎么这样不值钱？在最初惊疑之后，赫耳墨斯会有各种各样的心理活动，会有复杂的面部表情，要讲一下子很难讲清，我就用省略号表示。

教师提出的问题，使学生在合理范围内展开创造想象，这就培养了他们深入地发现问题的能力，发展了他们深刻地认识问题的智力。

从长远的观点来看，培养学生发现问题能力的同时，还培养了他们的自信心。这就为达到“教，是为了不教”的理想教学境界开辟了道路，提供了可能。

二、培养学生发现问题能力的方法

三百多年以前，科学家伽利略说过：“你不能教人什么，你只能帮助他们去发现。”教会学生于无疑处生“疑”，与难而生疑困而生疑不同，其可贵之处就是，它不以排难解困为满足，而以探理求源为主旨，继而有所发现、有所创造、有所前进。这对于培养跨世纪的创造型人才至关重要。怎样才能使学生于无疑处生“疑”，从而培养他们的发现能力呢？

（一）让学生敢疑

“疑”是思维的发动机。朱熹曾说：“读书，始读，未知有疑；其次，则渐渐有疑；中则节节是疑。过了这一番后，疑渐渐解，以至融会贯通，都无所疑，方始是学。”这种无疑、多疑、解疑的过程就是主动地、积极地学习的过程，就是发现问题、提出问题、解决问题的过程。在这个过程中，“有疑”是个关键的环节。高水平的教师，常常为使学生“有疑”而绞尽脑汁，备尝甘苦，然而，要使学生“有疑”，首先必须令其敢疑，敢疑是有疑的前提。

要让学生敢疑，必须坚持教学民主的原则，形成一种师生关系十分融洽、学生乐于提问的良好风气。

为了建立和谐的师生关系，营造民主、平等、活泼、愉快的求知环境。我们在教学中要努力做到两个正确对待。一是正确对待自己，从不以为自己总比学生高明。试想，全班几十名学生的智慧加在一起，难道比不过教师一个人的智慧吗？故而，韩愈所提倡的“师不必贤于弟子”，堪称至理。为此，我在教学中坚持做到了“三不”，即遇到不懂的问题，不装懂，而是公开表态，弄懂后再讲；遇到讲错的问题，不遮丑，大胆承认，当众纠正；遇到与学生意见有分歧的问题，不强制学生服从，允许争议或保留。二是正确对待学生，始终树立学生是学习的主人及师生平等的观念，从不训斥学生，不给学生的错误观点扣帽子，不无原则地强求师生的答案必须一致，久而久之，“道之所存，师之所存”的民主的师生关系，便得以形成，教学效果自然得到了优化。

要让学生敢疑，就不能迷信课本与权威，而应不法常可，主动探索，大胆怀疑前人之说，圣贤之言。

中学语文教材中，多是名家之作，其注释经过许多专家学者的审订，无疑是值得相信的，但相信不等于迷信。教学中常常会碰到课本上的注释与其他选文中的注释不同，名家作品中，也出现一些读来拗口，不符合语法习惯的句子和一些含义深刻而又易于产生歧义的句子。学生对此生疑，若以“名家之言不会有误”为由，便会堵住学生生疑的苗头。时间长了，学生就会对课本、名家产生迷信，片面认为只要是课本上讲的就绝对正确，无须怀疑。这种迷信权威的思想，会禁锢学生的思维，扼制学生的发现能力。正确的做法应该是：通过争论，辨明真假，以理服人，鼓励学生敢疑，并能表达自己的独到见解。

（二）教学生会疑

中学生正处在长身体、增知识的时期，精力充沛，富于幻想，有着强烈的好奇心和求知欲，喜欢提出各种各样的问题，具备愿意生疑和能够生疑的心理基础。如果我们能够充分利用这些特点加以引导，那么，培养学生生疑的能力并非很难。

1. 自问生疑

善于生疑的同学多具有“打破砂锅问到底”的精神，他们对事物的认识不以只知其“然”而满足，总喜欢问个“为什么”，追理求本。

有个学生在《寒假趣事》的作文中，描写家人引逗五岁的小弟弟，用豌豆数百以内的数，这样写道：“小弟弟一边抓豌豆，一边数数，一个一个地数，一直数到一百，那种认真吃力的劲儿，引得全家人哈哈大笑。”我在眉批中写道：“应把‘一个一个地数’改为‘一个，两个，三个，四个，五个……’。”这个同学看后反问：这两种写法意思完全一致，况且“一个一个地”比改后的要简练，为什么要这样呢？我一方面向他解释：“对你只有五岁的小弟弟来说，要边抓豌豆边数到一百，的确是件吃力的事，用‘一个一个地’来描写，固然简练，但它给人一种轻快的感觉，改为‘一个，两个，三个，四个，五个……’就形象逼真地表现出他那认真吃力的劲儿了。两种写法：一个是简笔，一个是繁笔，表达效果截然有别。”另一方面，我则引导他回忆鲁迅先生在《社戏》一文中，写他等小叫天出场的焦急心情时，写的“从九点到十点，从十点到十一点，从十一点到十一点半，从十一点半到十二点……”的表达方式，从而使他弄清了在这种情况下，繁写比简写更好的道理。

实践表明，学生提出为什么，虽出自一人之口，但反映了多数学生的思考方向，容易激起学生探讨的兴趣。教师如果抓住这类问题，进行启发诱导，就会进一步激发学生探求的欲望，点燃他们发现问题的导火线，驱使他们的思路无所羁绊、纵横驰骋。

2. 比较生疑

有比较方有鉴别。只有通过比较才能区别事物间的相同或差异，从而发现问题、提出问题。

预习《张衡传》一课时，有个同学提出，这课的注释对“六艺”的解释和一册课本《师说》中对“六艺”的解释为何不同呢？翻阅课本，果然如此。前者把“六艺”注释为“礼、乐、射、御、书、数六种学问和技艺”，后者则解释为“《诗》《书》《易》《礼》《乐》《春秋》六种经传”。预习《窦娥冤》一课，有的同学想到戏报上写的《六月雪》，从而提出：这两个标题用哪一个更好呢？事实证明，学生提出这类问题，常常反映了他们在知识上的含糊不清。教学中，我们若能抓住这类问题，引导学生进行比较、分析，让学生在认识共性的基础上区别个性，这不仅有利于准确理解、灵活掌握知识，而且有利于养成学生在共性的指导下，去探求新的个性的创造性的学习习惯，从而使学生发现问题的能力得到升华。

3. 求实生疑

文章是客观事物的反映，一个词、一句话，都有它所表示的客观内容，这种客观内容便是所谓的“实”，“求实”则是把文章中的词汇、语言、行动、情状与客观实际加以对照，看其是否符合，这就需要将作品与其反映的客观实际联系起来，下一番设身处地地揣摩、体味和推敲的功夫，深入研究，从而提出问题。

善于质疑的同学总是喜欢咬文嚼字，处处落实，甚至提出许多连教师也意想不到的问题。《信陵君窃符救赵》一课有这样一句话：“如姬父为人所杀，如姬资之三年，自王以下，欲求报其父仇，莫能得”，据参考资料应释为：“……如姬悬赏求人报仇已经三年了，从魏王以下，都想替她父亲报仇，一直未得到仇人。”有的同学对这个解释提出了两点质疑。一是内容上前后矛盾。魏王以下的都想替她父亲报仇，一直未找到仇人，这说明找到仇人是非常困难的，就连公子也无法找到，可是后来如姬亲自向公子请求后，公子就派宾客杀了仇人，怎么此时却又非常容易地找到了仇人了呢？二是与公子的为人不符。公子很能急人之困，如姬父为人所杀，且又悬赏求人报仇三年，想来公子不会不知，又为何不主动相助呢？按这位同学的看法，此句应释为："如姬出钱寻找报仇人，想从魏王以下的人中寻找一个能替她父亲报仇的人，可是一直未能找到。"

在教《为了忘却的记念》一课时，有的同学提出，用"迂"来说明柔石的性格特点与课文内容是自相矛盾的，理由是：鲁迅写此文的目的是纪念柔石等五位青年作家，文中高度赞扬了柔石的高尚品质，而"迂"是一个贬义词，它与作者意图、文章内容都不相符。这些问题虽不一定正确，但只要我们抓住肯綮、善于引导，就会使学生深入理解课文内容，体会作者遣词造句的匠心独运，一个"迂"字，不就把鲁迅先生当时赞其纯洁高尚、惜其尚未成熟、报效国民未酬就年轻被害的复杂心情跃然纸上吗？这个"迂"字饱含了许多对革命者的无限热爱和对国民党反动派的无比憎恨啊！同学们这种求实的精神，超常的发现力，实在难能可贵。

"有疑"才"有得"，有疑是有得的开始，是解疑的前提，是深入理解课文内容的结果。大凡能够在自学中发现问题、提出问题的学生，才是真正会自学的学生。古人云："学者贵质疑，小疑则小进，大疑则大进。"又云："于不疑处有疑，方是进矣。"这些话无不精辟地阐明，让学生学会于无疑处生疑，对提高学习效率，增强学生的发现能力和自学能力，培养学生的探索精神和创造才能极其重要，意义非凡。

第二节 培养学生的创新精神

一、课堂提问是培养学生创新能力的原动力

在课堂教学过程中，“提问”作为教与学双方交流与互动、传递与反馈的有效方式已被广大教师所认同并实践运用。“提问”将原本教师“满堂灌”的内容，设计成一个个问题，启发学生思索；将教师的授课重点、难点转化为一个个问题，调动学生参与，并最终达到解决的目的。“提问”是联系师生情感的纽带，是沟通师生认知的桥梁；它将教师的意图传达给学生，又将学生学习的情况反馈给教师。显然，课堂教学能否成为学生主体参与的、交互的、和谐的、高效的、完整的学习过程，“提问”起着至关重要的作用。它不仅仅是操作性的技巧方法层面的问题，还涉及教育思想观念。也就是说，“提问”的内容、形式、时机、难易度、发散性、创新（造）性、艺术性等，都应体现从“教授知识本位”向“培养能力本位”转变的现代教学思想。

其实，“提问”是人类探索未知的原动力。没有疑问，不善思索，就谈不上求知，也就无法做到有所发现、有所创造、有所前进。孔子所说“不愤不启，不悱不发”也正强调了学习过程中，“问”先于“学”的重要性。尤其处在当今知识经济时代，知识已不仅是一定量的信息、概念，它更像是活生生的、正在呼吸、具有生命的有机生物，一个不断运动、变化、整合、发展的过程。面对“知识”的内涵与外延的演进，要培养21世纪具有创新意识和创新能力的高素质的人才，仅凭“传授”与“获取”的单一渠道，显然无法适应时代的要求。因此，在教学中关注知识的动态，强调对知识的学习、运用、迁移乃至协作参与中的共享等能力，就显得尤为重要。这对教学的“提问”提出了革新的要求。也就是说，“提问”应作为参与、协作、沟通的桥梁，作为知识这一“动态液体”不断转变、融合、整合、构建的催化剂。

（一）“提问”的重新定位——切中肯綮，点击关键

“提问”的目的究竟是什么？“活跃课堂气氛”“促进教学交流”“解决教学目标中的重点、难点”“吸引学生注意”——种种考虑，不可谓不正确；但“简

单机械的一问一答”，或游离学生参与的“启而不发”，或与认知规律脱节的“问倒难倒学生”等情况，都未起到“提问”应起的作用。那么，“提问”的目的最终应定位在哪里？

“问”的本质是开启学生思维活动之窗，故语文教学中的“问”应定位在培养学生思维习惯、提高其思维水平、感悟语言文字的能力上。所以，教师在设问时要具有“以学生为本”的指导思想。如果说信息时代，成功来源于知识的掌握，那么在知识经济时代，成功将取决于智慧的掌握。新的思维方式不仅仅帮助解决我们目前的困境，它将把人们带向一个接近其更高憧憬的未来。教师的“提问”应成为创新思维的“催化剂”或“导航罗盘”，使学生在自身主动活跃的思维过程中得到提高。

例如，高中课本中《赤壁之战》一课，从《资治通鉴》中节选的内容较多，三个军事阵营、众多人物、几次军事行动穿插交错在一起，怎样使学生在阅读后对整个事件的关键把握准确，教师可以从不同角度设问，但须是“牵一发而动全身”之“问”，即“提问”触及的正是学生思维的“盲点”，对学生思维活跃启动有着激活作用。学生对三国时期的历史了解，多受小说《三国演义》的影响，更多关注“草船借箭”“借东风”等传奇故事，对孙权在整个战局中所起的作用知之甚少。而孙权集团恰恰处于矛盾的中心，他的决策对扭转战局恰又十分重要。逐步引导学生在众多矛盾中观照矛盾的不同方面，进而探讨其错综复杂的相互关系，探究其演变的内在原因，应是“提问”的关键。孙权作为有远见的政治家，在历史紧要关头不受局部利益左右，果断地决定“联刘抗曹”，把握战机，让形势向有利于自己的方面发展，这也是司马光写此段历史的立意所在。教师在此处设问：鲁肃劝孙权时有一句“恐为操所先”，他们怕曹操占了什么“先”？学生的思维经过“点击”就不再是单向的，而是多向的，思考也不是僵化的而是变通的了。他们脱离开原有的思维定式，抓住主要矛盾，去审视历史发展的主流，认识到谁占了这个“先”，谁就把握了战争的主动权，果敢的决策者在历史上的地位恰是这个“先”字所体现的。这即是引导学生进行深层次思考的设问，可谓抓住了课文的“魂”。

再如，高中课文《我的空中楼阁》，精巧构思隐含在清丽的语言之中，文章之“魂”如抓不准确，对课文的学习将流于表面，在培养学生思维上所起的作用也将大打折扣。阅读本文的关节点在哪儿呢？纵观全文，精巧的构思不在于对小屋的环境描绘、对小屋本身的摹写或自己对小屋情感的抒怀，而在于作者如何从实在的小屋的描摹过渡转化为对心灵、理想的空灵小屋的向往以及这种转化又是怎样实现的。如果教师在此处设问，将会使学生在散文阅读能力上有一个较大的提高。

又如《琐忆》一文，教学设计不要仅停留在对七次谈话的圈定、概括上，这只是文章的骨架。作者在文中到底传达出了什么重要信息？是否分别从“俯首甘为孺子牛”和“横眉冷对千夫指”两个方面来展现鲁迅伟大的人格？鲁迅的坚定、不妥协的斗争精神已是尽人皆知，那么作者在文章中要诠释什么？这些问题恰是要将学生从一种思维习惯引导到更为深层次的思索中去，学生就会在思考中发现：七次谈话无一次是表现鲁迅的“横眉冷对”，而主要是他对青年如何循循善诱，是与敌人、错误认识斗争中的机智与深刻。文章所要表现的是鲁迅爱与憎的统一，是他作为一个伟大作家的敏锐、对真理的探索与追求。所以文末作者的真情呼喊就顺理成章了。

（二）“提问”的路径设计——曲径通幽，立交架桥

语文教学与思维训练总存在“距离感”；提问既要发掘文学经典超越时空的思想性与艺术性，又要找准当代中学生“接受”经典过程中的“距离”；用“提问”去“架桥”，是为了培养学生终身受益的思维能力。

1. 测定“坐标”，成功“导航”

成功的提问，如同导航，需要了解学生“身在何处”，又应“驶向何方”，然后才可借助于各种“导航”工具到达目的地。

例如教材中有数篇鲁迅作品（包括散文、小说、杂文、书序），还有多篇涉及鲁迅的文章。以下这组调查可帮助我们了解学生“身在何处”。

		课内	课外	测定：
读过鲁迅原著（小说、散文、杂文）	初中			学生对鲁迅作品直观的了解和熟悉程度
	高中			

（续表）

<table>
<tr><td>看过经鲁迅原著改编的影视作品</td><td colspan="3"></td><td rowspan="3">测定：
学生对鲁迅作品的形象认识</td></tr>
<tr><td>鲁迅传记</td><td colspan="3"></td></tr>
<tr><td>有关鲁迅的回忆录</td><td colspan="3"></td></tr>
<tr><td rowspan="2">了解哪些对鲁迅的评价</td><td>正面</td><td colspan="2"></td><td rowspan="2">测定：
学生所受的外来评价的影响</td></tr>
<tr><td>反面</td><td colspan="2"></td></tr>
<tr><td rowspan="3">读过对鲁迅作品风格的鉴赏文章</td><td>小说</td><td colspan="2"></td><td rowspan="3">测定：
学生对鲁迅作品风格的认识、体会</td></tr>
<tr><td>散文</td><td colspan="2"></td></tr>
<tr><td>杂文</td><td colspan="2"></td></tr>
<tr><td rowspan="3">参照：
鲁迅生活时代的大事件</td><td>政治</td><td></td><td></td><td rowspan="3">测定：
学生政治历史文化知识层次</td></tr>
<tr><td>文化</td><td></td><td></td></tr>
<tr><td>个人生活</td><td></td><td></td></tr>
<tr><td rowspan="3">参照：
鲁迅同时代作家作品</td><td></td><td>读过</td><td>了解</td><td rowspan="3">测定：
学生对现代文学常识的积累</td></tr>
<tr><td>小说</td><td></td><td></td></tr>
<tr><td>散文</td><td></td><td></td></tr>
</table>

从不同角度、不同层次的信息反馈，经过汇集、加工、交流、整合，学生的“定位”明确了，教师再带领学生阅读鲁迅作品时应该设计什么问题，就有的放矢了。仍以《琐忆》一课为例。笔者曾在自己的教学班做了调查，问题是：“你喜欢这篇文章吗?”甲班采用提问式，给了学生 5 分钟浏览课文，结果 90% 的学生答“不喜欢”；乙班采用问卷式，给学生 15 分钟时间，并可以写下自己喜欢的理由和提一些不理解的问题，结果答喜欢或比较喜欢的同学有 35 人，占全班人数的 71%；认为一般、说不出的有 8 人，不喜欢的只有 6 人。可见，当学生能认真阅读文本后，他原有的认识一旦同其积累储备相结合，会有所改变，而且这种“投石问路”式的问题，也使教师准确了解了学生的“位置”，使“导航”有了

明确方向。

测定“坐标”，在关注对课本的理解的同时，还要把握学生的认知和思维规律。教师有的放矢，才能更好地培养学生善于温故知新的良好的学习习惯，使之学会整理加工信息，增强鉴别评价的能力，懂得贵在积累、升华认知；克服浮躁心态，使之终身受益。

2. 借助各种“导航”工具，到达目的地

教师的教学观念应该有所更新，“提问”不仅是设计路径，更重要的是使学生获取“导航”的工具——思维方法。

比如，《在马克思墓前的讲话》第一段只有七十几个字，学生读后便概括出，本段交代了马克思逝世的时间。教师问学生，能否从这几十个字中发现一点值得探讨的问题？回答是否定的。这样师生的交流似乎结束了。但如果教师引导学生从文本、马克思伟大功绩、恩格斯与马克思的友谊、致辞者此时的心情，还有文字本身的特点等不同角度，重新阅读这几十个字，看看能否发现问题呢？学生思维的滞点被重新激活，他们在讨论中相互启发，提出了许多有价值的问题：“文段中‘下午两点三刻’‘还不到两分钟’两个时间词有什么作用？”“两个时间词在表达感情上有什么不同？”“‘思想家停止思想’除表明马克思逝世外，在对其评价上有什么作用？”“‘让他一个人留在房里’和‘我们再进去’这两句只是简单地叙述吗？”“‘安乐椅子’‘安静’‘睡着了’所渲染的是一种怎样的气氛？”“两个‘睡着了’含义有什么不同，各表达了作者一种怎样的情感？”“破折号在文段中有什么作用？”“用这样的叙述作悼词的开头，作用何在？”……连学生自己都感到惊讶：我们会发现这么多问题！

“提问”是教师创造性的劳动，但更重要的是帮助学生完成“路径设计”，使学生的思维参与到设问中，使学生体会探寻的过程。

（三）“提问”的价值所在——知识的阶梯，能力的基石

有人说提问原本只是一种教学形式或技巧，但现代教育理论证明，形式或技巧本身并不能解决知识的获取与掌握，我们自己的思维过程才是构建知识的关键。个人的知识确实包括一定量的信息和数据，但是我们回忆不出读过的书本中包含的所有信息，也无法准确记起老师说过的所有的话，究其原因，在个人的知识体系中其实包含着大量的个性化的、独一无二的体验和记忆。所以教学中的提问，更应侧重使提问的过程成为学生知识完善的过程，或者说，使提问本身成为一种认知的体验，融入学生知识、能力、素质的有机组成部分。

1. 将平面问题立体化，使一系列的问题形成一种爬坡式的整体感

如教授《蒲公英》一文，文体字面无难度，怎样设计“提问”，才能起到激发学生积极思维的目的？我们不妨设计一个以时间为横坐标、以作者情感为纵坐标的坐标轴，分别设计以下问题：“在时间坐标轴上都发生了哪些事？”“在感情坐标上作者在不同时间与蒲公英产生了哪些情感的撞击、纠葛？”“对于不同时间段里作者眼中的蒲公英分别有哪些实在功用和象征意义？”“本文语言上有什么深刻的内涵（可具体举出几句来讨论）？”顺序设问既符合学生阅读文本的思维习惯，又可以使文章从语言、表现手法、思想感情等多方面构成一个思维训练的整体，使学生的思维水平跨上一个新阶梯。

2. 在“问”中培养学生思辨的能力，学会质疑、解疑

创新意识与创造能力的培养，来源于求知者不断地质疑、发现新的问题。所以“提问”也须引导学生从思考到探讨、争论，让他们在寻求答案的过程中学会分析、思考。至于是否得出统一的答案倒显得无关紧要，因为提问的价值在于获得真正的智慧。

一次课堂口语练习，学生分别介绍了陆游和毛泽东的《咏梅》词，两首词各有一些爱好者，“仁者相见，各执一端”。这恰好训练学生的积极思维，不墨守成规，自己找到答案。讨论中教师稍加点拨：从人生经历上比较，两位作者的不同点有多少？二人有无相似之处？并引导学生通过查阅资料去分析作者的人生经历、人生观对其创作的影响，同时明了陆游的“零落成泥碾作尘，只有香如故”是诗人人格的写照，绝不是什么“孤芳自赏”；而毛泽东的“犹有花枝俏”则是有所指，寓有时代内涵。两人的诗词各是“言志抒怀”或“寄托心绪”，简单地以彼衬此或扬此抑彼，恰恰是一种简单化、公式化的表现。“问题”极大地激起了学生求知的热情，即便是对定论也可反思质疑，使学生懂得主观臆断或唯书唯上是求知的大敌。

讨论不断深入，“提问”也不断深化，学生在比较中发问：“是否陆游所表现的是一种个人的真实情感与人生追求，而毛泽东反映的是一个阶级、一个政党的理想境界与政治追求？”“两者有没有高下之分？”对作品内涵的思考、对不同艺术风格的分析都进入了更深一层。学生再次结合两首词的背景及“梅花”这一意象，从文学角度进行探讨，两枝梅都有其高洁的一面，她可以是诗人品格的象征，也可以是革命导师精神的化身，一个是文人之“梅”，一个是伟人之“梅”，均托物抒怀，又各有寄托。所以，无须界定何者“真情”，何者“矫情”，

而应领略不同诗风带给人们的不同的艺术享受。

学无止境，教无定法。从“以学生为本”、师生互动的教学观与问题教学模式出发，“提问”正是今天教师应深思和探究的一个全新的课题。

二、情境式提问的特点与类型

情境式提问是“通过语言的意义、声调、形象、感情色彩，激起学生的情绪、情感以及想象活动，把学生带入课文情境”的一种提问方式。它是提高语文教学质量与效率的重要手段。

情境式提问正如布卢姆所说，学生在接受提问、思考答问的过程中交替地攀登两个梯子，“一个梯子代表认知行为和认知目标，另一个梯子代表情感和情感目标”，“通过交替地攀登这两个梯子，就可能达到某些复杂的目的”，情境式提问正是使学生登上两个“梯子”，使学生的答问过程不只是单一的思维过程，而是伴有丰富的情感体验的认知过程，是一个情知统一的思维品质的提高过程。

语文课的情境式提问具有形象性、启发性、情知性三个主要特点。

（一）形象性

情境式提问中的教师语言具有形象化的特点。情境式提问中，教师运用具体生动的、形象化的语言阐述教材，创设教学情境，以此激发学习兴趣，强化学习效果。例如，钱梦龙老师在《食物从何处来》一课中的提问：“今天早餐我吃了一个烧饼，两根油条，喝了一杯凉水，后来又吃了一个鸡蛋和一个苹果，谁能告诉我，我吃的都是食物吗?”这一问题与“食物的定义是什么”一问相比，两者认知的目的相同，提问的方法却不同，学生的情绪反映也不同，教学效果也大不相同，其原因就在于钱梦龙老师的提问中创设的语表情境具有形象性的特点。

形象化的引人入胜的课堂教学情境符合中学生的心理需求。形象、生动的情境式提问有利于充分发挥中学生“经验型”的思维特点。尤其是初中学生，他们正处于具体形象思维向抽象逻辑思维过渡的关键时期，形象化的教学情境，形象化的语言感染有利于调动学生的学习兴趣，启发学生的积极思考，进而提高学生抽象思维的能力。

（二）启发性

情境式提问是一种启发性的提问。正如叶圣陶先生所说：“作者思有路，遵路识斯真。作者胸有境，入境始与亲。”在阅读教学过程中，情境式提问能启发学生“遵路”“入境”“识真”“识善”“识美”，就展示教材、阐释教材而言，情境式提问所创设的语言情境就是引导学生走进教材之“境”的捷径。例如，于漪老师在《七根火柴》一课中的提问：“无名战士留给人间的最后话语是什么？留给人间的最后动作是什么？这里表现了一种怎样的精神品质？”老师的激情渲染了课堂的气氛，打开了学生情感的大门，感染了学生的情绪，启发学生去深刻理解教材丰富的内涵，去感受英雄人物崇高的情怀。

情境式提问的启发是把“情”“境”作为沟通师生之间、学生与教材之间的桥梁，与由浅入深的推理启发不同。在情境式提问中，教师因情设境，融情于景，借景传情；学生则是触景生情，由境通情，入境识情。这种启发能产生“顿悟”的效应。

（三）情知性

情境式提问中语表情境的情感层面可分为三层：①教师对学生的情感；②教材中的情感；③教师对教材内容及其他社会生活问题的情感。这三个层面在特定的提问中，因教学目的的不同而交叉组合又各有侧重。当然，在每一个情境式提问中，都把创设情境与提出问题合二为一，都把让学生经历情感体验与使学生达成认知目标熔于一炉。例如，程翔老师在《祝福》一课中的提问：“假如祥林嫂突然出现在同学们面前，向你们询问人死后究竟有没有灵魂，你如何回答？”这一提问给学生创设了一个与作品中人物对话的情境，不仅向学生提出了思考的要求，而且使学生如临其境，如见其人，增强真切感。

总之，把学生带入形象化的课文情境，启发学生在认知与情感两方面得到发展，这是情境式提问的功能优势。而如何充分发挥情境式提问的功能，关键是在提问中艺术地处理教材信息。依据情境式提问中教材信息在语义层面中的不同处理方式，笔者试按提问中语表情境中教材信息的不同把情境式提问分成四类：

1. 剪辑式

这类提问中的教材信息直接选自课文，并与课文原意保持一致。例如：“万盛米行的先生对农民说话是有气无力，鄙夷不屑的，而万源祥等几家商店的伙计却不惜工本地叫着‘乡亲’，同是在一条街上做生意的，为什么态度这样不同？”教师剪辑课文中两个不同的镜头，启发学生比较思考。这样的提问，创设了凸现教材重点的教学情境，有利于加深学生对教材的印象。

2. 朦胧式

这类提问中的教材信息来源于课文，却又不同于课文，而是根据教学目的需要，将教材信息加工处理，使之呈现朦胧的状态。例如："愚公到底是无能的，因为两座山结果是被神移走了。大家同意这种说法吗?"教者故意曲解教材，把认知的盲点摆在学生面前。这样的提问，创设了强化学生思辨能力的教学情境。

3. 演绎式

这类提问中的教材信息并非直接选自课文，而是课文内容的逻辑演绎，提问中的情境虽在课文内容之外，却又在合理想象之中，例如："孩子这么小的年纪就去挖山，他的父亲同意吗?"教师杜撰了一个活着的"父亲"（教材中的"父亲"已去世），但是孩子的某些行为往往要征得父亲同意，是学生所熟悉的一种生活情境。这一问题情境的创设，贴合学生的生活实际。这样的提问，创设了发展学生想象力的教学情境，同时也巧妙地完成了既定的教学任务。

4. 组合式

这类提问分课内组合与课外组合两种。课内组合，是指提问中的教材信息是由新授课文与旧课文的内容组合而成。例如："大堰河勤劳、善良，古往今来，许多诗人赞美母爱，同学们能否回忆起母爱的诗篇?"教师以新授课文的内容为契机，引发学生温习旧知。这样的提问，创设了新旧知识融会贯通的教学情境。课外组合，是指提问中的教材信息是由课本内容与课外读物内容（包括电视、电影、文艺节目）或现实生活内容组合而成。例如，这样一个教学镜头：某老师特意递给学生一块石板，在学生又摸又看的时候，老师扬起手中的竹棍，学生用石板一迎，老师就问："像不像作者所写的当年情景?"（指魏巍《我的老师》中的情景）教者将实物模拟情境创设与语言情境创设有机地结合在一起，提问中的语表情境起了点化的作用。

课外组合式提问可分显性组合与隐性组合两种。上例为显性组合，下例为隐性组合，提问中语意层面的教材信息一为明显，一为隐蔽。如魏书生老师在教《俭以养德》一课时，问学生："你们将来当什么官?"学生齐答："清官!"教师的提问已经把学生带出了课文情境，但是与教材思想教育内容有着密切的联系，围绕着语文育人的总目标，将课文教学向课外社会生活领域扩展。这样的课外组合式提问易于引发学生的情感共鸣，是一种表为"远交"，实为"近攻"的情境式提问，它有利于课堂教学的生活化。

情境式提问贵在一个"情"字，巧在一个"境"字，它让学生在答问的过程中既晓之以理，又动之以情。它活化了教学过程，全面提高了学生的语文素质。

三、语文课堂曲问的方式

游览园林，人们都追求曲径通幽之妙；临江而望，大都惊于波峰浪谷之美；欣赏作品，读者皆有“文似看山不喜平”之感。这种审美情趣反映到课堂提问上，学生总爱迂回灵活、引人入胜的提问，希望进入充满美感与活力的教学境界，激起心智与情感的浪花。因此，我们应提倡课堂曲问。

曲问，即迂回提问。它不从概念和定义出发，力避平直，而着眼于教学实际，力求问得灵活、具体、生动。它有较强的思考性，学生一般要多动脑才能作答，它符合人们的认识规律和青少年的心理特点，以其强烈的趣味性，引导学生由此及彼，不断步入新的求知境界，发展学生的创造性思维。

语文课堂曲问的方式，归纳起来主要有如下几种：

（一）以虚求实，虚实相映

这里的“虚”，是指在教学活动中，不从课文的字、词、句、章角度直接进行教学，而是虚拟与课文看似无关的问题，以创设情境、引发联想、启人心智的角度进行教学。例如，特级教师钱梦龙在教《最后一课》时，距下课还有几分钟时间，这时他突然提了一个问题：“我跟小说中的韩麦尔先生一样，都是教本国语文的，你们猜猜我读了小说后有怎样的感想？”在这里，钱老师避实就虚，没有照常规对课文做总结性的发言，而是以看似题外话的问题引发学生去积极思考。在同学们的种种猜测后，钱老师动情地叙述了自己执教祖国语言的自豪感，然后要求学生谈谈自己的感想，并与教师交流。最后顺势一点，“韩麦尔先生说，‘亡了国当了奴隶的人民只要牢牢记住他们的语言就好像拿着打开监狱大门的钥匙，今天，我们完全不存在当亡国奴的问题，用这钥匙可以做什么呢？”学生异口同声地回答：“可以去打开知识宝库的大门”。这一提问的设计，虚实相衬，余韵悠长。

（二）变中求新，平中出奇

同一问题，由于问的角度不同效果往往大不一样，故提问应尽量回避“是不是”“怎么样”等一般化、概念化的套路，变换出新颖的说法。分析《海燕》的文章结构，教师一般提问学生，全文可分为几个部分？每部分的意思是什么？但有的教师则一反常规的发问：“这首散文诗是由几幅画面组成的？每幅画面上都有什么？请你说说看。”不难看出前者是按老路子提问，容易使学生感到厌烦，而后者则是别开生面，使学生感到新鲜有趣。

（三）引入矛盾，巧用对比

提问的目的就在于引起并解决学生认识上的矛盾，因此，如能在提问中直接引进对立意见，那么其效果必然显著。如分析《我的老师》中的女教师蔡芸芝，可提出：在作者笔下，她是一个温柔而美丽的深受孩子喜爱的教师形象，课文中却列举了一个发怒以至于要“打”学生的例子，这是否有损于蔡芸芝老师的形象，作者的用笔是否自相矛盾？这一问就无异于“一石激起千层浪”，会使学生大脑里掀起智慧的浪花来。

第三节　培养学生分析问题的能力

一、问题教学的课堂心理环境

实施创新教育必须以课堂教学为主渠道。课堂教学效率的高低取决于教师、学生和课堂教学环境三大要素的相互协调，如果说教师和学生是教学活动的主角，课堂教学环境就好比是他们活动的舞台。课堂教学环境由物理环境与心理环境两部分构成，物理环境（如空气、光线、桌椅等）为课堂教学提供了物质基础，心理环境（如社会交往、学习气氛、人际关系等）则为课堂教学提供了心理背景。从创新教育角度而言，师生共同营造的课堂心理环境成了孕育学生创新精神、创新能力和创新人格的关键因素，需要我们高度关注和认真思考。

（一）问题教学需要适宜的课堂心理环境

毫无疑问，问题教学属于创新教育。创新教育旨在培养学生的创新精神、创新能力和创新人格。学生创新精神的提升、创新能力的发展和创新人格的形成，既不像知识一样可以通过传授而掌握，也不像技能一样可以通过训练而生成，只能通过培养而获得。如同自然界的生命需要适宜的生态环境一样，创新能力的种子要生根、发芽、开花、结果必须有阳光雨露的滋润，必定要求适宜的土壤和环境，课堂心理环境就是学生创新能力生成的最主要的环境，创造性本身就是一种宝贵的心理品质，它的孕育、发展和提升只能在与之相适宜的心理环境中才能实现。

众所周知，教育的构成有“教”和“育”两个要素，遗憾的是我们传统的教育更多地关注了“教”，而忽略了“育”。事实上，“教”和“育”同等重要，两者相互作用，彼此渗透，密不可分；“教”以“育”为目的，“育”因“教”而精彩。“育”的功能就是培养和哺育，包括创设良好的环境与氛围。“天高任鸟飞，海阔凭鱼跃”，正因为有“天”的高和“海”的阔，才会有鹰击长空、鱼翔浅底的壮观景象。

创新能力不是天才特有的专利，创新的种子埋藏在每一个学生的心田，每个人都具有创新的潜能。但是潜在的创新力转化为现实的创新力，必须有一个激发潜能、形成创新力的环境和氛围，只有在浓厚的创新氛围和有利于创新的环境中，才能实现对创新人才的培养。创新教育的重要任务之一，就是营造适宜学生创新精神成长与发展的心理环境。江泽民曾说过，“每一个学校都要爱护和培养学生的好奇心、求知欲，帮助学生自主学习、独立思考，保护学生的探索精神、创新思维，营造崇尚真知、追求真理的氛围，为学生的禀赋和潜能的充分开发创造一种宽松的环境”。

（二）创新教育课堂心理环境的主要特征

课堂心理环境和氛围，对学校来说是教育观念和教育模式的标志性体现。以知识传授为目的的教育所要求的心理环境以服从、求同、纪律、秩序为主要特征；以知识创新为目的的教育要求学校营造出崇尚真知、追求真理的生机勃勃的精神氛围和心理环境。安全性与自由性、启发性与开放性、愉悦性与激励性、民主性与平等性构成了它的主要特征和价值取向。

1. 安全性与自由性

心理学研究揭示，创新是人的基本潜能，而身心自由则是创新潜能得以实现的基本条件，身心自由的获得来源于宽松、自由的环境。人本主义心理学家罗杰斯指出：“有利于创造活动的一般条件是心理的安全和心理的自由。”所谓自由，就是不对学生的思维和行为实行限制，使其自由表现的机会；所谓安全，就是不对学生独特的想法进行干涉，使其消除对批评的顾虑，获得创新的安全感。创新活动追求的就是标新立异、除旧布新；有高度创造力的人无论在观念或者外显行为方面都会表现出不同程度的与众不同的偏离常规。如果我们不能营造一种心理环境来认可、理解和鼓励这些创新思想与行为，而像严格纪律与严肃秩序的传统教育那样对学生的新异思想、特殊行为给予讽刺、挖苦、孤立或否定，学生出于归属与安全的基本需要，就会放弃创新性的奇思妙想与独特举措而改弦易辙、随波逐流；其创新精神的火花不过是昙花一现，一去不复返。只有在充满理解与宽容的心理环境中，学生心理的安全和自由才能获得充分保障，学生的创新思维才能无拘无束地纵横驰骋、自由奔放。

2. 启发性与开放性

学生创新思想的涌现常常需要开放环境的启发和诱导，心灵与心灵的碰撞最容易激发创新的火花。课堂心理环境对置身于其中的主体具有“气氛效应”的影响作用，即容易使人们表现出与气氛相一致的思想和行为的倾向。例如，在定式气氛影响下，学生更多地表现为集中思维；在启发气氛影响下，学生彼此交流、相互启迪、独立思考、自由讨论、发散思维、创新思维可以得到最大的发展。

开放既包含了教学形式的开放、教学时间和空间的开放，也包括了教学内容、教学方式及教学途径的开放。开放的教学要利用一切可利用的教育资源，实现多样性、启发性的教学。同时，也要求教育者通过创新性的教学促进受教育者创新意识和能力的形成与发展，在师生关系、教学环境、个性发展等方面让学生拥有更大的自由度。开放性的课堂心理环境有助于开展批判性的研究、鼓励好奇心与冒险精神、倡导发现和探索，为一切超越常规的标新立异、奇思妙想甚至是“荒诞离奇”提供了生长的土壤。

3. 愉悦性和激励性

在愉悦性的心理环境中，学习者情绪愉快、精神放松，有利于发挥学习的主动性和创造性，实现有意识和无意识的统一，并释放出巨大的学习潜能。在精神焕发、轻松愉快的心理状态下，大脑接受刺激的敏感度提高，大脑神经活动的灵活性增强，思维敏捷、触类旁通。现代心理学认为，人的理智和情感、分析和综合、无意识和有意识是不可分割的，当它们处在最和谐状态时，也是人的心理活动最有效的时刻。

激励是一种带有积极情绪色彩的正强化，激励的氛围鼓励标新、倡导立异、推陈出新。时时处处都能受到激励和赞赏，学生就会经常体验到轻松感、快乐感和成功感，从而增强自主性和自信心，不断获得坚持创新的巨大动力。

4. 民主性和平等性

学生创造性的发展要求一个相互信任、相互尊重、和谐民主的心理环境：允许民主讨论、自由思考，每个人都可以忠实、自然、无修饰地表达自己，不唯书、不唯师、不唯上。在充满民主气氛的心理环境中，学生的创新意识得以激活，创新动机得以萌发，其独立性、自主性、创造性得到了空前的张扬，由此勃发出的创新精神和创新动机成为推动其从事创新活动的不竭动力。

平等性充分体现了人与人之间人格上的平等，没有尊与卑、上与下之分，每个人都是自己思维活动的组织者、创造者和欣赏者，每个人都可以独立自主地表达真实的自我、自由讨论、平等交流，对问题的看法只有观点的不同，没有绝对的正误。在平等性的心理环境中，束缚人们已久的传统精神屏障和禁锢被扫地出门，创新活动要求的自尊、自信等优良的心理品质被发扬光大。在这样的环境中，人的个性才能真正得以舒展，人的潜能才会真正得以发挥。

（三）如何营造问题教学需要的课堂心理环境

创新教育要求广大教师要转变教育观念，树立新型的教学观、教师观和学生观，营造充满生机与活力的课堂心理环境。

1. 建立互尊互爱的新型师生关系

师生关系始终是教学改革的核心，更是营造课堂心理环境的关键因素。“师道尊严”过分强调教师的权威，要求学生无条件服从，自然遭到了历史的淘汰。取而代之的“尊师爱生”，既继承了学生对教学的“尊”，又强调了教师对学生的“爱”，一直被奉为良好师生关系的代表和典范。但这种关系是单向的，强调了学生对教师尊重的义务与教师爱护学生的权利，忽略了教师对学生尊重的义务及学生对教师爱护的权利：“老师有权利有义务，学生只承担义务不讲权利。”我们认为，创新教育需要的新型师生关系应为“互尊互爱”。教师与学生是平等的朋友关系，角色关系平等，权利与义务对等。在这种新型的师生关系中，教师把学生看作是共同解决问题的朋友，以深沉而持久的师爱创设民主、和谐、积极、开放的课堂气氛，鼓励学生大胆质疑和创新，激发学生强烈的创新意识和动机，最大限度地开发学生潜在的创新才能。

2. 构建师生互动的立体沟通网络

传统的课堂教学，信息传递是单向的，从教师流向学生，教师在讲台上侃侃而谈，依据规定的大纲，传授现成的知识，学生在课堂上规规矩矩地坐听教师的讲授，所谓学习，只是接受、同化、记忆和再现教师传授的知识，学生座位分布呈现“秧田型”。这种模式几个世纪以来一直作为一种主要的教学形式被广泛地采用，却不利于课堂教学中的人际交往，不利于师生之间、生生之间的人际互动。我们认为，小团体型的立体交往方式，即小组合作学习，更有利于师生之间、生生之间的交往与沟通。小组合作学习兼有个性化和效率高的优点，既考虑到经济原则，又适应了学生个性化学习的要求。有研究表明，一般小组以5—7人为宜，成员过多，学生参与活动的机会就少；成员过少，活动内容的丰富性以及成员之间的互补性就会受到限制。小组合作学习为每位成员的充分交流、自由交往、相互启发、彼此激励、民主讨论、平等协商提供了理想的环境。在教师的精心设计与细心指导下，学生的组内活动与组间活动会有机地融为一体，最大限度地实现师生之间、生生之间的彼此交往，使学生的创新意识和创新思维能够相互影响、相互激励，充分发挥师生互动的立体沟通网络巨大的育人功能。

3. 强化学生创新实践的积极体验

有人说，创造性是激励出来的，这话不无道理。根据条件反射原理，一种行为发生后如果得到了激励、肯定等正向强化，随后，这种行为出现的频率就会大大增加。同样道理，学生的创新思想和行为出现后，教师如能及时肯定、积极鼓励，就会使学生产生一系列积极的心理体验，如愉悦感、自豪感、成就感、自信感、自尊感等，这些积极的心理体验会成为学生今后从事创新活动的动力源泉。如果这些积极的心理体验反复得到强化，人的创新意识就会不断地喷涌而出，人的创新潜能就会不断地转化为现实的创新能力。教育实践中涌现出来的许多教育模式，如自信教育、兴趣教育、成功教育等，无一例外地都非常重视强化学生积极的心理体验。这些积极的、充满朝气的心理体验可以引发出学生较强的自我效能感，使之接纳自我、快乐自信、朝气蓬勃。个体之间的积极心理体验可以互相感染、相互激励、彼此启发，从而生发出高涨的创新热情，在成功的欢乐中大家携手共进，使课堂气氛充满创新的激情和活力。

4. 发挥教师组织教学的导引功能

长期以来，人们将教师的功能片面地局限于“传道、授业、解惑”上，教师既是课堂教学的导演，又是主要的甚至是唯一的演员，学生则成了沉默的观众，形成万马齐喑的课堂气氛。教师教给学生许多的知识，同时也将学生塑造成了知识的容器，学生生命中最有价值、最充满活力的品质——创造性却被知识的“海洋”湮没了。创新教育对教师的功能进行了重新定位，旗帜鲜明地提出，教学的艺术不在于传授，而在于激励、启发和引导；教师的职责不在于“教”，而在于指导学生创造性地“学”，教师的角色定位不应是一个好“演员”，而应是一个好“导演”。联合国教科文组织编写的《学会生存——教育世界的今天和明天》，对教师的角色也做了明确的论述：“教师的职责现在已经越来越少地传递知识，而是越来越多地激励思考；除了他的正式职能以外，他将越来越成为一位顾问，一位交换意见的参加者，一位帮助发现矛盾论点而不是拿出现成真理的人。”创新教育对教师角色的重新定位，客观上要求教师必须是富于创新精神的人，能在言教、身教、境教上下功夫，以身作则，发挥自身的引导功能，为学生的创新提供精神导航。

二、逆向思维对于培养学生分析和认识问题的作用

所谓逆向思维是指对司空见惯的已成定论的事物或观点，反过来想想的思维活动。逆向思维的过程也就是对人们意识中原先存在的习惯认识加以批判或否定的思维过程，其思维结果往往与习惯性认识相反，或是针对原先认为正确的认识有所补正，或是针对某种认识进行否定。用通俗一些的话说，也就是在人们习以为常的见解中发现一些不同的东西，当别人都在说好的时候，想想是否隐藏着不好的因素；当一些人都在谈论美的时候，思考一下其中是否隐含着丑的成分；当别人都加以否定的时候，再思量是否有值得肯定的一面，对事物做一番这样的思索。常常能独具慧眼，发人之所未发，言人之所未言，让人们耳目为之一新。

著名史学家顾颉刚在一篇谈治学的文章中讲道："对于别人的话，都不打折扣地承认，那是思想上的懒惰，这样的脑筋永远是被动的，永远不能治学。"这话很有道理。十余年来的教学实践，使我越来越深刻地认识到，有一部分学生不乏刻苦求学的精神，可是成绩平平，探究其原因，主要在于思维方式单一，学得呆板，学得被动。书上怎么写，他就怎么背；老师怎么讲，他就怎么听，思维不活跃，学得辛苦，收获甚少。因此，我在语文教学中常常有意识地引入一些逆向思维训练。以启发学生思路、拓宽学生思维方式的多元化、培养探求创新的能力为宗旨，改变那种被动接受知识的状况，收到了良好的效果。

如我在教《笑的武器》一文时，先给学生看一组"龟兔赛跑"的漫画，让他们复述故事，归纳出漫画含义："骄傲失败。"然后出示华君武的漫画《转败为胜》，告诉学生这是作者根据"龟兔赛跑"的故事反其意而画的寓言漫画。又问：这种思维过程是什么思维方式？学生议论之后不得而知。于是我又向同学们讲了一个故事：法国戏剧院，常有许多女士佩戴美丽的帽饰来看戏，以表示自己的美貌、华丽和富有，但这样一来，既影响观众的视线，也影响戏剧演出的效果，有些观众对此很反感，剧院老板接受大家意见并在场内写了一些字牌："禁止戴帽观戏""请女士脱下您的帽子"等，均未收到良好的效果。剧院的一名职工建议在"禁止戴帽观戏"字牌旁边加了一个牌子，上面写着一句话"秃头女士例外"，当晚演戏的时候人们就发现，女士们进场坐定后，纷纷脱下帽来，此举无非是证明自己并不秃。这一故事说明用逆向思维方式能起到意想不到的效果。华君武想出这样的艺术表现确实是一种创新。这种思维过程即是逆向思维。接着同学们热烈讨论、大胆发言，有的说：昔日"败者"吸取教训，重整旗鼓，

就能反败为胜；有的说：我们反过来想一想，如果我们取得较好的成绩，就自满骄傲、盲目乐观，其结果可想而知。这样结合课文内容讲述，学生很快就掌握了所学内容，也开启了学生新思路。

又如，我教的《失败是个未知数》一文时，放开让学生用顺向思维谈自己的看法，再指导学生用逆向思维去思考，同学们经过讨论达成一个共识，“失败是成功之母”这是已成定论的观点，而《失败是个未知数》一文立意新颖，蕴含着耐人寻味的人生哲理，那就是失败的尽头不都是成功，而是说失败是个岔路，一条路通向真正的失败，一条路通向成功。此话告诉我们失败不是最终结果，而是个未知数。如果在失败之后，面对岔路时，你心灰意冷、一蹶不振，那就通向彻底的失败，反之吸取教训，奋起拼搏，就会通向再次失败的反面——成功，只有踏上这条路，才有成功的希望。然后作了一组逆向思维的训练：下面有五句成语，并注明了人们习惯的认识，请运用逆向思维，反其意而用之，确立与其相反或有所补正的论点：

1. 班门弄斧：比喻在行家面前卖弄本领。
2. 老马识途：比喻阅历多的人富有经验，熟悉情况，能起引导作用。
3. 开卷有益：开卷读书，必有益处。
4. 近朱者赤，近墨者黑：比喻接近好人使人变好，接近坏人使人变坏。
5. 知足常乐：满足于已经得到的生活、愿望等。

先组织学生讨论，再让他们选择上述五例中的一例，运用逆向思维构思，写一篇议论文。

再如，教《愚公移山》一文时，我引导学生针对原先认为正确的认识有所补正，进行逆向思维。“愚公移山”的故事告诉我们对待一切困难都要有“下定决心，不怕牺牲，排除万难，去争取胜利”的精神。此话是毛泽东的名言警句，有深刻的道理。在战争年代，在社会主义建设初期，都激励着我们一辈辈人为着美好的明天奋斗。但由于时代的发展、社会的进步，此话所概括的道理已出现了观念上、认识上的缺陷，有时我们完全可以“反过来想一想”。同学们沉思片刻，就有人大胆发言说：愚公不怕困难的精神固然可嘉，但一味蛮干，实在不敢恭维，他完全可以打通隧道，开辟一条方便捷径，何必每天挖山不止，浪费时间劳动，让子孙后代跟着吃苦。有的说：当时没有先进设备打通隧道，完全可以搬出深山，与文明接轨，等掌握先进技术，再去深山打隧道，让更多的人走出大山，也可以在深山开发资源，未必去死挖山，岂不要聪明得多。孩子们的话新颖独到，不同凡响，思维特别活跃。

诸如此类的训练，只要教师有心，材料还是很多的。有时由于时间紧，可启而不发，留给学生课后思考交流。如以教《曹刿论战》一课为例，我是这样启发学生的：鲁庄公没有见识似乎已成定论，然而他的知人善用，贵为国君而不刚愎自用，难道不也是长勺之战鲁国得以战胜齐国的主要原因吗？这样的教学实例是举不胜举的。

培养和提高学生分析问题的能力，是语文教学的主要宗旨之一。在教学中渗入适当的逆向思维训练，无疑有助于开发学生的思维，提高学生分析问题、认识问题的能力。

三、语文课堂争议的价值

学习《骄傲的孔雀》《美丽的公鸡》，孩子们说：为什么美丽的东西都有骄傲的毛病？读了《小猴子下山》，学生争论：小猴子选择大的好的东西，到底对不对？在教《麻雀》一课时，老师说，老麻雀的母爱使它不顾一切跟猎狗争斗，而孩子们认为：怎么知道老麻雀是母的，说不定是公的呢！……语文课堂教学中的种种争论可谓色彩斑斓，但有时也令老师们啼笑皆非。

马克思说："真理是由争论确立的。"没有争议，就无法"区别同异""分是非""治曲直"。所以，争议也就成了现实生活中不可缺少的内容。社会在发展，时代在前进，新事物、新观点也在不断涌现，孰是孰非，孰优孰劣，只有通过争议方能泾渭分明，争议的"功劳"可谓大矣！同理，语文课堂争议的教学价值，也是毋庸置疑的。

首先，课堂争议可以深化学生对教材的理解和认识。"灯不拨不明，理不争不透"，几乎所有课堂争议，只要教师引导有方，都是加深学生对课文的理解和感受的难得机遇。其次，争议的过程可以培养学生的逻辑思维能力。语文教材中的课文，是社会生活的画卷，而世界上的事物错综复杂、现象纷繁，学生理解教材的过程也就是认识事物的过程，而争议可以有效地推进对事物的认识，提高学生比较、思辨的逻辑思维能力。再次，争议可以最有效地锻炼学生的语言表达能力。争议的主要武器是语言，参与争议的学生，必然精神亢奋，注意力高度集中，智慧火花竞相迸射。一方面要透彻理解对方的意思，一方面又要即时组织好自己的言辞，务求清晰而富有说服力。这种具有现场交际特征的语言运用，对学生无疑是最佳的语言训练。最后，争议也可以激发学生独立思考、求异创新。这是因为“争议”的基础是不同观点之间的争斗。它必然会引发学生独立思考，去探求不同见解的各自的依据。没有求异创新的思考能力，便很难奏效。不难想到一个墨守成规或人云亦云的人是不可能去积极参与争议的。正是从这个意义上说，课堂争议对于培养学生的创新精神和分析问题的能力皆具有重要作用。

那么，我们应当怎样去组织课堂争议，充分发挥课堂争议的教学价值呢？

（一）激发敢于争议的精神

要充分发挥课堂争议的教学价值，首先要激发学生敢于争议的精神。儿童的模仿性较强，相对地说，逻辑思维的能力较弱，容易形成思维定式和从众心理。同时由于传统教育的教师中心、灌输接受意识的影响，往往使学生不习惯去深入思考问题，强化自己的独到见解。所以，培养学生敢于争议的精神就尤为重要。在这方面的培养，应从“于无疑处求疑”开始，因为“疑”是“争论”的起点，有了“疑”而又能独立思考，敢于坚持自己的意见，才有了“敢于争议”的思想基础。在教学《布衣元帅》这课，有一幅插图是一帧照片：徐向前同志头戴铜盆帽，手执手杖，夹克革履，坐在一名胜处的山石边。一个平日比较“调皮”的学生悄声说：“这哪像布衣元帅，像个大商人。”教师没有批评这个学生，而是鼓励他把意见大胆地说出来，然后让大家讨论一下。于是，有的说：“课文中明明写着徐帅‘功高盖世，但从不居功自傲，始终保持革命者朴实无华的本色’，他就是一个‘布衣元帅’，怎么会像个大商人？”有的说：“课文写得不错，但照片里确实像个大商人。”教师肯定了大家敢于争议的精神，并要求进一步研读课文，再作深入思考：徐帅的“朴实无华”表现在哪里？是不是只是衣着？党和国家领导人衣着整洁，是否就不是‘朴实无华’？于是，在进一步的讨论中，终于取得了一致意见。此时教师提出：我们也不妨给教材的编辑叔叔写封信建议换一帧与课文内容更贴近的照片。教师的引导得法，保护了个别学生的独特见解，也激励了学生敢于“争议”的精神。

（二）营造便于争议的条件

争议具有普遍性特点。这是因为不同的人们对事物的认识总是千差万别的。在语文教学过程中，关键在于教师是否有保护学生独到见解的意识，而且善于把学生有价值的不同见解，适时引发为中心明确的争议，营造有利于开展课堂论辩的条件，以求通过争议更好地达成教学目标。例如，一位教师在教学《跳水》一课时，抓住一位学生提的一个颇不显眼的问题：“如果孩子不跳水，父亲会不

会开枪?”适时地引发了一场课堂争议:

师:刚才有一位同学问“如果孩子不跳水,父亲会不会开枪?”这个问题很有意思,请大家揣摩课文,发表一下自己的看法,要说出理由来。

生:会的,他不忍心看到孩子摔死的惨状,所以会开枪打死孩子。(笑声)

生:会开枪吓唬孩子。

生:不会开枪,是因为打死孩子就绝了后代。(笑声)

生:会的,因为开枪只是吓唬他,而不是真打他,是逼他跳水。

生:不会开枪的,一开枪,孩子受到惊吓马上会摔下来的。

师:我们来读读课文,想想父亲会不会开枪。

(师生齐读第八自然段)

师:父亲喊“三”没有?

生:刚喊出“三”。

师:刚喊出“三”,也是喊了,如果他要开枪,还喊“三”吗?

生:不喊。

师:“一、二”,不跳,“砰”,对不对?喊“二”孩子以为开枪了,就不顾一切往下跳。父亲瞄准他,你不跳我就开枪了。如果喊“三”孩子再不跳,父亲会不会开枪?

生:不会。

师:为什么?

生:(齐)父亲是为了救孩子,而且知道他会跳的,结果正是这样。

(三)培养善于争议的能力

争议的能力是一种综合能力,是由多种能力构成的,可以认为是反映了一种整体的语文素质。争议的结果,孰是孰非,当然取决于不同认识本身的科学性,但争议能力强,也是争议取得成功的必要条件。语文课堂上的争议,还有其特殊意义,即争议不是目的,只是一种手段或过程,目的是为了达成教学目标,提高学生的语文素质。因此,教师在争议活动中提高学生的争议能力,也就是在引导学生的语文学习,进行语文能力、思维能力的训练。例如,一位教师执教《将相和》一课时,以组织课堂争辩的形式开展深读活动。针对课文组成的三个小故事,教师总结出三个论辩题:1. 蔺相如会不会同和氏璧一起撞柱子,为什么?(“完璧归赵”)2. 在渑池之会上,秦国与赵国是打成了平手还是分出了胜负?(“渑池之会”)3. 廉颇到底有没有罪?(“负荆请罪”)这是三个极富两可性的命题，无论从正方或反方都可以列出一系列依据。这就大大刺激了学生深读课文的兴趣，在深读过程中为自己的观点寻找论据，进行逻辑思考，再用自己的语言把课文的含义清晰地表达出来。同时还要注意倾听对方的论述，使自己的争议更具有针对性。显然这样的争议过程，对提高学生的综合语文能力是极具训练效果的。

（四）指点乐于争议的方法

不论从事何种工作或活动，都有方法问题，课堂争议当然也有方法。在教师的培养和指点下，学生掌握了争议的一般方法，就会更乐于参与争议活动。墨子曾说过：“夫辩者，将以明是非之分，审治乱之纪，明同异之处，察名实之理，处利害，决嫌疑。”这里所说的，就是争议要注意划清是与非的界限，探讨治与乱的原因，弄清联系和区别的客观情况，探究概念与对象的关系，权衡利弊得失，去解除心中疑惑。所有这些，无疑都是争议的方法问题，而驾驭一切方法的一个最重要的方法，笔者认为是培养学生学会辩证地看问题。例如，教学《小白兔和小灰兔》一课时，教师问学生：“你喜欢小白兔还是小灰兔?”几乎全班学生都高举小手，表示喜欢小白兔，不喜欢小灰兔。可是有个学生却说：“我喜欢小灰兔。”全班愕然。这个学生说：“起先小灰兔不要菜籽种菜，是不懂得劳动的好处，后来知道错了就改正了，我觉得它好。”教师意识到在怎样看待小灰兔的问题上组织课堂争议是有价值的，便表扬了这位能够独立思考的学生，同时激励大家：“这位同学说得有道理，小灰兔身上还有不少优点值得我们喜爱呢，大家来找找看。”于是有些学生根据课文开头写的“小白兔和小灰兔来帮忙”这一句，认为小灰兔也是爱劳动的，这是另一个可爱之处，有的学生认为老山羊来送菜时，小灰兔说“谢谢”，说明小灰兔很有礼貌，这是又一个可爱之处……这样使学生认识到，小灰兔虽然有缺点，但也有很多优点，它和小白兔都是可爱的。由于争议中教师引导有方，学生实际上懂得了要辩证地看问题的方法，同时加深了对课文的认识。

（五）追求优化素质的效益

我们对课堂争议的关注，往往会集中在争议能帮助推进学生对课文的理解这一点上，这当然是不可忽视的，但争议的教学效益是多方面的，远远高于促进对课文的理解这一方面。如可以增强学生以理服人的意识，注重事实和根据，不搞强词夺理、臆造根据、偷换概念、人身攻击等不正当的争议手段；可以强化学生的心理控制能力，对持有不同意见的同学，不仅不抱对立情绪，不仇视不同意见者，而且能抱着容忍的态度，耐心倾听不同的意见，虚心接受其正确部分，这样既利于坚持真理，又勇于纠正错误；另外，还可以提高学生在争议中的美学修养，重视参与争议中的风度举止，使用文明礼貌语言，而那种指手画脚，不让人把话说完或吹胡子瞪眼之类的言谈举止，都是不可取的……从这个意义上看，课堂争议不仅有益于提高学生的综合语文能力，也有利于学生整体素质的优化。

著名学者陆世仪说过："人性中皆有悟，必工夫不断，悟心始出，如石中皆有火，必敲击不已，火光始现。"课堂争议常常会使学生精神振奋、注意力集中、思维敏捷、兴趣高涨；正如击石取火一般，它对于增进学生的分析能力、语言表达能力、求异创新能力以及发展个性和潜能等方面均能产生奇效。

四、要善于诱导学生回答问题

在运用"提问法"进行语文教学时，教师设计好课堂提问，对实现教学目标只走完了一半路程；从提问到答问的过程中，教师若不循循善诱，则常使学生畏难却步。那么，如何诱导学生答问呢？我们的主要做法是：

（一）引向纵深

如笔者在讲《孔乙己》一文时，问学生："课文几次写到笑，都有不同的含义。其中有些人是以哄笑取乐的。想一想：为什么那些人对孔乙己这样一个不幸者嘲笑、取乐呢?"学生回答："他们缺少起码的同情心。"学生这样答，反映了他们的思路是从当代人和人之间的关系来思考的。我及时引导深思："同学们再想想，周围的人，特别是短衣帮生来就是这样冷酷无情的吗?"这就暗示了深思的路线：应从社会存在和人们主观意识之间的关系上来考虑。学生很快就明白了：封建等级制度和封建思想的侵蚀，使民众麻木不仁，分不清压迫者和被压迫者，意识不到自己同孔乙己一样受着统治阶级的奴役，反而以嘲笑更不幸者孔乙己为能事、为乐趣。

（二）分解难点

如执教《鲁提辖拳打镇关西》一文时，就课文情节结构上的特色，我设计了这样一个问题："鲁提辖打镇关西是故事的高潮。当鲁达说'等洒家去打了那厮便来'，似乎高潮陡起，当鲁达'径到状元桥来'，又似乎接着便是高潮了。两次似紧而松在情节发展上有何好处?"对此问题，学生一时不知怎样回答。我就把它分解成三个小题以循循启发：①读到那两处，你起初是什么心情？（生：

急于想知道鲁达后来是怎样惩治郑屠的）②如果接下去就打郑屠，故事情节怎么样？（生：情节不丰富，故事性不够强；情节发展缺少波澜起伏）③纵观全文，这样一张一弛有什么好处？（这一问题虽难，但由于有了前面的铺垫设问，学生都能回答出来）

（三）连点成线

诱导学生联系上下文关键句段、联系具体的语言环境思考问题。有时学生熟悉事物的现象，但不能找出事物的规律，教师必须把和问题有关的几个关键点从课文中找出来，缀点成线，引导学生找出事物发展的因果，从而学会全面分析问题的方法。

（四）绕道迂回

所提问题一搁浅，再启发也难以立即见效，可采取绕道手法。如教学《〈白毛女〉选场》时，为了让学生更好地揣摩剧作家构思剧情的艺术匠心，我问："《白毛女》表现的是旧中国劳动人民的苦难，为什么在第一场戏中却着重写父女团聚的欢乐和他们对生活的愿望，还写了喜儿和大春的婚事？"问题提出后，很多学生答问"卡壳"。我就引导学生这样想："如果第一场戏写成一片凄凉，将喜儿写得哭哭啼啼，好不好呢？显然不如剧本现在这样好。杨白劳过年是悲惨的，可是添上一点喜色，以乐景写哀愁，反而写得更加悲惨，同时杨白劳更赢得人们的同情，喜儿也更赢得人们的喜爱，这样对于蹂躏喜儿的黄世仁，人们才更会燃起愤怒的火焰。"正是由于转换了思考问题的角度，学生很快就领会了剧本为什么这样构思。

（五）复述回味

如讲《景泰蓝的制作》一文时，我问："'掐丝'和'点蓝'这两道工序，作者为什么不惜笔墨详细说明，而其他六道工序则一笔带过？"部分学生答偏了，就让他们详细复述景泰蓝制作的全过程。几位学生对制铜胎等工序的复述都很好，唯独"掐丝""点蓝"说得丢三落四的。我问其原因，学生说："这两道工序太复杂了。"我趁势点拨："正由于这两道工序最精细、最复杂，也就难为大家所掌握，所以作者不吝笔墨详加说明。"

诱导学生答问的方法远不止这些。但无论哪种方法，只要在教学中操作得当，都能促使学生答问成功。

五、培养学生解疑的能力

苏霍姆林斯基说过：“在儿童心灵深处，都有一种根深蒂固的需要，就是希望自己是一个发现者、研究者、探索者。”课堂上，学生不受约束地提出问题，请求教师解答，教师相机点拨、指导，最后反馈给学生，信息的出发点和归宿都在学生，确实体现了学生为主体的效果。不过学生质疑往往会在教师不经意的包办代替中，使有效提问变成无效提问，甚至把问题的空间缩小至零，从而掩盖了问题背后所能引发的知识迁移，这未免有些浪费。因此，让学生以质疑为贵、以解疑为荣，更能体现以学生为主体的效果，使学生成为一个有实实在在的探索者。下面就《暮江吟》这首诗教学中出现的问题做一些分析。

“老师，九月初三的夜晚有露珠吗？”我刚布置学生预习这首古诗时，一个学生不假思索地提出了一个极其简单的问题，这个问题很容易回答，我是否马上告诉这个同学呢？一个念头迅速在头脑里闪现。何不让学生自己去查阅资料，自己设法解决呢？我思考了一会儿便微笑着说：“你自己去查查资料或者问问长辈行吗？”第二天，这个学生果然找到了一些资料。他不仅懂得了季节的划分，还明白了二十四节气中有个白露节，甚至还讲述了一些关于露水的知识。当他不紧不慢地将自己收集的资料告知给同学时，同学们和我都很惊讶。这个同学在大家的赞扬声和掌声中得意地坐下。从他那心满意足的微笑中，有谁还怀疑他曾经提的问题是那么幼稚，有谁还敢嘲笑看似简单的问题背后竟蕴藏着如此丰富的知识，就是从这笑声中，从同学们亢奋的情绪中，我发现同学们的思维被激活了，这不正是强化在质疑中，自行解疑能力的有利时机吗？我趁势激励同学们，并坦诚地说出我当时听这个同学提问时，自己差点随口想说：“这太简单了，当然有啦！”如果我真那么说的话，不仅扼杀了这个学生质疑的兴趣，更可悲的是可能让这位学生丧失了自己获取知识的机会，自然就没有今天的这些意外收获了。说完这番话，我问学生们在阅读课文时，是愿意提出问题让老师解答，还是自己查询得出答案呢？学生们无一例外地认为自己找资料解答问题好，因为这样做一方面可以锻炼自己动手动脑的能力，还可以扩大自己的知识面。我见学生的认识提高了，看来时机成熟了，便顺势让他们试试。

于是学生们认真读诗，积极思考，纷纷把自己对诗句的疑点一一记录下来，不管是简单的问题，还是难以查询的问题，先记下来再说。短短的一首诗，不到30个字，学生竟提出了10多个问题。如“一道残阳”为什么不说成“一个残阳?”为什么不把“铺”字改成“射”字;“江水真会一半红，一半绿吗?”能否把这句改成“大半瑟瑟小半红呢?”“月亮在九月初三的时候真像弓吗？为什么作者不把‘弯月’比作‘舟’或者‘钩’呢?”“晚上，天这么黑，作者能看到晶莹透亮的露珠吗?”……学生提出这些问题，没有人愿意马上向老师求得答案，而是自己思索，有的决定自己回去再体会，再查找资料，学习实现了质的飞跃。我想，学源于思，思源于疑。质疑为学生创设了一个“愤悱”的情境，激起他们探索的兴趣和力量，使他们自主探究，在广泛查询资料中解疑，这多么可贵啊!

第二天，语文课堂成了欢乐的知识海洋，学生在查询中了解了许多关于诗韵、诗歌用字准确精妙的知识，有的学生还在各自查询中通过分析、比较找到了答案，比如关于把“月亮比作弓”的问题。这个学生在提出问题时，他想到平时人们是把弯月比作“舟”和“钩”的，作者为什么偏偏用“弓”呢？通过画图比较：“钩”最细，“弓”比“钩”粗，比“舟”细。那么，什么时候的月亮最细？九月初三的月亮是怎样的呢？这些需查找资料，在资料中，他了解到月亮有上弦月、圆月和下弦月之分，因而月亮的粗细与开头就有了区别，九月初三的夜晚月亮是上弦月，月亮的形状像弓一样弯，而到了下弦月时，月亮又像钩一样细。你看，通过一个问题，学生却能得到诸多思考、比较、分析的机会，得到这么多锻炼，从而获取了这么多知识，这是我先前没有想到的。其实，学生提问题时就闪现出创造性思维的火花，让他们自己提出疑问，自我找寻答案，促进学生思维不断提高与发展，这是教学本身可遇而不可求的。学生提出的问题看似简单，其实这些问题往往涉及的知识并不少，他们在求得答案的过程中不断地发现，不断地设计解决，又不断地在发现中再解决，直至最后他们所获取的知识量已大大超过了问题本身。更重要的是，学生通过自身努力获取知识的过程更有意义。这种自豪感是谁也给予不了的。因此，在教学中提出通过质疑养成解疑习惯这一教学意义有如下好处。

1. 有利于激发学生的学习兴趣。兴趣是学习的最好老师，让学生做自己喜欢做且能做到的事，促使他们对学习产生浓厚的求知欲望。学生通过主动探索、亲身实践获取知识，不但提高了学习质量，而且掌握了学习方法，发展了思维，激发了学习兴趣，这是符合培养跨世纪人才素质要求的。

2. 有利于引发学习动机。学生自己发现问题，比教师主观设计的问题更能激发学生学习的积极性和主动性，消除学生学习上的依赖心理，使学生成为主动探索者，把学习的潜力挖掘出来。由于查询常常使知识拓展延伸，就像树上的枝杈会越来越多，因而能引发学生不断的探索和学习。

3. 有利于培养自己获取知识的能力。课堂教学向课外延伸，使学生有更多的自由支配时间，可到书店购书，可到图书室查阅资料，还可以向身边的长辈请教，甚至有条件的还可在网上收集信息，给他们更多的时间和活动空间，让他们自由去解疑。这样对培养学生独立探索能力、解决问题的能力都具有重要作用。如果能让学生“靠自己能力”去学习，让学生学会自主学习，就有利于学生形成独立自主的健全人格。

4. 学生主体地位得到充分尊重。他们搜集信息，扩大教学内容，然后在班上进行交流，资源共享。这样做，既充分利用课程资源，使语文教学更贴近生活，又使语文教学增加了时代信息。这是提高学生语文素养的必经之路，也是造就跨世纪人才的必由之路。

第四节　培养学生解决问题的能力

一、关于问题解决的几种观点

问题解决，是个体克服生活、学习、实践中新的矛盾时的复杂心理活动，其中主要是思维活动。教育心理学着重研究学生学习知识、应用知识中的问题解决。由于问题解决是复杂的心理活动，可以从不同的方面、不同的角度加以分析，因此心理学家对问题解决的见解也不尽相同，其中主要有以下几种观点：

（一）问题解决过程中的阶段性

认为它有明显的四个阶段：①发现问题。我们生活的世界时时处处都存在着各种各样的矛盾，当某些矛盾反映到意识中时，个体才发现它是个问题，并要求设法解决它。这就是发现问题的阶段。从问题解决的阶段性看，这是第一阶段，是解决问题的前提。发现问题不论对学习、生活，还是创造发明都十分重要。它是思维积极主动性的表现，在促进心理发展上具有重要意义。②分析问题。要解决所发现的问题，必须明确问题的性质，也就是弄清楚有哪些矛盾、矛盾的哪些方面以及它们之间有什么关系，以确定所要解决的问题要达到什么结果，所必须具备的条件、其间的关系和已具有哪些条件，从而找出重要矛盾、关键矛盾之所在。③提出假设。在分析问题的基础上，提出解决该问题的假设，即可采用的解决方案，其中包括采取什么原则、途径和方法。但所有这些往往不是简单现成的，而且有多种多样的可能。但提出假设是问题解决的关键阶段，正确的假设引导问题顺利得到解决，不正确、不恰当的假设则使问题的解决多走弯路或导向歧途。④检验假设。假设只是提出一种可能的解决方案，还不能保证问题必定能获得解决，所以问题解决的最后一步是对假设进行检验。通常有两种检验方法：一是通过实践检验，即按假设的方案实施，如果成功就证明假设正确，同时问题也得到了解决；二是通过心智活动进行推理，即在思维中按假设进行推论，如果能合乎逻辑地论证预期成果，就算问题初步解决。特别是在假设方案一时还不能立即实施时，必须采用后一种检验。但必须指出，即使后一种检验证明假设正确，问题的真正解决仍有待实验结果才能证实。不论哪种检验如果未能获得预期结果，必须重新另提假设再进行检验，直至获得正确结果，问题才算解决。

（二）问题解决过程中的总趋向

20 世纪 40 年代德国心理学家 K．敦克尔，以大学生为对象进行实验，观察他们如何解决“用射线治疗胃肿瘤”问题。根据实验的结果，他认为：问题解决过程的总趋向，是先确定问题的范围，指出可能的解决方向，再逐步缩小范围，提出问题解决的一般方法和具体特殊方法，一步步进行推理以逼近问题的解决。这种观点是把重点放在“提出假设”与“检验假设”两个阶段，对它作更详细地界定。人们解决生活实践中的问题及学生学习和应用知识时，这种情况是最常见的。

（三）用信息加工探讨问题解决过程

20 世纪 50 年代信息论研究的进展及计算机的问世，使许多人尝试以计算机的信息加工原理，模拟人的思维活动，开展人工智能的研究。计算机的信息加工很像人解决问题过程的思维活动；心理学家中也有人利用高速计算机的信息加工来探讨问题解决过程。近年来，在这方面的研究取得很大进展，可以解释某些问题解决中，一部分过程的情况。但机器是没有生命的机械，至今尚不能穷尽人脑思维的奥秘，更表现不出人在解决问题思维过程中各方面的特点及各种影响人的思维效果的因素，只能对问题解决过程的研究有某些启发与促进。

二、关于影响问题解决效率的六大因素

（一）已掌握的有关知识

问题解决的任何一个阶段都涉及有关知识，没有相应的知识不仅难于发现问题，而且缺乏分析问题的基础和提出假设所必需的依据，即使检验假设也必须具有相应的知识。知识对解决问题的影响，还涉及必要时是否能及时忆起已学的有关知识，并恰当地加以综合应用。在这方面为了提高学生解决问题的能力，教学中必须传授给他们正确、丰富的知识，指导他们有计划按规律的复习知识，牢固地掌握，并且能灵活地加以组织。

（二）心智技能发展水平

心智技能是影响问题解决的重要因素，因为解决问题主要是通过思维进行的，心智技能正是思维能力在解决问题中所表现的技能。为此，在教学中不能只重视知识的灌输，同时还必须促进心智技能的发展。

（三）动机和情绪

它们在问题解决中有积极和消极两方面的影响。恰当的学习动机和求知欲，不仅对发现问题有极其重要的作用，而且对深入分析问题、探索各种假设和反复检验，都是重要的内部动力。但只有中等强度的动机和平静的心境状态，才有利于问题的解决。动机和情绪的强度不够，则缺乏动力；过于强烈则会干扰思维而影响问题解决。因此，教师必须重视培养学生的求知欲及其正确的学习动机，同时还要训练学生经常带着愉快平静的情绪进行学习和解决问题。

（四）刺激呈现的模式

每一个问题中所包含的事件和物体（不论是实物或是以词语陈述的），当它们呈现在问题解决者面前时，总要涉及特定的空间位置、距离、时间的先后（或同时）顺序以及它们当时所表现的特定功能，所有这些具体特点及其间关系就构成了特定的刺激模式。如果刺激模式直接提供了适合于问题解决的线索，就便于找出解决的方向、途径与方法；如果刺激模式掩蔽或干扰了解题线索，就会使解题增加困难，甚至引向歧途。因此，教师在教学时要十分注意对刺激物的组织处理（如教具安排等），另一方面，要经常训练学生从多种角度观察同一事物，以揭露和认识这一事物在不同情境中可能有的多种功能。

（五）思维定式

所谓思维定式指连续解决一系列同类型课题所产生的定型化思路。这种思路对同类的后继课题的解决是有利的；如果后继课题虽可用前面的方法解决，但也可以采用更合理更简易的步骤时，思维定式就成为障碍，而影响解题的速度与合理化。因此，平时既要注重训练学生思维的定向性又要训练其思维的灵活性。

（六）个性特点

独立性、自信心、坚韧性、精密性、敏捷性、灵活性以及兴趣等个人特点，都对解决问题的效率产生一定的影响，教师应经常关心和发挥学生有利于问题解决的个性特点，纠正其不利的个性特点。

三、“多元智能理论”对培养学生问题解决能力的启示

相信很多教师都熟悉这样一个故事：许多中国学生到国外留学时，大都特别刻苦，上课时认真记笔记，下课后认真核对，补笔记，考试前认真背笔记。在考试的时候，老师讲了八点，中国的学生绝不会只答出七点半。然而这种成绩在国

外至多只能得个B等，一般情况下只能是C等。其他国家的学生虽然只答出了一两点却能够得A等。国外老师的解释是，这种学生虽然答的少，但有主见，他是自己思考出来的，或是通过其他途径了解到的，所以应该得A等。

由此，我们清楚地认识到：在先进的教育理念中，评价学生是不是看他能记住多少知识点，而在于能否在掌握知识的基础上，找到解决问题的办法，即要具有解决问题的能力。同时，我们也看到了我国传统教育中以“传授书本知识为主”的思路所造成的弊端——学生问题解决能力的缺失。

近年来，我国大力提倡实施素质教育，“培养学生创新精神和实践能力”是实施素质教育的核心，其中的“创新精神”不只表现为新思想、新技术和新产品的发明创造，还表现为善于发现问题、积极探索问题的心理取向；素质教育要求的“实践能力”更离不开“问题”，所谓“实践能力”，简而言之就是发现问题、分析问题和解决问题的能力。“问题的解决”理应成为“实践能力”培养的核心，建立“问题意识”则是推行素质教育必不可少的重要观念。

（一）如何培养学生的问题解决能力——一种成功的尝试

1985年，美国哈佛大学心理学教授加德纳在《知能的结构》一书中提出了多元智能理论，这种新型的智能理论认为，所谓智能就是在特定历史和文化背景下解决复杂问题的能力。这种新智能定义，具有鲜明的实践特征，这与我国素质教育的要求——培养学生的创新精神和实践能力的思路是一致的。但是，如何利用这种理论来指导具体的实践过程，目前在国内还没有进行过实验。不过，美国亚利桑那大学的琼·梅克教授已经在多元智能理论的指导下，围绕学生能力的培养进行了成功的尝试，创立了以培养学生问题解决能力为目标的“问题体系”。这种尝试为我们寻找学生问题解决能力培养的途径提供了新的思路。

这个“问题体系”以“问题”为中心，以“方法”为中介，以“答案”为结果，根据学生能力的发展水平构建了五个层次的练习。

第一层次：得出答案。即“问题”与“方法”师生都已经知道，但是“答案”是教师已知而学生未知，练习的要求是学生要根据自己已经掌握的方法去解决问题。

第二层次：寻找方法。在这个层次的练习中，“问题”是师生已知的，“方法”对学生而言则是未知的，目的是让学生独立地寻找解决问题的办法，以此来加大问题解决能力培养的力度。

第三层次：拓展方法。通过方法的拓展，使学生的问题解决能力进一步提高，即要求学生能够利用多种不同的方法解决问题，相应地，最终得出的答案也应该是多样的。这样一来，就为打破传统测验的局限性指明了出路，同时也使学生的思维方式由线性思维向多元的非线性思维转变有了可能。

第四层次：方法具有特殊性。意思是说，具有不同智能倾向的学生可以采取自己最擅长的方式解决问题。这可以使学生的潜能得到最大限度地开发与发挥，也可以使他们在解决问题的过程中获得自信心，并且使他们在比较不同的问题解决方法时学会尊重他人不同的想法与行为方式，从而有助于他们形成宽容开放的心态。

第五层次：提出问题。到了这一最高层次的练习时，学生就应该能够主动、独立地发现问题、分析问题并尝试解决问题。它要求学生不仅要知道答案是开放的，而且问题同样也是开放的，应该学会从日常生活、学习出发去发现问题。

（二）对我们在课堂教学中培养学生问题解决能力的启示

1. 创设宽松的问题情境

在以往的课堂教学中，总是由教师提问，学生来回答，整个课堂的节奏是由教师的提问来控制的，学生只是处于被动的地位。在这种缺乏宽松环境的情况下，学生没有独立的思考时间，思路仅仅局限于教师的问题范围内，从而使其丧失了积极主动思考的机会。教师只有努力创设情境，摒弃传统的“师道尊严”观念，做到教学民主，创造一个宽松、和谐的民主的课堂氛围，才能使学生敞开问题意识之门，走向问题解决之路。

2. 指向学生的潜能开发、能力形成

我们都认同这样的一个观点：一个好的问题是创造的开始，在创造的过程中依靠的又是一定的问题解决能力。梅克教授的“问题体系”遵循了这样一个规律——由简单到复杂。在这个体系中梅克将发现问题、分析问题和解决问题作为五个层次练习的最高层次，这应该是培养学生都具有发现问题、分析问题、解决问题的潜能，通过对学生问题解决能力的培养，使他们这方面的能力得到提高和发展。

3. 培养学生科学的思维方式

“问题体系”所强调的“使学生的思维方式由线性思维向多元的非线性思维转变”提醒我们，在传统的课堂教学中，学生的思维往往缺乏广度、独特性与灵活性。在这一点上，我们可以针对以往教学中存在的不足，从下面几点着手进行培养：（1）在思维的广度上，可以从学生联想能力的培养做起。联想是由一事物想到另一事物的心理过程，它有利于人们从多个角度思考问题，使人的思维走向广阔的天地。（2）在思维的独特性方面，要打破历来“惟书至上”的观念，要特别关注教学中“疑问”意识的培养，鼓励学生不仅要敢于怀疑还要善于怀疑。不要安于书本上现成的答案，而要去尝试发现那些与书本上不一样的东西。一种不按照常规的思考，往往是创造力的开端，同时也要认识到不同的人会有不同的问题解决方式，要充分尊重别人的想法和意见。（3）在思维的灵活性上，必须做到思维的起点要灵活，即从不同的角度和方向，运用多种方法解决问题；思维的过程应灵活，即注意迁移能力的培养，善于运用规律与以往的经验去思考新的问题；思维的结果也要灵活，即不要求统一的结论，而是允许多种合理的、灵活的结论。

（三）正确处理知识教学与能力培养的关系

梅克的问题体系并没有否认以往知识教学的一些可取之处，我们应认识到“问题解决能力”的培养要吸收以往注重知识教学中的成功经验，并以此为基础把学生能力培养的方向导向“多元化”，尤其是“创新”和“实践”的方向。学生在解决问题的过程中进行各种知识的积累，通过知识的积累找到解决问题的途径，使知识教学与能力培养成为相辅相成的两个过程。在中小学阶段就应该开始引导学生关注和研究现实问题的实践能力，而不能在学生进入大学以后才让他们去关心和研究现实的问题，到那时往往已经是“亡羊补牢，为时已晚”！

综上所述，在多元智能理论指导下的“问题体系”实验为我们实施素质教育，在课堂教学中培养学生的“问题解决能力”，提供了一种可行的新思路。

第四章

语文课堂问题教学课型的基本程序结构与功能

第一节 语文课堂问题教学课型的基本程序和结构

所谓“问题教学课型”，就是以问题意识为动力，以解决问题为核心，以造就创新人才为宗旨，以培养学生的创新精神和创造性思维能力为目标，以提高师生的语文实践能力为目的，从而培养学生发现问题、提出问题、分析问题和解决问题诸能力的课堂教学策略体系。

“问题教学课型”不同于“问题教学法”。所谓“问题教学法”，指的是教师遵循学生的认知规律，启发学生善于和敢于发问，既围绕教材，而又不拘泥于教材，把理论性原理和学生思想认识上模糊的观点加以澄清或否定，最后通过师生双边共同活动，得出一个正确的结论来。可见，“问题教学法”从属于“问题教学课型”。

“问题教学课型”的基本结构是：发现问题→提出问题→分析和解决问题。如图所示：

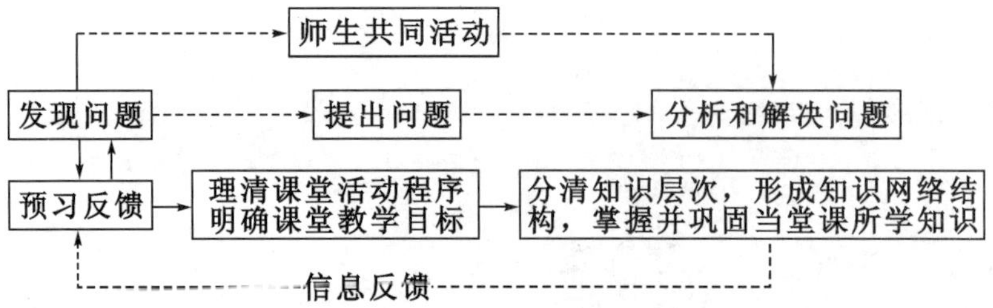

发现问题是实施“问题教学”的关键。“学起于思，思源于疑。”疑最容易引起定向的探究反思，有了反思，思维便应运而生。那么，如何引导学生发现问题呢？

首先，明知故问，于无疑处质疑。这可以按照教材的编排程序及讲课的环节进行。如以知识先后出现的顺序质疑，便于学生把握知识要点，探索内在联系。又如，在预习、授课、复习等环节中质疑，以培养学生良好的学习习惯，掌握科学的学习方法。

其次，突出重点，于核心处质疑。这不仅要求学生要通读授课内容，提出一般性问题，而且还要求学生读懂目录、课题，领悟“核心”之所在，把握重点，解决主要矛盾。

再次，突破难点、疑点，于热点处质疑。素质教育要以培养学生的创新精神和实践能力为重点，因而要鼓励学生关注时事重点、社会热点，既要围绕教材，又要跳出教材，寻找切入点，于热点及认识上的疑点之处质疑。

发现问题之后，便是提出问题。提出问题是“问题教学”能否实施的前提条件。由于学生对提问有畏惧心理，生怕因讲错或讲不好而引来同学的闲话，甚至耻笑，所以，提出问题比发现问题更困难。为了避免这一问题的出现，一方面要加强对学生的思想教育，另一方面可引导学生围绕所发现的某一具体问题，展开多角度、多层次的思考，鼓励创新，并设计出不同题型的问题，对所设计的题目经全班同学的公平、公正评判，进行竞争“中标”，并在此基础上形成一堂课的系列思考题。这样做不仅可以启发学生的思维，活跃课堂气氛，增加课堂的趣味性，而且还可以避免尴尬，解除学生的思想顾虑，从而有利于问题教学的顺利实施。

提出问题是为了分析和解决问题，毫无疑问，分析和解决问题是实施“问题教学”的目的和归宿。由教师代劳包办，会禁锢学生的思维。把其主动权交给学生，使分析问题成为学生主动求知、培养能力的过程。要实现这一目的，必须要求学生围绕系列思考题，进行层层分解，在分解的基础上对每一问题及系列问题进行归纳，并形成知识的结构体系。

对于热点问题等，可在掌握原理的基础上，运用原理去认识具体事物，分解其各个方面，分析这些方面在事物整体中的地位和相互关系，在此基础上，运用所学原理进行归纳，形成对具体问题的正确、完整的结论。

学会了分析问题，就给一篇课文、一个单元，甚至整个知识系统的学习奠定了基础，学生就能自行完成某篇课文、某个单元和全书的知识结构练习，并能结合课堂上的问题列出知识结构系列表等，从而使学生牢固地掌握这些知识，真正达到解决问题的目的。

“语文课堂问题教学课型”是“语文课堂立体教学策略体系”的一个分支。笔者在拙著《语文课堂立体教学课型》的第四章“语文课堂立体教学课型体系的内在机理与评价”中概括如下表：

教学程序	第一步骤	第二步骤	第三步骤	第四步骤
教学活动	导读质疑	立体探究	评价归纳	训练迁移
学习活动	发现问题	探索未知	比较认同	获得新知

上表的“第一步骤”实质上就是“发现和提出问题”的过程；“第二步骤”与“第三步骤”实质上就是“分析和解决问题”的过程；“第四步骤”则是一个训练落实环节。从“问题”的角度而言，每一堂课都是在解决问题。“问题教学课型”的指导思想是发展学生智力，培养学生的创新精神和创新能力。教学方法侧重于启发、诱导、点拨和控制。其主要步骤是：发现问题（“问题意识”极为重要）→提出问题（最讲究时机与方法）→分析问题（发扬民主，鼓励学生大胆质疑）→解决问题（得解之环节，讲究概括的技巧）→巩固问题（通过演练，重现问题，实现迁移）。长期进行这种课型的教学，学生的“创新意识”就会变成一种“研究意识”，“创新行为”就会变成一种“创新习惯”，“创新精神”与“创新能力”自然会逐渐形成，这将使学生受用终身，实现叶圣陶“教是为了不需要教”的至高境界。

第二节　语文课堂问题教学课型中提问的分类

语文教学提问的形式与类型是多种多样的，多达近百种。对其性质相近的进行合并后也有40多种。这些提问形式大体上可分为四类。

一、根据提问水平分类

早在1987年，“布鲁姆——特内教学提问模式”就被介绍到我国。这一模式是教育家特内根据布鲁姆《教学目标分类学》的基本思想而创立的。它把教学提问分为由低到高六个水平，即知识水平、理解水平、应用水平、分析水平、综合水平和评价水平。每一水平的提问都与学生的类型或水平的思维活动相联系。这一提问模式对我国关于提问类型的研究有较大的影响。新时期我国语文教师创立的许多教学模式都可以纳入这一提问模式。

（一）知识水平的提问

这一水平的提问可以用来确定学生是否已记住先前所学的内容。语文教学中常用的“检查性提问”就属此水平。这是最低层次、最低水平的提问，它所涉及的心理过程主要是回忆，其内容不超出先前所掌握的知识范围。学生对这类问题的回答通常可以用正确或错误来进行判断。教师常使用的关键词是：谁、什么、哪里、什么时候、写出等。

这类提问不宜过多，更不能连续进行，因为在一个学生答问的过程中，其他学生往往对“听”不感兴趣，注意力不集中。

（二）理解水平的提问

这一水平的提问可以用来帮助学生组织所学的知识，弄清楚它的含义。这类提问要求学生能够用自己的语言来叙述所学的知识。能比较和对照知识或事件上的异同，还要求能把一些知识从一种形式转变为另一种形式。要使学生能够回答这一水平的提问，就必须事先把提问所涉及的知识提供给学生。提问中教师常用的关键词是：（用你自己的语言）叙述、比较、对照、解释等。

这类问题在语文教学中所占的比重比较大。它最适于发展学生的思维能力，但是如果问题缺乏思维强度，就达不到预期的目的。这类问题的发问应放在文中具有思维价值的地方。在提问设计上力求引起思维矛盾，激起学生思维兴趣。

（三）应用水平的提问

这类提问可以鼓励和帮助学生应用已学知识去解决问题。这类提问中，教师常用的关键词是：应用、运用、分类、选择和举例等。

（四）分析水平的提问

这类提问可用来分析知识的结构、因素，弄清楚事物间的关系或事项的前因后果。这类提问要求学生具有批判性思维。它要求学生能够分析资料，以确定原因，进行推论。提问常用的关键词是：为什么、什么因素、得出结论、证明、分析等。

（五）综合水平的提问

这类提问可用来帮助学生将所学知识以另一种新的或有创造性的方式组合起来形成一种新的关系。这类提问常用于发展学生的概括能力。它所考查的是学生对某一课题或内容的整体性理解，要求学生能进行预见、创造性地解决问题。在这类提问中，教师常用的关键词是：预见、创作、如果……会……、总结等。

（六）评价水平的提问

这类问题可以帮助学生根据一定的标准来判断材料的价值。它要求学生对一些观念、价值观、问题解决方法和行为进行判断或选择，也要求学生能够提出自己的见解。在这类问题中，教师常用的关键词是：判断、评价、证明、你对……有什么重要看法等。这类问题的要求标准不能只停留在简单的判断上，须要求学生养成通过具体分析再作出判断和评价的习惯。

二、从讲读教学进程分类

从讲读教学进程角度，提问可分为四种：

（一）引读性提问

这类提问主要是用于阅读教学的起始阶段。现行语文教材传统篇目多，富有时代气息的篇目少；议论文和说明文多，富有情感因素的文学课文少。这就造成了阅读起始阶段学生没有兴趣，注意力不集中。因此，这一阶段借助设问置疑，能引发学生的探索动机。

这类提问应当引导学生从整体上去把握文章的内容，而不是设计一个个肢解课文的细小琐碎的问题。问题要有概括性，要有思考价值，而且要在阅读完课文之后才能作出回答，甚至有时阅读一遍还不一定能找到准确的答案。

（二）探索性提问

这类提问主要是为了诱发学生深入分析钻研课文，把学生思维引向深处。这类提问一定要紧紧围绕教学重点。层次和角度要多，设问的切入口要小，挖掘要深。

（三）发散性提问

又称想象性提问，是指向学生提出发散性和想象性的问题。这种问题的设计一定要根据课文。因为许多课文，特别是文学作品，常常是文已尽而意未尽，或为造成悬念而故意留下空白。教师要控制好发散性提问，防止出现表面热闹而对学生思维能力的训练、对理解课文无任何帮助的现象。

（四）总结性提问

又称归结性提问或归纳性提问，是指在讲读过程中或结束课文教学、结束单元教学时，为使学生的知识系统化和结构化，提高对某些问题的认识，对提出几个所讲的问题进行归纳总结。这种提问可以提高学生的综合分析能力和概括能力。

三、从内容结构分类

从内容结构角度，提问可分为五种：

（一）总分式提问

这种类型又叫牵引式提问或众星拱月式提问。一个大问题统领许多小问题，许多小问题又环绕一个大问题。小问题本身可以互不关联，但却分别与大问题紧密契合。

（二）辅轮式提问

又称聚敛式提问。就是提出的问题必须能从不同侧面入手并围绕中心。

（三）连环式提问

又称追问。是指教师根据知识的内在联系，设计以疑引疑、环环相扣的一系列问题进行提问。这种提问有时可以是教师提出一个问题后，根据学生的回答，再提出另一个问题，首尾相连，一通到底。这种提问相互勾连，环环紧扣，步步深入，不断拧紧学生思维的发条，能够加深对思维对象的认识。

（四）阶梯式提问

又称层次式或递进式提问。是指将几个连贯问题由易到难依次提出，前一个问题是后一个问题的基础，后一个问题是前一个问题的深化，就像攀登阶梯一样，步步升高，把学生的思维一步一个台阶地引向求知的新天地。这种提问方式的顺序有两种：一是由易到难依次提出；二是先向学生提出最难的问题，然后再提出诱导性的简单问题。第二种顺序有利于激发学生的探索兴趣，能为学生留出思维空间，更能体现启发式原则。

（五）插入式提问

又称插曲式提问。是指在教学过程中暂时中断提问思维的主线，而插入一个与之相关的内容，在叙述完相关的内容之后，再提出问题的提问方式。

四、根据教学提问的信息交流形式分类

美国的查尔斯·C. 狄诺凡把教学提问分成五类：

（一）特指式提问

这是对某个特定的学生直接发问。这种提问可以使学生集中注意力，用于检查个别学生的学习效果。

（二）泛指式提问

这种提问不先确定某一个人来回答问题，其目的是为了引起全班同学的思考或讨论。当一个泛指问题提出后，教师应期望学生有多种答案。

（三）重复式提问

在某个学生提出问题后，教师重复这个问题，由别的学生来回答。这种问题可以突出教学重点和难点，调动学生质疑和解疑的积极性。不过，这种提问只有在估计其他学生能回答时才可以采用。

（四）反诘式提问

当教师提出的问题得不到学生的正确回答时，他并不急于去纠正其中的错误，而是针对错误提出反问，使学生以为正确、完善的答案，被证明是错误的、漏洞百出的。这就使他们原有的观念被瓦解，迫使他们重新思考问题，逐步得出新的、正确的结论。

（五）自答式提问

这是并不期望学生回答的提问。教师先提出问题，稍做停顿，让学生思索一下，然后教师自己作答。这种提问常常用来实现教学内容之间的顺利过渡。

第三节　语文课堂问题教学课型中提问的功用

提问法，也称问答法或谈话法。“它是以师生对话的形式进行教学的一种方法。”提问法同讲述法一样具有悠久的历史。从先秦教育家的教育著作中，特别是孙子的言论中我们可以窥察到提问法的成功运用。我国传统的提问法在几千年教学发展的长河中闪烁着光辉，但由于受儒家人本思想的影响，它的运用主要在于引导学生领悟已有的知识，而不鼓励他们在未知的领域中去创新。国外的提问法是从“苏格拉底法”而来的。这种方法的运用分为诘问和助产两个步骤。教师首先对学生回答的问题进行引申、归纳，帮助学生改正原来的错误，然后帮助他们得出正确的结论。中华人民共和国成立以来，讲读教学的基本形式大致经历了三次变化。解放初期袭用旧时教法，以串讲为基本形式；20 世纪 50 年代学习苏联，以文章分析为基本形式；20 世纪 60 年代，批判“三个中心论”，逐渐变成了“教读课”或“导读课”，出现了以培养学生自学能力为重点的“自学辅导”基本形式。提问法在新时期语文教学的前十年可以说是大行其道，讲读教学以提问法为教学的基本形式，认为提问法是语文教学的“常规武器”（钱梦龙），语文课堂教学出现了“满堂问”的局面。随着语文教学改革的深入，到 20 世纪 90 年代初期，对提问法在课堂教学过程中的地位及运用问题进行了反思，普遍认为“提问法”只是语文教学方法体系中的一种方法，不宜作为一种基本形式。于是目前还出现了“无提问式”教学设计。

思维永远是从问题开始的，没有问题思维就将停止了。“提问法”作为课堂教学的一种基本方法，不论语文教学改革发展到哪一步，它都将在教学中发挥重要作用。在 21 世纪之初，把新时期语文课堂教学提问方法的研究进行总结是十分必要的。

一、提问法的功用

提问法的功用主要表现在以下几个方面：

（一）有效的提问是学生认知积极性的推动力

教学活动是教师和学生共同参与的双边活动，师生在教学中存在着大量的知识信息和情感意向的交流，这种交流又是在融洽的师生关系下，和谐的教学气氛中进行的。实现师生互动、双向交流的方法很多，其中常用且有效的就是课堂提问。思维活动从问题开始，并在寻求问题的解答中深入和发展。课堂教学中教师利用教材中某些现象和事例的矛盾，有意识地使矛盾激化，设疑发问，唤起学生对教学的注意。在课的起始阶段，提问能把学生引入问题情境，激发其探索的欲望。在课堂教学中，提问会使学生的注意力处于高度集中的状态，同时引发进一步探索的动机。或独立思考，或相互讨论，使课堂教学秩序静中有动、动中有静，但都朝着一个共同的目标前进。良好的教学提问既是一种镇静剂，又是一股凝聚力，它能够保证教学活动的顺利进展。

（二）可以培养学生的思维能力

思维能力可以分为一般思维能力和创造思维能力。教师提问的过程就是教给学生提出问题的方法的过程。学生对问题的思考解答是对思维能力的训练，教师对问题的评析又是思维方法的传授。一些发散性问题、求异性问题的提出和解答，能够培养创造性思维能力。

（三）可以培养学生的语言表达能力

语文课堂提问，为学生提供了一个发表自己意见的机会。学生在问答过程中，既展示并阐述了观点，又锻炼了表达能力。

（四）可以提供教学反馈信息

通过教学提问活动，教师和学生可分别从中获得对各自有益的反馈信息，以作为进一步调整教与学活动的重要参考。如教师可以通过提问，了解学生对知识的理解程度，检查学生对所教重点内容的掌握情况，寻求学生知识链条上的漏洞和产生错误的原因，全面掌握学生的个别差异和个性特点。反省自己教学中的不足或错误等。然后再根据从提问而得到的反馈信息，灵活地调整后继的教学活动。同时，学生可以通过答问，从老师那里获取评价自己学习状态的反馈信息，在学习中不断审视自己，改进自己的学习态度、方法、习惯等，使自己后继的学习活动更富有成效。特别值得指出的是，教学提问所提供给教师和学生的反馈信息，都是非常及时的、准确的、双向的、有效的。所以，教师就应深刻地认识并充分地利用教学提问的这一重要功能，更好地为提高教学质量服务。

二、提问法在语文教学方法体系中的地位

提问法有着古老的历史，是一种代表性的方法，它的产生和发展，具有和讲述法相对而言的意义。从现代教育观点看，它是激发学生学习主动性的有效方法之一，除了技能和习惯的教学环节之外，几乎到处都要运用它。20 多年来，语文提问法发展过程中出现了“满堂问”的现象。“满堂问”的出现有客观原因，也有主观原因。客观原因有两个：第一是高考的误导。20 世纪 80 年代中后期，语文高考采用标准化的试题以来，阅读试题中有许多题目是针对知识点或能力点而设计的，这就引导教师在备课过程中设计一个个的问题点，然后在课堂上用提问法引导学生一个一个去解决。第二是优秀教师示范课的误导。众所周知，示范课要想取得良好的效果，教师不但要使学生真正有所收获，而且要使听课老师有所收获；不但要感动学生，而且要感动听课老师。这就迫使讲示范课的教师采用表演式，其中提问是主要的教学推进手段。主观原因是教师把提问法与启发式混为一谈，认为提问法是启发式，其他方法不是启发式。

提问法在不同的学段的运用也应该有所不同。在低年级，当学生自己还不会独立发现问题、提出问题的时候，可以多采用提问法。这样做有两个作用：一是可以启发学生思考，训练其思维能力；二是为发现问题作出示范，教给学生发现问题的方法。高年级学生的思考能力已经很强，教师不宜过多发问，而且应该多让学生自己提出问题。

三、问题教学在素质教育中的作用

（一）促进教师自身素质的提高

1. 在教学中研究

在教学中运用问题教学进行教学研究，对自己的教学进行思考和探究，其目的不是为教学增加额外的负担，而是力图以更有效的方式展开，使教师在有限的时间内引导学生获得更好的发展。这种教学称之为“研究式的教学”或“发展教学”，在教学中研究，在研究中教学，力图解决种种“教学困惑”，减少无效的重复劳动。在不增加时间的前提下，提高教学效率，即达到“教师可以少教，但是学生可以多学”的效果。

2. 在研究中学习

（1）阅读，即阅读有关的教学理论和教学研究方法的论著。（2）合作，可

与相关的教师、教研员合作进行研究，也可与研究机构的教学专家合作进行研究，以便从理论研究者那里获得直接的指导，学得相关的研究方法和技巧。(3) 研究，即针对实际问题，自己提出思考解决的办法。无论是“阅读”还是“合作”，它们只有在“研究”的基础上才能获得有效的经验，也就是说“研究才是最有效的学习方式”，通过自主的研究才能唤起阅读的需要和合作的兴趣。

（二）促使学生身心潜能、整体素质和个性获得充分和谐的发展

运用问题教学来实施素质教育，其实质就是让学生都能在主动而非被动的学习中，积极自觉地将语文课的精华内化为自我发展的精神养料，促使学生身心潜能、整体素质和个性获得充分和谐的发展。

第四节　语文课堂问题教学课型中教师应持的态度

教师成功地实施问题教学，需要树立良好的、科学的教学观，具备问题教学所需要的态度。

一、爱护学生

问题教学的实施，更需要教师尊重学生、爱护学生，为学生勇于探索、敢于质疑、大胆动手创设一个快乐、和谐的问题情境。学生不会因回答而紧张，不会因出错而恐惧，也不会因被提问而焦虑，问题教学成功的关键是教师尊重、爱护每一个学生，给每一个学生创设"心理安全"和"心理自由"的氛围。学生因回答问题而高兴，因提出异议而欣喜，这是问题教学成功的第一步。

二、积极参与

在问题情境中，教师不是以"监管者"的身份出现，而是以"参与者"的身份积极地与学生一起思考、讨论。如此能有效地消除学生的紧张心理、为难发愁的不良情绪和茫然失措的思维状况，为学生增添探索知识的乐趣，树立解决问题的信心，增长克服困难的勇气。

三、耐心倾听

问题教学中，教师专心、细致倾听的态度，会极好地鼓舞学生说下去，使其信心倍增；会极大地提高他的威信，使之感受到被尊重与被需要的满足，获得幸福愉悦感。同样难度的问题，在教师信任、鼓励的目光下，学生可能就会解答出来；反之，在教师鄙夷、讥笑的神态中，学生（尤其是学习后进生）会受到某种暗示，自卑心理油然而生，就再也解答不上来了。

四、容忍错误

心理学研究表明，一个人如果在思想上、行动上都具有独创和革新精神，那他就必须承担犯错的风险。无论是对问题提出可供选择的解决方法，还是保持一种松弛的沉思态度，都要求不必过多地考虑错误的危险性。因此，教师对于学生所犯的错误一定要有高度的容忍精神。过分苛求学生的成功率，就势必造成学生对没有把握的事不敢说、不敢做。既不利于问题教学的实施，也不利于学生创新能力的培养。问题教学中出现错误的答案是很平常的事，学生通过尝试成功和错误，不但可以使学生积累经验与教训，而且可以使学生发现规律，并帮助学生更好地走向成功。

五、尊重科学

问题教学注重知识生成过程的探索，尽量不用“标准答案”“唯一结果”“习惯用法”等说教去束缚学生的头脑、去否定学生的创新。但是，它也不否认真理的绝对性，并能运用真理的绝对性来养成学生的去伪存真、去粗取精的思维方法，同时，教师要敢于承认自己的“未知”和错误，能向学生说“我不会”。在问题教学法中，培养起学生“知之为知之，不知为不知”的科学求真、实事求是的学风。

六、善待异议

问题教学中，学生触景生情、突发奇想的情况时有发生，教师如何正确对待这些人类智慧的火花呢？是哄堂大笑？是嗤之以鼻？还是慎重思考呢？创新离不开想象，而创新性想象的前身是幻想。中小学生爱不着边际的幻想，甚至是异想天开。对此，教师应看到其积极的一面，善于引导启发、保护支持，评价时要留有余地，因为奇迹将由他们创造出来。

七、注重创新

问题教学的主旨是通过对知识生成过程的探索，来培养学生的创新性思维品质。因为，问题既是思维的起点，又是思维的前提。一切发明、创新都是从问题开始的。学生在问题教学中，经常意识到一些难以解决的问题，并产生一种困惑、探究的心理状态。这种状态有利于促进学生积极思维，不断去分析、解决问题。所以，使学生产生“问题意识”并非坏事，反而能提高学生发现问题的敏感性、分析问题的深刻性和解决问题的创新性。同时，教师还应积极采用多种方式、方法，去培养学生的发散思维、形象思维，开发学生右脑潜能等，进一步提高学生的创新性思维能力。

在问题教学中，教师除了应持上述正确态度外，还应借鉴“成功教育”的经验，达到成功育人的目的。“后进生是教出来的”，这一论断在归因理论家那里是肯定的。一次次小小的失败终会使学生将失败归因于自身智力或能力的差别上，导致自卑心理产生、加重。在此心理作用下，战胜困难的勇气消失殆尽，失败伴随他已是必然。而成功教育的实践又给教师验证了一个铁的事实：学生的健康发展离不开教师的正面激励和亲情般地呵护。每次小问题的解决，学生的自信心就会逐渐被强化，创新潜能就会逐步被发掘出来，身心俱佳的人就会在问题教学法中通过“成功育人”成长起来。

第五章

语文课堂问题教学课型提问的策略

第一节　提问的设计策略

问题的设计是提问中最重要的一环。问题设计应注意以下几个方面：

一、如何设立提问点

语文教学中不是所有的问题都需要用提问来进行教学的，课堂教学过程中如果过于依赖提问就会造成“满堂问”，不利于突出重点。语文教学中的提问点主要有以下几种：

（一）在关键处设点

所谓的关键处有两层意思：一是指理解课文思想内容的关节点；二是指学生接受语文知识的难点。所谓理解课文的关节点，往往是那些或隐或现地牵扯到语文课主题和重要观点的词句，弄清这些词句，学生就会豁然开朗，认识有所提高。一些具有难度的课文往往具有明显的关节点，而某些浅近易懂、篇幅短小的诗文也同样存在关节点，教师如果能抓住这些关节点设计出一个带有全局性的问题，就能揭示中心，并且培养学生的概括能力。所谓学生接受语文知识的难点，既包括新出现的知识难点，也包括虽已学过却又似懂非懂的知识点。这些难点是学生认知矛盾的焦点。就此提出问题往往能引起学生积极思考，产生认识兴趣。

（二）在具有思维价值的细微处设点

语文教材的选文大多是经典之作，这些优秀作品的一个标点、一个词语，人物的一个细小动作、一句似乎无关紧要的话，往往都能体现出作者的匠心独运，蕴藏着深刻的含义。教师可以在这些易被学生忽略而对表现主题有密切关系的细枝末节，设问质疑，启发学生探微发幽，加深对文章的理解。

（三）在文章中看似矛盾之处设点

课文中有许多从表面看存在矛盾的地方，在此处设点，通过提问直接引进矛盾的对立面，其激疑效果非常好，有利于激发学生的思维。如《威尼斯商人》中的夏洛克贪婪成性却不要借款数目三倍的还款，而要“一磅肉”；《母亲》中的英雄母亲在火车站时曾经有过逃跑的念头。

（四）在容易引起联想、想象处设点

教材中有大量想象性文体，课文中有许多省略和空白。让学生对这些文体、空白、省略进行想象，有利于锻炼他们的想象、联想能力。学生对这样的提问往往很感兴趣，并且会产生一些空想。如果出现这种情况，教师要用一定的方法进行控制，可要求学生以课文为依据。

（五）在貌似无疑却有疑的地方设点

课文中的许多地方看起来平平常常，学生读后提不出问题。在这些地方，教师要于无疑处生疑，提出问题，引导学生深入理解课文。

二、问题的结构

问题由问式和题设组成。如“什么叫说明文呢?”这一类问题中，“什么”“呢”和“?”是问式。问式是表达问题疑问的部分，是由问词和问号组成。“叫说明文”是题设。题设是问题的已知部分，是由词语、短语或语句构成。这里的“已知部分”是隐含在题设中的判断。题设的内涵宽广与否是问题内容的范围，称为“问域”。提问的“问域”要宽广适当。题设中的判断，包含着已知的和隐藏的某种思想，称为问题的“预设”，它是指问和答双方共同理解了的事物和意识。只有问与答双方都理解了“预设”，才能在交际过程中进行有效的活动。教师所设计的问题不仅要符合以上结构要求，而且还要简明，因为人的注意是很短的，而记忆由听觉得来的知识尤为有限。教师的提问应该简明扼要，使学生听了之后，便可了解其意义，而且当他思考答案时，能够把问题记在大脑中。

三、问题的难度和坡度

课堂提问要适合学生的认识水平，把握问题的难易度。问题过难，学生望而生畏，就会挫伤他们思考的积极性；问题过易，学生不用动脑思考就能轻易答出，也就无法提高学生的思维能力。教师提出的问题应是学生在未认真看书和深入思考之前不能回答的，且应是班里大多数学生经过主观努力之后能够回答的，就是“跳起来能摘到果子”。如果设计的问题过难，可以设计一些搭桥式提问。

提问难度的研究中有个概念，即“解答距”。所谓解答距就是让学生经过一番思考才能解决问题，让思维的“轨迹”有一段“距离”，一般来说，根据“解答距”的长短，提问可分为四个级别。第一级，属于初级阶段，所提的问题，学生只要参照学过的例题、例文就可以回答。这样的问题属于“微解答距”范畴。第二级，属于中级阶段，所提问题并无现成的“套子”可以依据，但不过是现成“套子”的变化与翻新。这样的问题，属“短解答距”的范畴。第三级，属于高级阶段，所提问题要求学生能综合地运用学过的知识进行解答，属“长解答距”的范畴。第四级，则是高级阶段的发展，属创造阶段，所提问题要求学生能采用特有的方式（无现成方式参照）去创造性地解决问题，属于“新解答距”的范畴。教师应从学生实际出发，合理调配问题的坡度，为学生增设台阶，使之能拾级而上，达到知识的巅峰。

四、问题的密度

有关的研究表明，我国的课堂教学中的有效提问占56%，换言之，教学中尚有近一半的提问是无效的。课堂提问密度必须适中。如果密度过大，速度过快，学生就不能对这些提问进行冷静、独立的思考，只能跟着教师的提问跑，起不到砥砺思维的作用。

第二节 提问的行为策略

一、发问的时机

课堂提问作为引发学生学习的外部因素，要想最大程度地发挥作用，必须抓住时机。提问的最佳时机就是学生“心求通而未得”“口欲言而未能”的“愤”“悱”状态。当然不能等学生“愤”“悱”之后再去提问，而应该通过提问唤起学生的学习积极性，使之进入“愤”“悱”状态。提问的时机主要表现在以下几个方面：

（一）在学生自读之前发问

这是指向性的发问。在学生自读之前，教师提出一些概括性的问题，就能引导学生深入进行自读，有利于提高自读的效率。

（二）在学生自读完之后发问

自读之后，学生往往有许多问题要问，真正处于“愤”“悱”的状态。这时如果教师不顾学生心理，按照自己设计好的教学方案，从时代背景讲起，就会失去大好的时机。此时教师应该允许学生自由发问，并对学生所提问题进行归纳，然后提出一些诱导性的问题，有的放矢地进行启发。

（三）当学生思维处于停滞状态时发问

晋人张载说：“读书先要有疑，不疑处有疑，方是长进矣。”教师不仅要解惑，而且要激疑。对一些文字浅显，但意蕴深刻的文字，学生自读完之后往往提不出什么问题，而实际上却并没有把握文章的内涵。这时教师就应该提出一些诱导性的问题，把学生的思维引向深入。

（四）当教室出现议论之声时进行发问

教师讲解的过程中，有时课堂中会出现议论声。这些议论表明学生大脑中产生了问题。处理这种情况有两种方法：一是停止讲课，要学生把自己的疑问表达出来。这是教师了解学生课堂学习状况的重要途径。二是根据自己的经验马上提出一些问题，使学生的疑难及时解决。

（五）当课堂气氛沉闷时发问

当课堂气氛沉闷，学生觉得没有什么可以深入钻研的时候，教师就要投石兴波，及时提出一些新一点、深一点的问题，展开讨论争辩，把课堂教学推向高潮。

（六）当个别学生的注意力分散时进行发问

课堂上，学生注意力分散是常有的事。当教师发现学生注意力分散时，就可以向注意力分散的学生提问，使之把注意力重新转向课堂学习中。

（七）结课时进行发问

一节课将要结束时，学生往往心理放松。此时教师如果能够提出一些发人深省的问题，就会重新把学生的注意力吸引到课堂上来。

二、发问的方法

常用的发问方法有：

（一）逆问

逆问是与顺问相对的一种提问方式。顺问又叫正问，即正面提问，就是教师根据教学内容提出问题，顺藤摸瓜，在探求问题答案的过程中获取知识、发展智能。逆问又称倒问。教师为促使学生思考，不从正面提问，而是从相反的方面提出假设，让学生通过对照比较，自己得出正确结论。

（二）曲问

曲问相对的概念是直问。直问即“问在此而意在此”。教师向学生直截了当地提出问题，学生对此类提问可直接作出回答，而不必拐弯抹角。曲问即“问在此而意在彼”。教师的本意是解决甲问题，却偏偏不直接问，而是绕个弯提出乙问题，乙问题的解决以甲问题的解决为前提，只要学生解答了乙问题，甲问题就等于是“不答而解”。曲问常用于那些没有什么新鲜感，对学生没有什么触动作用的问题。运用曲问的提问方式有利于激发学生的探索兴趣。

（三）急问抢答

急问抢答就是教师发出一连串急问，促使学生争先恐后抢答，以训练学生思维的敏捷性、灵活性。这种提问多采用填空式和选择式，带有明显刺激性、竞赛性和娱乐性，课堂上常呈现一种紧张活跃、继而又轻松愉快的氛围，令教师和学生兴奋难抑。这种提问适用于教材中相对容易的内容，使学生抢答时能够顺利答出。

(四) 慢问

慢问又称平问串答。教师为了深化重点、突破难点、解决疑点，训练学生思维的深刻性和批判性，提出问题时给学生留有充足的时间，让学生通过周密思考组织语言，以对问题作出完满的解答。这种提问适用于教材中较难的内容和高年级学生，特别适用于单元总结和课文小结。经常进行此种提问，学生思维的深度和广度定能得到不断地提高。

(五) 假设性提问

假设性提问就是从事物的相反方面进行提问。这种角度新颖的提问有利于训练学生的求异思维。例如："《我的叔叔于勒》中的于勒真的发财回来了，那会出现什么情景呢?"

(六) 利用旧知识发问

在提问时，教师应该遵循由已知到未知的规律。抓住知识的联系，通过已有知识的回顾，进一步由此及彼，获取新知。

(七) 追本溯源提问

这类提问适用于引用典故的文章。通过提问，学生能加深对文章内容和风格的理解。

(八) 比较发问

教师通过提出比较性问题，引导学生对事物进行由表及里的深入分析，由此及彼的分析归纳，然后再加以抽象概括，达到对事物规律性的认识，提高学生的辩证思维能力。要比较就要有相应的参照物或对立面。如果没有现成的对立面，教师可自行设计。

(九) 复问

复问是指学生问老师答，属教学口语里的重复现象。复问首先是学生提问。对学生的问题，教师不必每问必答，要根据教学目的进行归类，有选择性地答复。复问要讲究时机，对一些不具备复问条件的问题要等时机成熟之后再解决。

复问具有导答的中介性。讲读中，它处于问答的中间链。通过复问，教师把解惑的任务交给学生，甘当助答、听答、评答的主持。而学生则反客为主，真正体现了主体地位。

复问主要有两种形式：

1. 学生问——教师复——师生讨论合答——教师结。

2. 学生问——教师复——学生自答他答——教师结。

字面上两种模式只差“答”的一环。从答来看，第一种形式教师主导作用大些，学生有赖于调控点化；第二种形式学生主体能动性强些。教学中采用哪种方法要视具体情况而定。

复问的类型有：第一，直复。即基本比照问句的语言表达形式复说。主要格式是“你们说对不对”“你看怎么样”“是啊！为什么呢”。第二，意复。不重复问句。表达方式是“谁能回答?”复的格式固定，言简意赅。第三，点复。即带有点评的复。这种“复”要有启发学生思考的作用。在复语中可适当兼有褒扬点评，但切不可反语讽刺。对本身隐含虚假不实之词的问题不能直复、意复，而要加以点评调整。点评调整可用调换、逆向对比等手段。第四，隔复。即把学生提出的问题隔离开来反复的“复”。第五，改复。当学生提出的问题笼统宽泛，直复让学生回答的意义不大时，教师便可以“此问”为契机，引出一个具体切实的问题。

三、发问的对象

发问的对象就是教师向什么样的学生发问。关于发问的对象要注意以下两点：第一，要面向全体学生提问。一般情况下要向中等的学生发问，然后要求优秀的学生补充。当一个学生口答的时候要求其他的学生需认真地听，有时为了集中学生的注意力，可以要求学生对前一个同学的回答进行复述。第二，要区别对待。教师要了解学生的个别差异，根据学生的不同特点进行发问。为了照顾到后进生，可以专门为后进生设计一些问题。

四、发问的节奏

爱因斯坦说过，世界上最有力量的东西就是节奏。教师在提问的过程中一定要注意控制好自己的节奏。教学提问中应当遵循“提问—等待—回答—等待—评价”这样一种快慢相间的节奏。提问中应当有两个重要的停顿时间，即：第一等待时间和第二等待时间。第一等待时间是指教师提出一个问题之后要等待足够的时间。这时，不能马上重复问题或指定学生回答。第二等待时间是指学生回答问题之后，教师也要等待一段时间才能评价学生的答案或提出另一个问题。确立提问节奏的根据是人思维的间断性、跳跃性。学生的头脑之中出现一个思维高峰后，往往要停顿3—5秒钟之后才出现另一个高峰。思维的这一特点好像是“间歇喷泉”。经过对比实验，心理学家得出的结论是，稍长的等待时间对学生的语言行为有如下的效果：第一，学生回答的时间长度和语句数量都有所增加；第二，“我不知道”和回答不出的现象减少了；第三，思辨性的思维事例增加了；第四，提出了更多的证据，在提出证据之后或之前，都有推理性的叙述；第五，学生提出问题的数量和学生计划收集资料活动的次数都增加了；第六，成绩差的学生的回答也增加了。他们甚至测定必要的停顿时间以后，学生的表达量可增长300%～700%。没有等待时间，学生平均回答某个问题的用词只有4—7个，通过等待则增加到30个以上。教师在提问过程中必须设置必要的停顿时间，以有利于学生思维高峰的出现。

五、助答

当学生回答问题不够准确、完整、流畅，甚至完全“卡壳”时，教师应采取一定的措施。主要的措施有五种：

1. 重复发问，申明题意；
2. 分解难点，化难为易；
3. 转换角度，另辟蹊径；
4. 适当提示，巧用点拨；
5. 补充修正，以求完善。

六、如何评价学生的答问

评价学生的答问可以向学生提供反馈信息，能够对所学的知识进行系统与综合，进一步深化和明晰化。教师对学生答问评价一般从六个方面进行：掌握知识的广度、理解知识的深度、知识的巩固程度、错误的数量与性质、口头表达能力、是否有创见。

教师评价的态度要严肃认真，客观公正。对学生不正确甚至有些幼稚的回答要抱有谅解的态度，绝不能嘲笑和讽刺。对一些具有创见的问题要抱有欣赏的态度，鼓励学生大胆发言。对学生不同于教师意见的发言，不论其对与错，教师都应该客观对待。对的应该采纳并进行赞扬，错的要及时纠正，不能说服的则可以让学生保留意见。

第三节　提问的矛盾策略

1912年美国学者史蒂文斯（Stevens）在第一次对课堂教学提问进行系统的研究过程中就发现“教师提问和学生回答大约占去了普通学习时间的80%”，进而得出提问是“有效教学的核心”的结论。因此，作为一名教师只有加强提问策略的研究，提高发问的技巧，才不会使提高教学质量成为一句空话。对此，我们的体会是“水本无华，相荡而成涟漪；石本无火，相击而发灵光”。艺术的实践告诉我们，矛盾冲突是艺术的魅力所在。教学作为一门艺术，也需要教师善于发现、挖掘、挑起矛盾，并以此布疑设问，促使学生在积极、主动的状态中学习、思考、判断和表达，切实而有效地发展学生的知识、思维和能力。

一、利用课文知识系统自身的矛盾设问

在课文中，会存在许多表面上看似矛盾的现象：一类是课文题目中的矛盾，如《死海不死》《普通的人，伟大的心》《生于忧患，死于安乐》《为了忘却的记念》《傻二哥》《一件小事》《愚公移山》《陋室铭》《普通劳动者》等；另一类是课文中的前后矛盾。教师应对此加以选择、挖掘，并布疑设问，引导学生积极思考，领会矛盾背后的本质与深意。

例如，讲析《为了忘却的记念》时，我们可利用“忘却”与“记念”这一矛盾设问：“记念”我们一般用什么词语来修饰或限制？课文为何用“忘却”作修饰？“忘却”在课文中的含义是什么？与“记念”有无矛盾？并引导学生积极思考，体会鲁迅对黑暗的社会现实、对国民党政府的血腥屠杀的无比悲愤，领会作者为善良的母亲痛失儿子、为苦难的民族痛失英才、为搏杀的战士痛失同志的极度悲痛。进而明白“忘却”在课文中是反语，是要将悲哀摆脱的悲愤，是化悲痛为力量的决心，是继续战斗的呐喊！从而理解“忘却”与“记念”并不矛盾的实质。

邓小平同志的《讲讲实事求是》这篇政论文，没有什么生字生词，若是采用一般议论文的教学方法，很可能导致课堂缺乏生机，使学生厌倦。然而这篇论

文的内容与它的写法构成了矛盾：论文的内容是，写文章分析问题不能从引文出发，应从实际出发，做实事求是的分析；但这篇论文的写作，却大量引用毛泽东同志的讲话，前后共有4段、14篇、20处之多。这一矛盾是与这篇文章及文章的现实意义密切相关的。我们就可以利用这一矛盾设疑布问，促使学生主动分清引证法（演绎法）与例证法（归纳法）的实质及相互区别。文章中大量引用毛泽东的话属于科学例证法（归纳法），因为毛泽东思想的出发点与根本点是什么，只能从分析毛泽东的言论中去捕捉。在课文教学中通过布疑设问，使学生领悟到：经过“文化大革命”，毛泽东思想的出发点和根本点已经被歪曲得面目全非，要拨乱反正，就必须要宣传毛泽东思想的真谛，恢复毛泽东思想的本来面貌。这正是课文重要的现实意义之所在。

这样，巧妙的提问设计，不仅强烈地拨动了学生思维的神经，也使他们弄清了课文写作的主要方法，明白了从实际出发选题立论的要领，更使他们对这篇讲话、对邓小平同志自然而然地产生了敬意。

二、利用新的教学内容与学生已有的知识和经验的矛盾设问

在教学过程中，一般情况下，新的知识与学生已有的知识、经验会和谐地统一，成为他们知识结构和经验领域的一部分，但在某些情况下，两者也会发生矛盾和冲突。

如课文《药》里有一句话：“老栓，就是运气了你！”“运气”一词在这里的用法就与学生已有的语法知识形成了矛盾，教师应抓住这一矛盾，做如下提问：“鲁迅在这里是否犯了词性乱用的错误？”“运气”一词，小说里其他人用过没有？是否也有类似的错误？引导学生分清楚小说中叙述人的语言与作品中人物的语言是有区别的。进而领悟到，把“运气”作动词用，只错在康大叔一人，这不仅不是鲁迅的语法错误，反而是词性的妙用，它巧妙地暴露了康大叔的蛮横无知和目中无人的粗野行径。这种刻画人物的方法，在鲁迅的小说中是比较常见的。

在《七根火柴》这篇课文里，有一段描写无名战士最后为革命献身的情景：“话就在这里停住了。卢进勇觉得自己的臂弯猛然沉了下去！他的眼睛模糊了。远处的树、近处的草，那湿漉漉的衣服、那双紧闭的眼睛……一切都像整个草地一样，雾蒙蒙的，只有那只手是清晰的，它高高地擎着，像一只路标，笔直地指

向长征部队前进的方向……”卢进勇泪眼“模糊”，却又“清晰”地看见了那只手，按照我们日常的生活经验，这显然是矛盾的。教师可就此设问：既然卢进勇的眼睛“模糊”了，看一切都“雾蒙蒙”的，为何又“清晰”地看见了那只手笔直地指向长征部队前进的方向？这是作者行文的疏忽，还是“模糊”与“清晰”在此有独特的表情作用？通过这样的设问引导学生去体会卢进勇此时的心情，领会“模糊”与“清晰”在此的独特含义：卢进勇的泪眼模糊，所看见的一切都是雾蒙蒙的，写的是他的视觉感受，表达了他对无名战士牺牲的无限悲痛之情；而“清晰”地看见那只手笔直地指向长征部队前进的方向，并用“只有”来限制，用“高高地擎着，像一只路标”来比喻，则超越了一般的视觉感受，是一种审美感受，有着十分深长的意味和独特的表情作用：因为这只手指的正是红军——一群优秀中华儿女要前进的方向，它是中华民族的希望所在，也是无名战士对革命事业的赤胆衷心和必胜的信念。进而领悟到，在抒情性的文学作品中，这种生活经验与审美感知的矛盾是普遍存在的。

总之，新旧知识的矛盾，会在学生平静的心田激起巨大的波澜，在他们的认识领域产生激烈的碰撞，吸引着他们更为积极主动的思考，在解决矛盾的基础上自觉地更新自己的知识和观念，并因此获得极大的愉悦与满足。因此，教师应特别重视并加以运用。

三、利用师生之间认识的矛盾设问

浙江省特级教师蒋传一，1989 年在他所教的班上讲析联绵词的特点，提到“玲珑”不能写成“珑玲”时，一位女生就提出异议，认为“玲珑”是可以写成“珑玲”的，并举出《现代汉语词典》为证。看来，师生之间、学生之间，对于同一事物或问题会有不同的认识与评价，这种必然的差异与矛盾，作为教师不仅不必担心会有损于自己的威信或破坏课堂秩序，相反应视为一种激励学生积极思考、主动提问的契机，并以此巧设疑问，从而真正做到教学相长。

一位教师在讲析《论雷峰塔的倒掉》一篇课文时，就巧妙地设计了这样一个问题：“听说杭州人民正在建议重修雷峰塔，如果鲁迅还健在，你认为他是赞成还是反对？理由是什么？”这一利用师生之间认知的差异而设计的提问，引起全班学生极大的兴趣，在一阵沉思之后，学生纷纷发言抢答，有的认为鲁迅会反对，因为“雷峰塔是封建势力的象征”；有的则认为鲁迅会赞成，因为重建后的雷峰塔是“社会主义的象征”。至此，这位老师进一步设问：“难道雷峰塔非有什么象征意义不可吗?”有的同学醒悟过来，站起来说：“鲁迅在文章里把雷峰塔作为封建势力的象征，不过是借题发挥；现在重建，却是跟鲁迅毫不相干的，至于鲁迅会反对还是赞成，我们谁也回答不了，因为我们不是鲁迅。”这个发言表明学生已经理解了这篇文章“借题发挥”的写作特色，教师于是“顺水推舟”，做如下总结：理解本文的“借题发挥”手法，是读懂本文进而欣赏鲁迅杂文艺术的一把钥匙。

其次，课堂教学是一个师生双向交流的动态过程，它不可能完全按照教师的预先设计发展，师生之间在某个问题上的认知矛盾常出乎教师的预料。安徽蚌埠二中特级教师金平在讲析《庖丁解牛》时，有位学生认为文中的“始臣之解牛之时，所见无非牛者；三年之后，未尝见全牛也。方今之时，臣以神遇，而不以目视，官知止而神欲行”作为寓言可以理解，若把它作为真实的事情，则很难接受。金老师备课时就注意到这个问题，很自信地解释：“这里说的是三种境界，是逐层递进的关系。这里的第一境界是追求；第二境界是苦心孤诣地探索；第三境界是心领神会。”并引用王国维所说成就大事业、大学问者必经三种境界为例子进一步说明：

“昨夜西风凋碧树，独上高楼，望尽天涯路”是第一境界，可和“所见无非牛者”相比。

“衣带渐宽终不悔，为伊消得人憔悴”为第二境界，可和“未尝见全牛也”相比。

“众里寻他千百度，蓦然回首，那人却在灯火阑珊处”是第三境界，可和“官知止而神欲行”相比。

谁知讲完后，同学们不仅未能接受，反而提出金老师所引例子不能准确地说明问题。金老师在吃惊之余，迅速冷静下来，并机智地将这种师生认知上的差异设计成问题：“请同学们一起来解决这个问题，谁能就这段话的理解提出更确切的例证?”思考了一会儿之后，有几位学生相继发言，联系自己的学习生活实际，谈了对“三境界”的理解，得到了师生的肯定。最后一位同学站起来说：“我开始学拉胡琴时，声音粗糙、难听，很像杀鸡，人人听了都厌烦，我也不管他们，照样 1、2、3、4 地拉下去，眼睛紧盯住琴弦，心里默念着，这样是 5，那样是 6……人打瞌睡了，有时指头还在动——很像老师讲的那样苦苦地追求。待到略成曲调后，就不用眼睛看琴弦了，但心里还在念着：怎样拉起来和谐，优美——这似乎是老师讲的探索。现在，不但可以毫不吃力地拉琴，而且不需眼看心想，就能拉出自己的感情来——这时恐怕已达到‘官知止而神欲行’的境界了吧?”这位学生准确的理解和贴切的引例博得了师生热烈的掌声。金老师从这一堂课中也悟到了教学的三种境界：首先要走出“先生讲，学生听”的第一境界，然后进入师生共同研究的第二境界，最后达到教师引导、点拨，学生自学自得，师生互教互学的第三境界。

四、利用新的认知方式与学生旧的认知习惯的矛盾设问

《学习的革命》一书曾指出，“全世界都在争论这样一个问题，学校应该教什么，在我们看来，最重要的是两个‘科目’，学习怎样学习和学习怎样思考”。确实，在推进素质教育、提倡创新教育的今天，教师首先自己要跳出习惯的固定的教学方式，以常新多变的课堂提问方式，去营造一种开放、自由、活跃的课堂气氛，教给他们新的学习方式和思维方式，培养他们创新的能力。

讲析《背影》一课，在人物描写这个知识点上，可设计如下提问：平常我们描写人物最多的部位是什么？为何本文要写父亲的“背影”？这样的设问不仅打破了文学作品及学生习作写人物外貌时以面部为主的习惯，而且更能引导学生体会父亲的“背影”所寓意的深刻含义：父亲老境颓唐的背影，是父亲饱经风霜、半生潦倒的印记，是父子依依惜别中留给儿子的一个不可磨灭的印象，是父亲对儿子真挚的爱的浓缩！

在分析《守财奴》时，同样是在形象分析这个知识点上，也可以这样设疑布问：箍桶匠葛朗台是靠多少钱起家的？他留给女儿的“暂时保管”的财产有多少？女仆拿侬在他家干了35年共得到多少报酬？新颖的提问也打破了人物形象分析的习惯方法，引起了学生强烈的求知欲望，学生们最终得出了答案：葛朗台40岁时娶了木板商的女儿，得了400路易的陪嫁，他用这笔钱贿赂标卖监督官，开始投机买卖并暴富；他留给女儿“暂时保管”的公债600万，金币200万，现金10万，加上不动产，总共是1900万法郎；拿侬一年的年薪只有60法郎，35年共得2100法郎。自然，在寻找这些数据的过程和得出这些数据之后，学生们也领悟了数据所揭示的一切。

即使在同一篇课文的分析中也可以做到提问方式的多样化。学习《孔乙己》这篇课文，一位学生打破从生词分析入手的定式，改从熟词分析切入，设计的问

题是：怎样理解课文中多次再现的“笑”字的含义？另一位学生则打破了学生在课堂上只愿意用脑用口的习惯，设计出了这样的问题：假设你是孔乙己，请到讲台上来模仿，你会怎样排出九文大钱？还有一位学生更是突破了教与学的常规，设计出全新的问题：这篇课文哪些东西你认为不用教了？

总之，课堂教学提问的艺术是一种再创造的艺术，人们常说：“艺高者胆大”，但我想“胆大者艺高”也未必没有道理。在特别强调教育创新的今天，我们应大胆地改变教法，以促使学生大胆地改变学法，从而使他们成为具备创新素质与潜力的全新的人才，而不是知识的容器、模铸的产品！

第四节　提问的方法策略

素质教育的核心是创新。培养学生质疑能力，既是对传统语文教学经验的继承，也是当今社会培养学生创新思维的必需。下面谈几点做法。

一、利用教材，设置疑点，提高学生的提问能力

现今通用的语文教材突出体现中国语文几十年来“例子”理论的思想与要求，具有很强的规范性和示范性。这样的教材优点是明显的，教师易教，学生易学。但有一利也有一弊。这样的教材的缺点也是明显的，即容易形成模式化，制约学生思想，东西太“完美”了谁还去怀疑呢？对于高中学生，这种缺点更明显。高中学生处于身心发展的最活跃期，思维急速发展，活跃异常，对一切都要问一个为什么，但教材的“完美”却使学生的思维张力受到限制，使思维方式同化，长此以往如何培养创新人才？作为教师，无权变动教材，但如何对现行教材进行教学设计，还是可以大有作为的。下面从三个层面谈谈如何利用现行教材开发学生的质疑潜能。

先是理解性质疑：一篇文章为什么作者要这样开笔、这样过渡、这样展开、这样收束，每段文字为什么要先这样说、再这样说、后又那么说，用词用语为什么选取此而不选取彼，均要从有疑到无疑。此层面完成后，进入第二层面，即求异性质疑层面：一篇文章能不能不这样开头而是用另一种方式开头，不这样过渡而是用另一种方法过渡，不这样展开而是用另一种展开，不这样收束而是用另一种方式收束；同样一段文字是否可以换一种思维来写，每句话是否可以换一种语气来说，乃至每个词语可否换另一个词语，等等。通过比较、思考、争论，有时还真能找出似乎更好的表达方式。在此层面进行中，可以与第三层面的诱导相结合。第三层面为批判性质疑层面，鼓励学生发表与教师不一样的想法以及与作者不一样的看法。当然并不是每篇课文都能让学生有机会进入第三层面，但学生的思维被充分激活后，其批判的锋芒是相当锐利的，锐利到常常让我们为之吃惊、为之唏嘘。如讲授吕叔湘先生的《语言的演变》时，学生阅读下面一段课文后

提出了看法。

“语言的变化短时间内不易觉察，日子长了就显出来了。比如宋朝曾经给《论语》做过注解的朱熹，假如在孔子跟颜回、子路谈话的时候，闯了进去，保证他一句也听不懂的。”

课堂讨论中，有学生提出疑问，引起同学们的极大兴趣：“语言的变化诚然是很大的，但孔子与颜回、子路谈话朱熹闯了进去一句也听不懂，却值得研究。孔子的话固然没有用录音磁带流传下来，但《论语》是存在的。虽然它不是当时的口语，但也是相差不远的。翻开《论语》，即使没有注解，有些话我们还是懂的，如‘学而时习之’‘君子食无求饱’‘有朋自远方来’等，更不用说大学问家朱熹了。”

二、审视成语、俗语、惯用语，发现疑点，提高学生的质疑能力

成语、俗语、惯用语常常是人生哲理、社会常理的精确概括，指导和启发学生学好这些成语、俗语和惯用语是语文教师分内的工作。但由于历史一刻也不会停止在某一个点上，事变时移，观念更新，所以有必要引导学生对这些常用语重新进行审视，对有悖于时代观念的，要鼓励学生提出看法。一次，我们开展了重新审视活动，教师出示例文并约法三章：一曰要辩证地看问题，二曰要言之有理、言之有据，三曰不可乱开玩笑。课上布置课下做，阅览室里摆战场，一时间图书馆里的有关资料被借阅一空。学生们评古论今，激昂慷慨，发而为文，似乎一下子站到了时代的高度和找到了主体的感觉。这次活动共收到作文近百篇，剔除重复及不合要求者，得质疑文字凡六十余篇，其中部分标题为：《弄斧当到班门》《敢越雷池十步》《人言未必可畏》《近水楼台后得月》《万般皆上品，读书未必高》《人老珠黄未必不值钱》《铁不成钢何须恨》《青出于蓝未必胜于蓝》《“多多”未必益善》《人最宝贵的东西是生命吗》《强将手下有弱兵》《读书虽然破万卷，下笔未必就有神》《宁走一步险，不走十步远》《老鼠过街无人喊打》《有志者事未必成》《水火也有相容时》《卧榻之侧可容他人酣睡》《三十六计走非上计》《敢冒天下之大不韪》《杞人忧天有理》《长一智何必非吃一堑》《大智未必若愚》《无官未必一身轻》《借力更生》《知足而不常乐》《有钱难买鬼推磨》《一失足未必成千古恨》《知新何必温故》《狗拿耗子——闲事管得好》《牵一发未必能动全身》《有其父未必有其子》《捷足未必先登》《墙头草难免随风

倒》《旁观者未必清》《要常乐莫知足》《近朱者未必赤，近墨者未必黑》《见利未必忘义》《玩物未必丧志》《合久未必分》《老马未必识途》等。

这次练习有以下三点收获：第一，激发学生探求真理的兴趣，让学生乐于质疑；第二，开阔学生独立思考的视野，让学生有疑可质；第三，培养学生求异创新能力，让学生学会质疑。当然，一次练习所取得的收获只是初步的，但对于学生思维的发展却无异于开启了一道关键的大门。

三、鼓励学生大胆与教师商榷，提高学生的质疑能力

鼓励学生与教师商榷主要指与语文教师商榷，即告诉学生不要完全相信教师的讲解，要善于独立思考，敢于向教师提出疑义，发现一个疑问比接受若干个知识点更有价值。为此，我们要求每个学生每学期必须发现一处教师讲解的失误或失当，或提出一点与教师讲解的不同的意见，写一篇商榷的文字。

如何鼓励学生向教师质疑，我们的做法是：第一，课文分析要征求学生的不同意见；第二，作文修改提醒学生寻找更好的改法；第三，在教学中对涉及一些社会现象的思考和评论注意学生是否认同。在进行求异作文训练时，我们提出有些成语已经不适应新形势的发展了，并举一例说明：近日遇见一事，下班回家做饭，在集市口见两个青年人踹倒一个中年人，还不依不饶，此时来一彪形大汉，往当中一站向青年人说："有理讲理，怎能打人？"两青年罢手自去。进而提出自己的观点：可见古人云"路见不平，拔刀相助"不确切，在提倡法治、提倡文明的今天应该改为："路见不平，相助何须拔刀？"不想翌日上课，讲桌上放有一篇作文，题曰："路见不平，相助怎能不拔刀？"副标题为："与刘先生商榷"。学生作文如下：

……人们总是爱宣扬那些不切实际的但悦耳动听的东西。真正相助，又"不拔刀"，是多么悦耳的辞藻，多么文明的举动！实际上，单凭三寸不烂之舌便能够相助他人的人，少得很。

那打人的两个青年为什么被大汉的几句话镇住？因为他们看到了那大汉的"彪形"，试想，若是一个老者、一介书生、一位女子，抑或是一个身材瘦小的人，也说上大汉那几句话，会怎样呢？弄不好，只能随那个中年人一道去医院。为什么？因为这些人无"刀"可拔。所以归根结底那两青年怕的是大汉的"拔刀"。

再说又怎知大汉相助未“拔刀”？按当时的气氛，很难想象那两个青年因大汉的几句相劝会情愿地把凌人的盛气收起，将受伤人背起直奔医院或派出所……可事实上谁又能“不拔刀”而使那两人乖乖地去派出所呢？即使是警察，也未必能做到。

小事这样，大事也是这样。试想凡遇不平，不拔刀便可相助，要警察、保安干什么？要公安局、武警干什么？联合国组建维和部队做什么？请几个说客不就行了吗？

所以，就“拔刀”与“不拔刀”的实际效果而言，应该是“路见不平，相助怎能不拔刀？”讲时髦到底不如讲实际好。

从这篇短文看，我们对求异思维的训练有了收获，学生有了质疑的勇气和能力。

第五节　提问的创造性训练设计策略

一、改变课题的教学设计

回忆众多课堂教学，抓住课题做文章的屡见不鲜，其中也不乏有创造性的训练设计，以《原来是你啊》为例，课文写的是一位失主在售票员手中接过叫陈红小朋友捡到的手表后，到学校感谢所发生的事。因为学校有两个音同的名字“程虹”和“成洪”，所以引出一个有趣的故事。一位老师在阅读结束时进行了这样的训练设计：首先告诉小朋友，文章的题目是根据课文内容定的，现在我们根据各自对课文的理解给文章取个新名字，以此激发学生创作的欲望。然后让学生充分发挥，并给予热情鼓励，适当评价。接着进行一定的提示，定下好名。

（1）根据这个故事有趣的原因可命什么名呢？（学生定名为：程虹和成洪）

（2）根据这个故事引出的线索来命名呢？（学生定名为：一块手表引出的故事）

可以说，通过教师的引导，他们的题目命得合理、准确、新颖。从此例我们可以看到，待课文阅读结束学生已有所感有所发之时，教师从题入手，交给学生重新命名的大任，学生是很感兴趣的，恰好有所为之。这个设计不但使学生进一步从整体上把握了课文，而且使他们在输出信息时经历了再创造的过程，从中得到了成功的喜悦，埋下了创造的种子。

二、延伸情节的教学设计

从众多的教例看，情节延伸的环节也比较多见，而且也常常是一堂课熠熠生辉的地方。特级教师杨敏敏执教的《不合群的小蝌蚪》设计的最后一个环节是：青蛙妈妈丢了自己的孩子，请你为它们写“寻儿启事”。学生表现非凡，思维活跃，启事写到家了。不但把两种蝌蚪描述得惟妙惟肖，而且充分发挥了想象，写上了联系地址、电话号码等。细看这个环节，是对孩子们是否读懂课文的检验，也是适时摆进去的动笔训练，还是激发孩子们爱语文的一种激励方式，更是创造性思维的训练过程，这正是杨老师设计的独到之处。

三、类比情境的教学设计

所谓类比情境，在语文教学中就是设计类似的语言环节，让学生以课文为蓝本，进行再创作的过程。比如《白头翁的故事》，一位老师根据教材节与节结构相似的特点巧妙运用学法迁移，让学生写一写白头翁跟大雁学飞行，跟老鹰学打猎的经过。因为有了白头翁跟喜鹊学造房子，跟黄莺学唱歌的范例，学生写得轻松、愉快并有所创造。在进行这种训练时要注意有梯度的提升。再比如《轻一点，再轻一点》进行同类设计时，先提供画面。如小宝宝睡觉时，小朋友看电视的投影图，然后用括号形式提示学生组织语言，如：

（电视声）轻一点，再轻一点，可爱的小宝宝，在摇篮里正睡得香。

接着再让学生充分发挥想象，进行同类创作。如唱歌，轻一点，再轻一点，生病的奶奶，正在床上休息。

四、自我体验的教学设计

学生的年龄特征决定了他们的好奇、好动。我们在课堂教学中有这样的体会，在让学生自己随意表现的时候，往往是一堂课最活跃的阶段，自我体验的设计正源于此。教师让学生自我体验的环节在课堂实践时，我们往往可以在这些稚气未脱的孩子身上，看到创造性思维的片片嫩叶。如一位老师执教《元宵灯会》，在学习了栩栩如生的燕子灯、喜鹊灯；活泼有趣的仙鹤灯、天鹅灯；凌空欲飞的嫦娥奔月灯和牛郎织女灯后，抓住后面的省略号以及随后一句话："这里是灯的世界，这里是灯的海洋"做文章，让学生也到灯会上挂灯。为了让学生挂好灯，教师提前搬好了"扶梯"。第一步：在栩栩如生、活泼有趣、亭亭玉立和凌空欲飞的板书后面写上括号，示意学生照猫画虎，自己喜欢在谁的后面挂什么灯就挂什么灯。第二步：拿出事先准备好的图画，让学生拿着老师设计的灯，挂在板书中合适的位置。第三步：为自己挂的灯取个好名，让学生在动手操作中发挥自己的想象力和创造力。

五、图文互换的教学设计

图文互换在阅读教学中就是根据课文意思画图理解，把课文的语言转换成生活图像。典型的例子莫过于于永正老师对《草》的教学了。他让学生画草，画到"春风吹又生"时，被请上来的学生在地平线上用绿粉笔画上草。这时，一位学生说道："于老师，他画的草太高。"于是，刚才说话的这位同学被请上来画草，画成了短短的草芽。不料，又有一位学生说道："于老师，还有春风没画上去。"是啊，春风怎么画得出来呢？只见这位学生上来后又把线条擦掉，把草画成一律向右斜。多么精彩的镜头啊！多么丰富的想象和创造啊！这就是名家的创造性设计所产生的效果。

六、发展表演的教学设计

于老师执教《草》的每一个片段都散发着光彩，最后一个表演发展环节更是听课老师所津津乐道的。教师和学生扮演角色背诵古诗，现摘录一二。

师：谁愿意背给奶奶听？

生：奶奶，我背一首古诗给您听。题目是《草》。

师：那么多花儿不写，干吗写草啊？

……

师：什么"一岁一窟窿"？（众笑）

生：不是"一岁一窟窿"，是"一岁一枯荣"。枯，就是干枯；荣，就是茂盛。春天和夏天，草长得很茂盛；到了冬天，就干枯了。

师：你看俺孙女多有能耐！……

这个教学高潮形成由易到难三个层次，全面检查了教学效果，锻炼了学生的说话能力，培养了学生的应变创造能力，而一切又都是在欢乐的氛围中进行的，很耐人寻味。陶行知说过："行动是老子，知识是儿子，创造是孙子。"这句话强调了学习知识的目的是为了创造，我们应当以时代的责任感和历史的使命感，去面对新世纪的挑战，培养学生的创造力。在语文教学铸造人格的追求中，给创造能力的培养以特殊的地位。

附：《在仙台》教学片段与评析

这一教学片段，是哈尔滨市钱塘小学关永海老师的课堂教学实录，是如何培养学生的理解能力和思维能力的教学范例。在这堂课上，教学活动大体可以分成四个环节：

【第一个环节，用问题检查学生对课文预习的结果，使学生对课文从整体上有一个整体的感知。】

师：仙台是哪个国家的城市？课文写了哪几个人物？他们的国籍和职业各是什么？（要求学生默读课文，连贯回答）

生：仙台是日本的一个城市。课文中写了两个人物，一个是中国留学生“我”，也就是鲁迅，一个是日本医学教授藤野先生。

师：这篇课文写的是什么事情？

生：这篇课文写了鲁迅在日本仙台留学期间受到了藤野先生的关怀和教诲。

在这个环节中，第一个事实的问题，使得学生对课文中所描写的事情发生的地点、涉及的人物以及相关的一些背景资料有了一个了解。第二个问题需要学生从总体上把握课文的内容，并能够进行归纳和概括。

【第二个环节，探索课文的写作思路。】

师：你认为本文的思路有什么特点？根据什么可以把全文分为三段？

生1：我认为这篇课文为横向思路，以“我”为线索，写了三部分内容，可以按事情的性质分为三段。

生2：我同意他对段落的划分，但我认为还可以按写作对象的不同来分段：第一段写鲁迅先生，第二段写藤野先生，第三段写鲁迅先生和藤野先生之间发生的事情。

生3：我同意他们的看法，不过我认为按课后三个问题的提示，也能把课文分成同样的三段。

最后，对于三位同学不同的意见，老师都给予了肯定。

评析：在这个环节中，通过对课文分段，理清了整篇课文的脉络，而且锻炼了学生分析问题的思维能力。其中非常值得肯定的一点在于，教师对学生的回答，不是满足和局限于一种答案，而是允许并鼓励不同的学生有不同的理解和认识。另外，学生对问题的回答，教师不是简单地得到结论，而是要学生讲出“根据”。这个“根据”其实反映的是学生思维的过程，即思维发生的起点和思维的走向。在这个问题上，三位学生不同的回答，就反映了三种思维的过程，或者说三种思维的走向：一个以课文中的“我”为思维发展的走向，一个以写作对象为思维的走向，一个以课后习题提示的线索为思维的走向。

这种提问和对问题的回答有利于养成学生从不同的角度考虑问题和对同一问题寻求不同的答案，即主动求异的思维习惯；也有利于养成学生积极动脑思考，不盲从、不雷同他人的观点，不满足已有的结论，敢于提出自己的见解的思维品质。

【第三个环节，是按照分好的段落，逐一深入细致地对课文内容进行分析和研读。】

第一段教师指名读后提出问题：找出本段的中心句子。

生：这段的中心句是“我到仙台也颇受了这样的优待，不但学校不收学费，几个职员还为我的食宿操心”。

师：说说你对这个句子的理解。

生：这句话点出了段意，先说鲁迅先生在仙台受到了优待，后说受到了怎样的优待。

生：一是“学校不收学费”，二是“几个职员还为我的食宿操心”。

师：仔细阅读课文，想一想鲁迅先生到底受没受到优待。

生1：我认为鲁迅先生受到了优待，课文写了不但学校不收学费，几个职员还为他的食宿操心。

生2：我认为鲁迅先生没有受到优待，因为他每天都要喝难以下咽的芋梗汤，住的地方也不好，蚊子可多了。

生3：我认为鲁迅先生既受到优待，也没有受到优待。

生4：这不是矛盾了吗?

……

全班学生经过热烈地讨论，出现不同意见之间的辩论，最后统一了认识，认为鲁迅先生没有受到优待。

师：鲁迅先生既然没有受到优待，为什么又说“颇受了这样的优待”呢?

生5：这是为了说明当时鲁迅先生学习条件很艰苦。

生6：鲁迅先生语言幽默、含蓄，这里的“优待”是自我解嘲，是说学习条件的艰苦。

最后，教师引导学生们得出结论，应该给“优待”这个词加上一个引号。

评析：在这一段教学中，围绕对中心句的理解，训练了学生思维的准确性。对于句子中“优待”一词，教师先是让学生说出鲁迅受到了怎样的优待，然后启发学生讨论鲁迅是不是真的受到了优待。从学生根据文章的字面意思不假思索地认为鲁迅受到了优待，再到产生疑问，出现不同意见之间的分歧和争论，直到最终得出结论认为鲁迅并没有受到优待，并由此准确理解“优待”一词的深刻含义，教师的问题是一个很好的诱导因素。从中我们可以看出，一个好的问题，是如何激发起学生的思维产生对立和分化，使思维在对立和分化中得到锻炼和发展的。教师的重要性不仅在于抓住适当的内容，把握恰当的时机，提出高质量的问题，更在于掌握教学的艺术，对学生的回答给予适当的点拨，引导学生的思维朝着正确的方向、朝着深刻的方向发展。在这个过程中，学生思维的准确性、深刻性、发散性都得到了很好的锻炼。

第六章

语文课堂问题教学课型的教学原则

第一节　教学民主原则

如何在语文教学中营造民主的氛围，培养学生的创新精神和实践能力，实现“创新教育”呢？应将教学民主融入课堂教学之中，从而激发学生独立思考和创新的意识，切实提高教学质量。

一、师生关系的民主

教与学之间的关系，绝不是教师居高临下，我讲你听、我管你服的关系。陶行知指出，民主的教师，必须要有：1. 虚心；2. 宽容；3. 与学生共甘苦；4. 跟民众学习；5. 跟小孩子学习；6. 肃清形式、教条、先生架子、师生的严格界限。传统教学是以教师为中心的操作——依附式的师生关系，已明显不适应教育发展的需要，要形成民主、平等、和谐的关系，树立以学生为中心的教育主体观。因此，教师要尊重每个学生的兴趣、爱好、个性和人格，以一种平等、博爱、宽容、引导的态度来对待每一个学生，主动接近学生，了解学生，做学生的知心朋友。

笔者曾上了一节《考老师》的语文活动课，进行了如下的教学设计：1. 创设情境，激疑导入。板书课题《考老师》，教师谈话：历来都是老师考学生，没有学生考老师，能考老师吗？2. 独立思考，选择内容。要求学生独立准备提什么问题考老师，怎么考。3. 小组讨论，综合归纳。前后四人一小组，交流各自意见，集中本小组考老师的内容，归纳成几个要点。4. 课堂考核，互为补充，由各小组代表先考老师，向老师提出问题，老师当堂作答，其他同学可以补充考核内容。5. 总结评价，畅谈体会。全班考核后，同学们自己总结对老师的评价意见，说说自己对老师的看法或这次考老师的感受。整堂活动课，师生关系平等、和谐、民主，打破了学生对老师的神秘感、不可侵犯感，进一步了解了老师的内心世界。课后有的学生还将这次“考老师”的活动写进日记中，字里行间流露出对老师深深的爱，这种爱沟通了师生之间的情感，增进了相互了解。

二、思想学问的民主

尊重个性就是尊重创造。创新来源于各具色彩的生命个体，来源于有独创精神、独特思维的个性人物。陶行知反复强调：“解放小孩子的头脑，使儿童头脑从迷信、成见、曲解、幻想中解放出来。”“解放小孩子的嘴，使小孩子得到言论自由，特别是问的自由。”我们现在的教育存在着一种单向的、划一的教育弊端，太注重用成人的标准，用一把尺子去衡量一群不同的学生，却从来没有考虑学生自己的意愿，没有用一颗宽爱的心去保护孩子的个性及其个性的发展。

笔者一次听课，发现了这样一个事例：一名教师在执教《三只白鹤》过程中，问道：“哪只白鹤能找到鱼呢?”大多数学生齐声说：“第三只。”唯有第一组第一排的一个男孩用不大不小的声音说：“第三只也找不到。”教师明显听到了这声音，她立即转过脸去有意回避，不了了之，后面所提问题再也不敢顾及这个小男孩。整整一堂课，小男孩一副不服气的样子。事后，笔者找教师谈心，才知原来这个小男孩一直思维活跃，“爱打岔”，教师唯恐因其将“问题”拐偏而耽误上课进度。这类事实，在平时教学中恐怕也不在少数。试想，如果该教师放下自己的权威、教学参考的权威，主动听取小男孩的意见，通过生生协作、师生探讨，让学生设身处地去假想：假如你就是第三只白鹤，选择了“柳树旁边”作为标记，会不会记住这个标记呢？从而更能充分地认识到“第三只白鹤”的聪明之处：善于开动脑筋，注意事物的变化，把事情做得达到预期的目的。而这种探讨、假想的过程，是思想、学问的民主性充分体现的过程，可以说是一种教学创新，它不仅充分保护了学生的求异思维的积极性（这是创新能力的重要表现），而且加深了学生对课文的理解，那个小男孩也不会闷闷不乐。

所以，我们要淡化书本及教师的权威，把学生作为一个天生的学习者的权利还给他们，让他们自由思考，自主发现，重视学生的质疑问难、批评争论的习惯培养，鼓励个性和独特，允许多元思维并存，提倡学生的“标新立异、敢为人先”的勇气。否则，像这样的现象还会重演。

三、教学过程的民主

“民主的教育必须办到各尽所能，各学所需，各教所知，使大家各得其所。”要让教学过程成为培养学生的科学精神和创新思维习惯的过程，要改变传统的教师讲授以及“问题—解答—结论”的封闭式过程，通过“创设情境—巧问质疑—主动探索—多向讨论—总结延续”，构建民主的、以学生为主体的开放式过程。

如一位教师执教《做风车的故事》时，针对课文中出现的两段话：①正在这时候，同班的卡特大声说：“牛顿，风车为什么会转，你能说出道理来吗?”②卡特看牛顿发愣了，笑着说：“讲不出道理来，光会做有什么稀罕呢？真可笑!”进而质疑：卡特说得对不对呢？为什么？让全班每四个人一个小组互相讨论。教师在巡视中发现，学生讨论中的观点各不相同，各执一词。于是引入即兴辩论，根据学生所持意见，组成：甲方——卡特说得对，乙方——卡特说得不对，丙方——卡特说得既对又不对。三方各有两名代表主辩，其他同学自由站起来补充，辩论中，三方各不相让，你一言我一语，气氛非常活跃。通过争论，大家知道：卡特提的意见是对的，但说话态度不对，不应该用嘲笑的口气说，以至于牛顿羞得满脸通红。这种辩论，显示出教师在教学过程中的民主思想，展示了学生探索、讨论的思维过程，而不是一种结论的强加，既忠实于教材又不受教材的局限。而另一位教师教学《太阳》一课时，先通过课件播放“后羿射日”的故事，导入新课，再让学生围绕课题质疑，把学生最想知道的有关太阳的知识以及课文可以告诉我们哪些关于太阳的知识结合起来，然后经过学生自读自悟、多向讨论、总结归纳出太阳的有关知识。学生提出的一些问题是课文来回答的，引导学生课外阅读、探索、解答，最后全班交流，从而扩展了这一课的教学过程，满足了学生的求知欲，培养了学生收集处理信息、获取新知、分析及解决问题的能力。

四、教学方法的民主

陶行知告诉我们：“民主的教育方法，要使学生自动，而且要启发学生能自觉，要客观、要科学，不限于一种，要多种多样，因材施教，要生活与教育联系起来。”他又强调：“教育方法要采用自动的方法，启发的方法，手脑并用的方法，教学合一的方法，并且要使学生注意全面教育以克服片面的教育，注重养成终身好学之习惯以克服短命教育。”为此，我们要摒弃注入、教条、“满堂灌”的教学方法，形成生生互动、师生互动式的教育，注重现代教育技术在教学中的运用。

在《飞夺泸定桥》一课教学中，一位教师多次运用新颖别致的讨论式教学方法，打破全班讨论时先举手再指定同学发言的习惯做法，让学生自由说、自由读。比如教师在教第6自然段时，创设情境，播放铁索桥的三维动画图，让学生自由说说：这是一座什么样的桥？如果你站在这样一座桥上会有什么样的感受？课堂上学生一个个争先恐后，思维活跃；在学习第 7、8 两个自然段时，则播放“红四团夺桥”的情景，然后自由说说印象最深的一幕，使学生动脑、动口、动情，情绪亢奋；学完“夺桥”后，通过自由说让学生说一下学到这里时心里的感受，加深对课文内容的理解，达到感情升华，可谓“润物细无声”；等等。在这一课的教学中，教师充分尊重学生的意愿，课堂读读议议，气氛活跃，融洽了师生之间的关系，在这种和谐平等的氛围中师生共同探究，学生的很多发言出乎教师的意料之外，较好地体现了陶行知所希望的境界：“只有民主才能解放最大多数人的创造力，而且使最大多数人之创造力发挥到最高峰。”

五、教学空间的民主

陶行知在“六大解放”中明确指出：“解放空间——不要把学生关在笼中，在民主教育中的学校应当大得多，要把大自然大社会作他们的世界，空间放大了，才能各学所需；扩大了空间，才能各教所知；扩大了空间，才能各尽所能。”要努力改变现有的教学空间概念，做到：1. 改变现在教室座位单一的排列形式，把“讲台”搬到学生中去，可以形成圆桌会议式、餐桌小组协作式等形式，充分体现师生之间平等、真诚的合作，生生之间互相协作。2. 力求课堂向社会、向大自然延伸，合理利用影视报刊、多媒体及电子网络、图书馆（室）、文化站等，体现大语文教学思想，开阔学生的视野，从小学会正确认识世界，了解人类文化多元性，世界的多样性。

我们为了训练学生在实际生活中运用语言文字的能力，锻炼学生良好的思维品质，精心组织了一次学生走出课堂，采访自己身边的人，然后各自根据采访所得整理，写出一篇作文。学生作文交上来后，笔者惊奇地发现这次习作比以前任何一次都好，有学生写《我心中的您——老师》，写出了他对老师独到的发现和深刻的理解——老师的喜：一女生发表习作；怒：一女生“大闹”体育课；哀：勤奋工作得不到别人的理解；乐：春游途中与同学玩“数七”刮鼻子的游戏，塑造了具有立体感的形象。有学生采访校长，写出《校长的苦与乐》。有采访教导主任的，写出《成功来自刻苦学习》。有采访梨簧戏导演的，写出《导演的心声》。有采访全国小学生书法一等奖得主的，写出《一颗闪耀的新星》。试想，如不走出原有的教学空间——教室，不组织学生采访，能写出这些人吗？能拟出这样富有诗意的题目吗？学生能在实践中深层次地了解这些人的内心世界吗？

六、思维训练的民主

“解放小孩子的双手，让小孩子有动手的机会。”“解放小孩子的眼睛，让孩子敲碎有色眼镜，看清事实和本质。”“解放小孩子的时间，使儿童有时间学自己所爱学的东西，干自己所爱干的事情。”（陶行知语）教师要注意创新能力培养的教学策略：1. 推迟判断，允许学生有思考的时间，鼓励学生进行自我判断和评价；2. 重视课内外实践活动；3. 运用创新思维训练的方法，让学生学会思考，促进创新思维过程；4. 善于提问，创造性地布置练习；等等。

一位教师在看图学文《荷花》的教学中，先让学生自由读全文，读后质疑，根据学生的质疑，归纳出“作者为什么把眼前的这一池荷花看作一大幅活的画?”这个问题来作为教学切入点，通过对荷花美，荷花静态美的读、议以及看图，加深对“画”的理解——富有美感，再通过荷花的静态美中描写动态的词（如“冒、展开、露出、饱胀、破裂”等）和荷花动态美（作者想象）的读、议，进一步体会“活”的真正含义，既进行语言文字的训练，又在语言实践活动中，让学生认识到作者观察事物、描写事物的本质特征，同时还尊重学生的思维成果，培养学生质疑问难的能力，实现思维训练的民主。

陶行知早在 1944 年就呼吁：“我要提醒大家注意创造力最能发挥的条件是民主。……但如果要大量开发创造力，大量开发人矿中之创造力，只有民主才能办到，只有民主的目的、民主的方法，才能完成这样的大事。”由此可见，陶行知的民主教育思想，尤其是“六大解放”，在进行“创新教育”的今天，有着很重要的现实意义。它是培养创新素质的要旨，是高度教学民主的体现。让我们永记：民主的氛围是创新的沃土。

第二节 弘扬个性原则

语文课堂教学中，教师提问在所难免，一般情况下，教师所提的问题的答案只有一个，而每个学生由于思考问题的方式和角度不同，往往会提出一些不同的观点。提问是一门艺术，而如何正确对待学生的观点更是一门艺术，是每一个语文教师都应该认真思考、慎重对待的问题。

有些教师只将目光盯在自己所确定的正确答案上，只要有学生能将这个答案提出，便对其他依然举着手的学生视而不见，继续进行自己的教学。这是很多教师在学生回答问题时的普遍做法，但如果细加分析，不难发现，这其实是一种为解决问题而解决问题的方式，那些对问题还有自己看法的学生是否能完全接受教师所给出的答案，令人怀疑。这样一来，课堂效率便会大打折扣，不仅不利于问题的解决，长此以往，还可能造成其他一些负面影响。

之所以出现这种情况，主要是因为这些教师没有能充分意识到学生在课堂教学中的主体地位；教学的模式还停留在过去传统的告诉学生如何解决问题上，而不是通过教师的引导，学生自己去研究问题，发现问题的解决办法。

首先，正确的做法应该是在教师引导下，学生自己解决问题。教师对问题适当加以正确引导，让学生畅所欲言，充分展现自己的观点；教师再和学生一起讨论，确定问题的答案。

“授之以鱼”不如“授之以渔”。通过对各种观点的比较，去伪存真，让学生认识到正确的思考问题的思路是什么，自己的观点错在什么地方。这样不仅能让学生心悦诚服地接受老师的观点，也能使学生明白这一类问题应从什么角度来思考研究。不仅提高了课堂教学效率，还可以达到“教是为了不教”的目的；同时也能激发学生学习语文的兴趣，从中体会到学习语文的乐趣。甚至有的时候，学生的回答还可以对教师的答案起到补充说明的作用，这样有利于更好地解决问题，达到教学相长。这是让学生的每一种观点都能得到充分展现的原因之一。

其次，让学生充分展现自己的观点有利于听、说等能力的培养。语文教育要培养学生听、说、读、写的能力，而让学生充分展现自己的观点有利于听、说能力的培养。学生在听别人发言时必须要抓住要领，充分领会其答案的主要意思，明白其他同学是从什么角度来回答的，以避免自己回答时和别人重复；另外，学生还要用自己的语言将自己的意思充分表达出来。因课堂时间有限，学生既要将自己的意思表达出来，又要避免重复，因此，如何组织语句便显得比较重要，学生一定要考虑清楚自己应如何去说。长期坚持，对学生用自己的语言表达自己思想的能力的发展很有帮助。

再次，让学生充分展现自己的观点，也是素质教育发展的必然要求。素质教育区别于应试教育的最主要一点便是注重对学生能力的培养。语文课上不仅要培养学生听、说、读、写的能力，也要培养学生分析问题、解决问题的能力以及创造性思维的能力，以更好地适应素质教育的要求。让学生从不同角度去思考问题，充分展现自己的观点，有利于培养学生多角度分析问题的能力，通过多角度分析来找到解决问题的最佳途径。而多角度分析问题又是写材料作文必须具备的一种能力，这样又可以促进学生写作能力的提高。一旦在课堂中形成这种让学生充分展现自己观点的习惯，学生便常常会不由自主地从其他新的角度来思考问题，力图发现与众不同的答案，这样可以培养学生创造性思维的能力。

现代教育要求培养出面向新世纪的现代人，让学生充分展现自己的观点，也是培养现代人的要求。语文教育与人的教育是密不可分的，语文教师在教书的同时，更应注意培育人。现代社会需要素质高、能力强、有个性的人才，让学生充分展现自己的观点，有利于培养学生的个性。语文教学活动过程是一个富有个性化的过程，不仅教师从教材内容中所选的教学内容具有个性化特点，学生对知识的领悟和感悟同样具有个性化特点。面对问题，学生能不受其他答案的制约，不随波逐流，人云亦云，而是敢于说出自己的主张，提出自己的看法，这既需要胆量，也是学生个性的展现。语文教师不仅要使教学过程具有自己的个性特点，更应培养出有个性的学生。坚持让学生充分展现自己的观点，让学生的个性自由驰骋，能使学生个性得到充分发展，这也是现代社会发展的需求。

老师提问，学生回答，这是课堂教学中必不可少的一环。然而越是平凡中往往越蕴涵着伟大。只有从这些司空见惯的教学活动中抓起，才能切实达到发展素质，培养能力的要求，也才能真正培养出高水平、高层次的现代人。

第三节　及时反馈原则

什么叫“反馈”？反馈本来是控制论的概念。它指的是操作构件不但依中央操纵台的指令运动，而且它本身的状态，又作为一种新的信号“返回传入”，使操纵台对操纵进行进一步调节。这一概念后来被移植到心理学中。具体说是神经冲动由中枢神经系统传到效应器官，引起效应活动。效应的过程和结果，又都形成对有机体的刺激物，引起传入神经冲动，心理学把这种效应活动所引起的传入冲动叫作“反馈”。

“反馈”的理论用于教学，我的理解是这样的：教师欲达到教学目的，要不断地把头脑中储存的信息输送给学生，这些信息作用于学生，必然引起学生的反应，表现为把教师输入的信息再以不同的方式输出。学生的信息输出情况能反映教师教学效果的好坏。由于学生的知识基础和智能的差别，对信息的输出不会相同，有的部分输出，有的原型输出，有的同时发出新的信息。经验丰富、反馈能力强的教师能根据学生信息输出的情况，灵活地、及时地调整讲课进度、深浅程度及教学方法，总之，部分地、全部地调整课前定下的教案。这是不是因为教师课下准备不充分呢？是，也不尽是。因为主客观之间总是存在着距离。课堂里，几十个学生，几十部机器以不同的速度和方式运转，教师不是“神”，课堂上的变化，哪能预见得到呢？毛泽东同志在《实践论》里说：“由于实践中发现前所未料的情况，因而部分地改变思想、理论、计划、方案的事是常有的，全部改变的事也是有的。即是说，原定的思想、理论、计划、方案，部分地或全部地不合于实际，部分错了或全部错了的事，都是有的。”教师能够自觉地适应课堂上出现的千变万化的情况，及时反馈，因势利导，是一种很高的教学艺术。反之，教师不注意反馈，无视学生的反应，不管学生能否接收教师的输出信息，一味地用主观主义的“不变”，应课堂上的“万变”，如同一个指挥员不顾战场上对方战略战术的变化，死板地执行既定作战方针、计划，如同一个医生不顾病人实际情况的变化而按医疗方案治疗。这样做，虽然也可能打胜仗，也可能治好病，但应该清醒地看到，这种打胜仗，这种治好病，是带有一定的偶然性的，绝不会屡试屡灵，因此不应该提倡。

从学生学的一面看，由于教师教学方法的改变，学生的学习由被动转为主动，思想活跃了，他们往往不满足只接收教师输出的信息，而是不断地开动大脑这部机器，同时发出新的信息。例如，教师向学生提出一个启发性问题，智力发展好的学生的回答，很可能超出教师预想的范围，甚至超出教材的内容。这说明，这些学生不仅接收了教师输出的信息，而且，有所前进。有经验的教师对学生的肯动脑筋总是及时肯定，学生的积极性因此得到鼓励；反之，教师对学生的创见，即输出新的信息，不置可否，漠然处之，学生的积极性必然受到压抑、挫伤。大凡有远见卓识的教师，都希望自己的学生将来能超过自己，青出于蓝而胜于蓝，因此，他们总是千方百计地激发学生的进取心，鼓励学生的创造性，以最大限度地开发学生的智力资源而感到满足，感到欣慰；见识短浅的教师（这种教师不是没有），总是有意无意地压制学生的积极性，使他们的聪明才智得不到发展。

作为一个教师，应具备什么样的修养，从哪些方面努力，才能有较强的课堂反馈能力呢？我认为，应从以下四个方面进行努力：

第一，知识面要广，适应性要强。

一个教师课堂适应性的强弱，反映了他的反馈能力的强弱。适应性强的基础是教师的知识面要宽。知识面包括教育理论知识和所教学科的专业知识。教师应该学一点教育学和心理学，要懂得教育教学规律，要懂得青少年的心理特征。对所教学科的知识力求既专又博。以中学语文教师为例，除了要有较多的语文知识以外，还应具有其他社会科学方面的知识和自然科学方面的知识，这是由语文教材内容的包罗万象和这一学科的多重教学目的所决定的。从教材内容看，小到微观世界，大到宏观世界，上下几千年，纵横数万里的各种知识，教材中都有反馈；从教学目的看，既有语、修、逻、文的知识要求，又有听、说、读、写的能力要求。教师的知识面不宽能行吗？不宽，怎么能够完成教学任务？不宽，怎么能适应课堂上出现的多变的情况？

当然，要做到课堂适应性强，还需要详细地备教材。仍以语文教学为例，语文备课需要教学参考书，但一个好的语文教师绝不仰仗参考书上课，而主要依靠自己对教材深入细致地钻研体会。教一篇课文之前，他们总是既考虑大纲的要求，又考虑这篇文章的特点，对文章的一字一句甚至一个标点符号也不放过，对他们本身的含义，在文章、段落中的作用，反复推敲、仔细琢磨，直到弄通弄清后为止。对教材谙熟于心，娴熟于口，讲课时就能做到撮其要，择其精，提纲挈领；解答学生提出的问题，就能庖丁解牛，游刃有余。

第二，要有对象感。

大家知道中央人民广播电台的孙进修同志，是讲故事的专家，他讲的故事是最受小朋友欢迎的。他在总结自己的经验时说：讲故事最重要的是要有“对象感”。有时，虽然是在空荡荡的屋子里讲，但他心里也有听众，这故事是讲给三四岁的孩子听的，还是讲给七八岁的孩子听的，他心里有谱，所以，能够准确地把握住火候。讲故事尚且要有对象感，教学要“传道、授业、解惑”更应该有对象感。教师教课的对象是学生，教师用于教学的一切劳动归根结底是为学生服务。不熟悉服务对象，你的服务必然是盲目的；盲目的服务很难得到最佳的效果。教师熟悉自己的学生，应该像熟悉自己的手指一样，不仅深知他们每个人的知识基础，而且要了解他们每个人的性格，脾气禀性、兴趣爱好，他们课下在看什么书刊，看过哪些电影戏剧，什么事情曾引起他们激动过……所有这些都应该有清楚的了解，只有这样，才能掌握他们的思想脉搏，才能从他们的一颦一笑、一言一语、一举一动中看出他们在想什么；教师的启发、诱导、点拨才能施在关键之处，从而激发他们强烈的求知欲和探索精神。

第三，要有敏锐的观察与思维能力。

反馈能力强的教师能及时对学生的答问或书面练习作出评价，这种及时评价能使学生获得心理上的满足，并转变为动力，促进他们更加努力学习。欲使评价及时准确，要求教师要有敏锐的观察与思维能力。敏锐的观察力要求教师在课堂上随时注意观察学生的表情，悉心倾听学生的答问，认真巡视学生做练习；敏锐的思维，要求教师能在观察基础上迅速作出判断。观察与思维又是紧密联系的，举例说明：当一个问题提出来以后，教师应在极短的时间内，通过观察学生的反应，判断自己提出的问题是否适度，从而及时决定需不需要进一步启发、点拨，即要不要调整方法。这“判断”“决定”已有敏锐的思维在其中。从这个例子可以看出观察和思维是紧密联系着的，判断是观察的结果。考验一个教师有无敏锐的思维能力，往往是在同学们就一个问题各抒己见，展开热烈争论的时候，一个思维敏捷的教师，能在你说你有理、我说我有理的令人眼花缭乱的纷争中，一下子抓住争论的焦点，巧妙地因势利导，或者使问题得到解决，或者把争论引向深入。处在这种情况，教师的反馈能力显得尤为重要，因为教师要起主导作用。

第四，谦虚谨慎，和学生取得平等态度。

教学活动是师生双方信息的交流过程。当学生的学习一旦摆脱了被动状态，强烈的求知欲会促使他们的思维异常活跃，他们可以就老师的讲课提出很多的问题，有的是老师意想不到的怪问题，遇到这种情况怎么办？教师肯定要反馈，这反馈不是积极的，就是消极的。积极的反馈要求与学生取得平等的态度，谦虚而又认真地和学生一起研究探讨问题，在知识面前取老实态度，“知之为知之，不知为不知”，课堂上未弄通的，课下去钻研。这样做，既达到了教学相长的目的，又赢得了学生的尊敬，提高了教师的威信，使师生关系更加融洽、和谐。消极的反馈，即对学生的反应不理不睬，堵塞学生的思路，这也容易，只需滥用一下师道尊严就可以了。但一个稍有教学修养的教师绝不会这样做的，因为这实际上是在不自觉地扼杀学生学习的积极性。

总之，我们认为，教师的课堂反馈能力是教师修养的教学艺术的重要组成部分，增强教师的课堂反馈能力是提高教学质量的需要；培养这种能力，要从许多方面做长时间的努力，但并非不可企及。

第四节　有效控制原则

控制论原本是关于生物系统和机器系统的控制和通信的科学，近二三十年来，一些教育家把控制论引进教育领域，用以研究教学过程中的一系列问题，因而使教学过程更富有科学性。根据语文学科的特点，把控制论引进语文教学具体表现在定向控制、定式控制、定量控制、定序控制、定式控制五个方面。

一、定向控制

所谓定向控制，就是指每一阶段的教学都应有明确的教学目标。教学目标具有把教学要求系统化、具体化的功能，具有对教学过程定向和控制的作用。要能进行有效的定向控制，就必须根据教材实际、学生实际制定好教学目标。一个好的教学目标应当是合理的，是多元化的、组合式的。对教学内容来说，它考虑到教学目标之间的内在联系，使所制定的教学目标成“块状结构”；对学生的智能活动来说，又有充分的思维区间和思维量。在教学中，教师应该善于把教学目标通过具体的教学内容体现出来，教师可以把教学目标转化为问题情境，事先编制由若干问题组成的自学提纲，让学生根据提纲阅读、思考、解答；也可以把教学目标转化为活动情境，即在课堂上安排学生的智能活动，把教学目标隐含其中，通过某项智能活动来实现教学目标；还可以把教学目标转化为练习操作情境，将教学目标所要求的内容编制成练习卷，让学生通过练习或操作完成教学目标。

由于教学目标规定某一阶段教学之后，学生明确了将学到什么，何种能力得到培养。这样，教的内容即是学生的学习内容，学生在自学过程中就会指向明确，而不会茫然。著名特级教师魏书生在语文教学中引导学生开展定向活动，所依据的即是教学目标的定向作用。魏老师认为：有些学生智力活动较差，并不是说他们没有智力活动，而是缺少具备一定指向性的活动。要发展学生的智力，必须使他们的智力活动具有较强的指向性。他引导学生画语文知识结构图，使他们理清语文知识结构。学生按照从干到枝再到杈的顺序学习知识，进行定向的智力活动。这样，语文知识学了多少，还剩多少，哪些已掌握牢固，哪些还认识模糊，学生一看语文知识结构图，就能一目了然。

对于教师来说，教学目标是把教学过程变成可操纵的“把手”。有的老师也许看过钱梦龙老师教《雷雨前》的录像。对课文的分析，钱老师所用时间不到一节课，而就在这不长的时间里，钱老师用一定的时间听写文章写作的时代背景，为什么？因为钱老师对这一节课所制定的教学目标是教给学生通过了解时代背景来理解文章思想内容。时代背景清楚了，文中所写景物的象征意义也就容易理解了。为了增强教学效果，钱老师采用了听写的方法，而不是进行一般的时代背景介绍，对课文的其他知识，钱老师只是简单带过或删去不教。也就是说，这一节课钱老师所用的一切方法，都是为了达到使学生掌握象征手法这一目标。这充分说明了教学目标带有定向和控制的作用。

定向控制根据控制方向的不同可分为正向控制、反向控制、纵向控制和横向控制。中学语文教育是基础教育，是以传习性教育为主的教育，因此，正向控制是中学语文教育中经常运用的手段，知识和方法的传授、能力的迁移大多是在正向控制下进行的。例如教文言句“狼亦黠矣，而顷刻两毙，禽兽之变诈几何哉？止增笑耳”。并告诉学生“黠”是狡猾的意思，“顷刻”是短时间的意思，“变诈”是欺骗手段的意思等，这是正向传授知识；例如教师告诉学生，记叙文划分段落的原则有：按时间顺序划分、按空间顺序划分、按事件发展的情节变化划分、按表达方式划分等，并结合具体课文进行讲解，这是正向传授方法；如果学生通过教师的指导，能用所学过的知识、方法去解决另一个语文环境中的问题，也就做到了正向迁移。

与正向控制相反，反向控制是对正向思维进行限制的控制。教学中，教师设置重重障碍，把学生的思维之水逼到绝壁上，让它从天而降化为壮观的瀑布，这就是教师对学生的反向控制。例如，教《驿路梨花》一文，要学生领会该文明写与暗写相结合的手法，单从正面去讲，学生理解不深；如果能让学生根据课文把暗写的部分改为明写，改写之后，再让学生讨论，使学生明白：明写不易充分表现梨花姑娘做了好事不留名，不能充分反映“驿路梨花处处开”的主题思想，只有明写与暗写相结合才是表现这一主题的最好方法。同样，在作文教学中也可以进行反向控制，教师可以改变平常采用的要求学生怎么写的做法，而要求学生不能怎么写，促使学生去思考、去发现、去创造，促进思维能力的发展。

定向控制还要处理好纵向控制与横向控制的关系。所谓纵向控制就是按照既定的教学步骤、环节，节节推进，逐层深入。所谓横向控制就是在某一教学步骤、环节上，对某一知识加以铺陈，向它的外延扩展。语文教学要富有连贯性、灵活性，就必须处理好纵向控制与横向控制的关系，以纵向为主，保持教学的连贯性，同时进行必要的横向穿插，以开拓教学内容。切不可以过多的穿插扰乱学生的纵向思维，破坏课堂教学气氛，使学生对教学内容缺乏整体感。

二、定度控制

定度控制，其实就是如何遵循量力性原则的问题。量力性原则告诉我们：教学必须符合学生身心发展的水平和特点，处在一定年龄段的青少年学生，其身心发展既有共同的发展水平和特点，也有不同的发展水平和特点。教育既要符合其共同的发展水平和特点，又要符合各自不同的发展水平和特点；既要照顾到大多数学生的知识、智力水平，又要有一定的难度、深度与跨度。教师要善于在已知与未知之间架设桥梁，不断激起学生“跳起摘果子”的热情与欲望。总之，只有进行有效的定度控制，才能促进学生身心向更高的水平发展。

要进行有效的定度控制，必须处理好难与易、密与疏、扶与放的关系。三个关系中，难与易的关系是最基本的，它是处理后面两个关系的基础。

（一）关于难与易的关系

处理难与易的关系应根据量力性原则，对自己的教学对象做实事求是的分析。教师讲授的内容、所提的问题、布置的作业都应根据学生的实际水平和特点。但必须知道，量力性原则并不是只讲消极地适应学生的知识水平和年龄特征，而是既讲适应又讲一定的难度，要使学生付出一定的努力才能掌握一定的知识。这就是量力性原则中的“最近发展区”理论。只有既讲适应，又讲发展，才是对量力性原理的正确理解。因此，一些行家提出：教学要有相对的难度。认为教学中所设置的障碍难度要有分寸，接近“最近发展区”，又适合于大多数学生。例如钱梦龙老师执教《愚公移山》，他不问：“孀妻”解释为什么？而是问：小孩子七八岁就跟老愚公去移山，他父亲会同意吗？后一种问法接近“最近发展区”，能给学生在克服障碍中带来喜悦；相反，如果钱老师改用平直的问法，就激发不起学生的兴趣。

在处理难易关系时，教师还须善于做好化难为易和化易为难的工作。语文教学主要是篇章教学，对一篇章来说，所需传授的知识是多方面的，教学目标也是多方面的，这些知识未必都恰好在一个水平线上，适合于全体学生，或许这篇文章的思想内容适合于某一年龄段的学生，但语文知识却又偏深或偏浅；或许语文知识的深浅度适合于某一年龄段的学生，但思想内容又偏深或偏浅。教学就要根据学生的实际情况做好难易的转化工作，做到浅中求深、深中求浅，使所教内容适合于大多数学生，能激发起他们的学习兴趣。如课文《人民的勤务员》中的文字通俗易懂，但正因其浅，学生对课文往往不假思索，一掠而过，对课文内容和写作技巧的理解很肤浅。那么怎样把学生的思维引向深层呢？这就要做好化易为难的工作。有位教师设计了这样一个问题：请同学们把“他利用机会为人民服务”这句话与课文的原句对照，看看有什么不同。课文的原句是“他寻找一切机会为人民服务”，联系课文，把两个句子相比较，学生就会发现：“利用”是等待时机的出现，含有被动的意思，“寻找”则是主动的、积极的、自觉的，用“寻找”一词可以表现雷锋同志全心全意为人民服务的精神；课文中关于雷锋同志的五个小故事是从不同的时间、地点、气候条件、不同的服务形式紧扣“一切”来写的；“他寻找一切机会为人民服务”一句统领全文，一字一词改动不得。这就是浅中求深。但这种“深”是学生经过努力完全可以理解的。如果教师不做这种转化工作，就不能加深学生对课文遣词造句和思想内容的理解。

与化易为难相反，处理难易关系的另一种方法是化难为易。例如，《为了忘却的记念》中有“这是怎样的世界呢”一句，句尾不用问号，也不用感叹号，而是用句号，这是什么原因？对学生来说，这是有一定难度的问题。对于这个问题，一位教师让学生细读课文《记念刘和珍君》的第一部分，然后提问：“文中哪些话表达了鲁迅先生对他眼前世界的看法？”学生很快找到了这样的句子：“我只觉得所住的并非人间”“我将深味这非人间的浓黑的悲凉”。教师据此指出：从这些句子，可以看出鲁迅先生对“这是怎样的世界”是早有明确的答案了，无须发问，更不要求读者回答。正是因为教师指导学生运用“参读法”，运用已学过的知识作为新知识的注解，原先学生挠头的问题也就变得明白易懂了。有的教师常常把“启而不发”的原因归结于学生的“笨嘴拙舌”。但如果教师能反躬自责，就会发现难易关系处理不当，才是最主要的原因。如果我们教师善于处理难易的关系，并注意调动学生解答问题的积极性，就不会出现“启而不发”的现象了。

（二）关于疏与密的关系

课堂教学的密度就是一堂课里所包括的内容。一篇课文的内容是多方面的，要在有限的课时里容纳多方面的内容，就必须合理安排课堂教学的密度，处理好疏与密的关系。何谓密？密就是细腻、稠密。何谓疏？疏就是粗略、稀疏，正如缝制衣服。语文课堂教学也要有疏有密，疏密相间。如果只密不疏，处处做过细的分析，结果欲密不密，教学重点不突出，效果并不见佳。如果只疏不密，处处只做蜻蜓点水式的叙述、分析，就显得空泛，学生对教学内容的理解也就肤浅。至于何处该疏，何处宜密，全靠执教者根据教学内容、教学对象和教学目的不断探索，不断创造。一般来说，凡是教学的重点、难点，要教得细些、密些，非重点、非难点教得粗些、疏些。如课文《分马》写了两个场面：一是分马的欢乐场面，包括分马前的欢乐气氛，分马的经过，依次写了赵大嫂、郭全海、老初和老孙头四人在分到牲口时的表现，补叙了白大嫂和张景瑞后娘、老田头夫妇、李大个子和李毛驴分到牲口的情景。二是积极分子同老王太太换马的场面，以郭全海的活动为线索，写郭全海院子里提议换马、草垛子前动员换马、老王太太换得好马、郭全海上门要求换马。对这些内容，何处细讲，何处略讲，都应看这些内容与主题的关系，看它是不是教学的重点、难点。郭全海是文章的主要人物，他的活动与文章主题关系密切，毫无疑问，文中有关郭全海的文字应是教学的“密针点”，而对其他人物一般可用“疏针”带过；同是次要人物，也要有区别，由于作者刻意用老孙头的自私自利来衬托郭全海的大公无私，因此在教学中对老孙头的形象也应做适当的分析。总之，疏与密的关系是相互依存、相互衬托的关系，处理疏与密的关系要根据教学内容、教学对象和教学目的来决定。

（三）关于扶与放的关系

处理扶与放关系的问题，其实就是如何教会学生学的问题。“扶”就是教师相机诱导，适当点拨，教师发挥主导作用，但又不包办代替；“放”就是让学生积极主动地揣摩、理解，自求解释，不依赖老师。“扶”是“放”的基础，“放”是“扶”的目的。叶圣陶说过“教是为了不需要教”“教师之教，不在全盘授予，而在相机诱导。必令学生运其才智，勤其练习，乃为善教也”。（《叶圣陶语文教育论集》）他曾以扶小孩子走路为喻阐明这个道理，说：小孩子走路，立足点要放在小孩子学会走路上，大人的扶是为了最终放手不扶。我们教师的一切活动都应以将来学生不需要教而能自己读书作文为出发点和归宿。学生对文章中的思想内容、艺术技巧、语言材料不理解时，教师应给予必要的讲解、指点。当学生在自学中通过“奋其才智”可以理解文章内容、艺术技巧，以至渐入佳境时，教师的“扶”就是多余的了。

处理“扶”与“放”的关系，关键在于教师的引导。由于知识、能力、阅历上的原因，学生对课文内容的理解一般不如教师深刻，思考问题也缺少方法，教师应通过具体实例对学生进行指导。如果教师诱导有方，由“扶”到“放”的过程就可缩短，反之就要延长。有这样一个教学片段：《鞠躬尽瘁》一文中，在记叙焦裕禄与省地领导谈话之后，有一小段议论：“这就是他，一个坚强的共产党员，在生命最后时刻的遗言。”教师问学生：焦裕禄同志是党的县委书记，当然是共产党员，这是无需交代的。既然如此，为什么课文写到最后，却特别指明这一点？这里是不是交代焦裕禄同志的政治面貌呢？学生通过钻研懂得了：课文在最后部分出现“共产党员”四个字，绝非交代焦裕禄同志的政治面貌，而是对他多方面的高贵品质的高度评价。也就是说，他有共产党员的崇高党性，是共产党员的楷模。紧接着，教师向学生揭示了自己发现并提出这个问题的思路。“我想焦裕禄同志是共产党员，这是无需说明的，即使要交代，也应该放在开头部分，而不应放在结尾。这说明，这四个字是异常用法，有特殊用意，我是用查寻异常的方法发现了这个问题。”在这个教学过程中，教师结合实例，不但传授知识，而且传授获取知识的方法，对学生进行了分析问题思路的指导。如果教师都能像这样能扶善导，那么学生很快就会不扶自走了。

三、定量控制

当今，随着社会信息量的增大，人们心理上对信息量的承受能力越来越大，增大课堂教学容量也成了语文课堂教学所追求的目标，但课堂容量并非越大越好，它也应该有适当的控制。量次不足，固然不能完成既定的教学任务；量次过多，学生不胜负担，同样也会影响教学任务的完成。

语文教学定量控制包括三个方面内容：课时量的控制、课堂教学容量的控制及各种训练量的控制。在课时的分配上，教读课文与自读课文，深文与浅文，长文与短文，应有所区别。如《故乡》所用的课时自然要比《一件小事》《人民的勤务员》所用的课时多。对于课堂教学容量，应根据学生的语文水平，心理上对信息量的承受程度来安排。如于漪老师上《祖冲之》和《晋祠》时，认为课文的信息量对她的学生来说显得太少，于是她在课前布置学生看有关中外科学家和我国名胜古迹的文章，上《祖冲之》时，请多名学生介绍中外著名科学家的事迹，上《晋祠》时，请多名学生介绍我国的名胜古迹，增加了课堂信息量。而她的这种做法对语文基础较差、对理解课文还有一定困难的学生来说是不适合的。

现在在定量控制上分歧最大的是训练量的控制。有的老师常常说要“精讲多练”“多读多写”。但讲多少为精，练（读、写）多少为多，缺乏一定的标准，缺乏量的依据。还有“题海战术”，到底做多少题才称其为“海”，也不得而知，或者你认为是题海，而他认为只是一条小小的题河。总之，许多语文教师对训练量的控制还缺乏科学的标准。

中外许多教育家都很注重训练的定量分析，力图通过数据来揭示能力训练的客观规律。苏联著名教育家苏霍姆林斯基曾专门花了十五年时间对学生的读写量进行研究，得到的数据是：要使儿童学会有表情地、流利地、有理解地阅读，就必须在小学的前四年朗读200小时、小声默读200小时以上。这400小时朗读训练量，是经过科学验证过的数据。著名特级教师魏书生对语文教学的定量控制进行了一番探索，积累了丰富的经验。他认为：一些学生智力活动的一个弱点就是活动无规则，不能把训练内容和时间紧密联系起来，犹如转数失控的车床，忽紧忽慢，有时已超过记忆区域负荷的时间限度，还在拼命记忆，有时任思维的骏马无目的地驰骋，大脑处于消极的抑制状态。要发展学生的智力，就要教学生把训练内容和时间联系起来。他给学生规定了某一阶段里应达到的一般效率标准：默写每分钟30字，誊写每分钟25字，背诵课文每分钟20字，朗读每分钟200字，写作每小时800字，督促学生完成，结果是学生语文水平得到很大的提高。可见定量控制是提高教学质量的一个重要手段。

四、定序控制

所谓定序控制，就是指对进入流动过程的信息在程序上进行科学组合，它是优化学生思维流程的重要手段。语文教学主要是课文教学，课文是作者对生活素材加工的结果，反映了作者的创作思路，课文教学要引导学生欣赏领会文章的内容，学习其加工生活素材的本领，就要引导学生追踪作者的思路。教师要根据教材特点、学生实际制定教学的序，使所制定的教学程序兼顾到作者、学生、教师的思路。

按照运筹学的观点，对事物运动的程序安排有个科学的线性规划，才会取得良好效果。如果程序规划不当，即使构成事物的内容相同，也会导致事物整体效果及其性质的改变。常常有这样一种情形：三四个教师备同一教材的同一节课，共同确定了某一课的教学目的、重点、难点、作业，但教学效果却大不相同。这里面除了执教者本身的素质和各人对教材熟悉程度的差异外，一个很重要的原因是执教者安排教学内容的顺序不相同。例如，教学《故乡》一文，对作者创作此文时的思想状况进行介绍是必要的。一位教师在课文教学起始即做介绍，但由于这时学生还没有接受这些知识的需求，所以兴趣不浓，记忆自然就不深刻；另一位教师不是这样，而是在学生对课文中“这不是我自己手制的偶像么”一句理解困难时，才适当地介绍了作者当时“荷戟独彷徨”的思想状况，此时由于有了解开疑团的迫切愿望，有了了解作者当时思想状况的需求，学生精神专注，通过背景材料很快就解决了疑难问题。又如教学《中国石拱桥》一文，如果告诉学生要把事物表达得准确，就要注意用词的准确，然后再让学生从课文中找出一些例子加以证明，这自然是指导阅读的一种方法。但一位特级教师在指导阅读时技高一筹，他先要求学生不看课文，用一句话说明挂图上三个拱的位置。学生跃跃欲试，争相回答，有的说“大拱两边有两小拱”，有的说“大拱的上边有两个小拱”等，但都不能达意，这时老师才让学生翻书看课文，使他们理解课文“大拱的两肩各有两个小拱”一句表达的准确性。此后教师再让学生到课文中寻找用词准确的例子，这时学生阅读课文倍加认真，完成这道练习也就不感到困难了。可见，教学中进行定序控制，合理安排教学步骤，与教学效果关系很大。

近些年来，我国语文教学工作者对语文教学的序做了积极的探索，其中“三分法”与“四分法”即是对阅读教学的序的探索最有影响的两种观点。“三分法”的具体过程是：第一阶段，预习课文，即指导学生泛读课文形成表象；第二阶段，讲读课文，主要是指导学生通过精读课文达到理解；第三阶段，练习与运用，指导学生巩固语文知识，形成语文能力。“四分法”将阅读教学过程分为预习、讲读、复习、练习四个步骤。这两种观点一定程度上概括了人们的实践经验，对阅读教学起了重大的指导作用。现在，随着对阅读教学研究的深入，人们认识到语文阅读的一般过程应包括定向准备、感知教材、理解教材、复习巩固和深化运用五个环节，这五个环节是比较符合阅读教学的规律的。武汉师范学院黎世法老师提出的“最优中学教学方式”和魏书生老师的“六步教学法”都包括了阅读教学的以上五个环节，教学效果显著，因此都受到了语文教学界的认可。

对中学作文教学的序的探索，近些年来，也取得了丰硕的成果，于漪、陆继椿、蔡澄清、常青等优秀语文教育工作者，在作文教学有序化方面做出了积极的贡献。中学作文教学要走科学化的道路，要根据学生掌握知识和发展能力的客观规律，从实际情况出发，按照中学生的认识发展过程，构成一个科学的训练序列，对他们进行由低到高、由简单到复杂的写作训练，从而逐步丰富他们的写作知识，提高他们的写作能力。作文教学的序应包括三个方面的内容：一是知识的序；二是能力的序；三是训练的序。所谓知识的序主要是指记叙、说明、议论三大文体的写作知识的序；所谓能力的序主要是指积累、思考、表达三大能力发展的序；所谓训练的序主要是指教师为传授上述知识，培养学生上述能力所安排的教学步骤、运用的教学方法以及训练的发展进程。单有宏观上的大序还不够，还要有微观上的小序，例如记叙文的写作训练，从掌握知识和发展能力的要求出发，组成这样一个训练序列：（一）观察周围生活；（二）打开记忆大门；（三）由复述到独立叙述；（四）由写实到适当进行虚构；（五）加强叙述、描写技能训练。而其中的某一点又可含有小的序列。如叙述、描写技能训练中的景物描写训练，即可分为如下十个步骤：1. 景物中形状、方位、距离的描写；2. 景物中色彩、光泽、亮度的描写；3. 景物中音色、音量、音质的描写；4. 景物中软硬、干湿的的描写；5. 景物中速度、运动状态的描写；6. 概括描写与细致描写；7. 定点描写与移步换景；8. 观察和描写的顺序；9. 触景生情——联想与想象；10. 融情于景——用景物烘托气氛，表现人物的思想感情。建立科学训练的序是作文教学科学化的核心问题。如果我们的作文教学能有一个科学训练的序，这个序既能把知识、能力、训练三者有机地结合在一起，又能把宏观规划与微观安排结合在一起，那么我们的作文教学就可脱离盲目状态，做到有序可循，从而提高训练的效率，加快学生写作能力的发展。

五、定式控制

所谓定式控制，就是对学生理解教学内容实现教学目的过程中思维趋势、思想感情的控制。当学生的思想情绪与教学内容不协调时，教师要加以诱导，使之与教学内容相协调；当学生思维不是处于积极状态时，教师应通过口头语言、态势语言以及创设情境使之兴奋，从而形成一个适合于学生理解、掌握教学内容的氛围。语文教学主要是课文教学，每篇课文的内容都有其感情基调，它们或激昂高亢，催人奋进；或深沉悲壮，引人思索；或轻松愉快，逗人发笑……教师必须根据教学内容的情感基调来控制学生的情感，通过字词句篇知识、听说读写能力的训练把学生导入课文特定的情境中，通过学生进入情境的内心感受和情绪来理解文章内容，把握文章的情感基调，并与之共鸣，从而有效地完成语文教学所肩负的“文”“道”两方面的任务，促进学生智力因素和非智力因素的发展。例如《最后一次讲演》是一篇满怀悲壮，严肃控诉刽子手血腥罪行的檄文，要使学生理解文章的内容，就必须创设情境，唤起学生慷慨激昂之情。如果能做到这一点，学生对教材内容也就容易理解了。相反，如果不顾课文内容的情感，随心所欲地设置一种与课文内容不相协调的情感基调进行教学，势必影响学生对课文内容的正确理解。例如，一位老师在教学《孔乙己》时，整堂课笑声不断，学生只从取笑的角度来看孔乙己，并未认识到课文中对孔乙己的取笑发出的是“含泪的笑声”和孔乙己是一个值得同情的悲剧人物。学生的这种感情及课堂教学气氛与教学内容的情感显然是不协调的，正确的做法应该是把学生的情感调动到“哀其不幸，怒其不争”上来。

阅读教学讲究定式控制，作文教学也应讲究定式控制。古代文学理论家刘勰说过：“文之思也，其神远矣。故寂然凝虑，思接千载，悄焉动容，视通万里；吟咏之间，吐纳珠玉之声，眉睫之前，卷舒风云之色：其思理之致乎?”就是说，文思是不受时空限制的。教师要激发学生的灵感，开通学生的思路，就要用一定的手段创设情境，让学生在一定的情境中写作。学生在写作之前，他们的思想并非一片空白，而是往往藏着某种情感于胸中，当他们置身于教师创设的情境中时，就会勾起情思，触发文思。如布置写赞颂家乡的作文，教师可引导学生观察家乡东升的红日、满天的朝霞、秋天的田野、湖中的涟漪、夏夜的月光、巍峨的群山。可以组织学生欣赏悦耳的音乐、迷人的图画、奇巧的工艺品，还可以带领学生去拾落叶、寻蝉蜕、采蘑菇……有意识地让学生身临其境，接受家乡美景的熏陶。当学生陶醉在家乡美景中时，热爱家乡的情感也就化为触手可及的形象了。有的老师常说：学生写托物言志的文章，感情往往表达不出来，主题不能进一步地升华。究其原因，就是对学生的情感激发不够，如果老师善于激发学生的情感，让他们带着热烈的主观感情去体验生活、观察景物、移情于景，那么学生写此类文章也就不感到困难了。例如，教过杨朔的《茶花赋》后，一位教师拿出一枚红透了的枫叶，让学生闻过，问他们香不香，学生回答“不香”，教师给学生讲了一个退休老工人热心为他人服务的事迹，再让学生闻，有人觉得有香气并且会心地笑了。由于教师善于激发感情，并引导学生把这种感情迁移到某个物体上，因此学生所言之志与所托之物也就能融为一体了。

综上所述，可以看出，控制论作为新的科学方法论，它对语文教学的任务、内容、方法、手段都有着重大影响，它给语文教改注入了蓬勃生机，显示了它的理论指导作用。我们完全可以充满信心地断言：随着科学技术的发展与教育教学理论研究的深入，控制论将会在教学研究与实践中愈来愈充分地显示出它的作用。

第五节　系统性原则

语文课堂教学过程也是一个系统。它的基本结构单元可分三个部分：1. 控制系统。这主要是指教师的备课和授课环节，它在整个系统中处于最高层次，起着控制、定向的作用，决定着整个系统的工作内容和运动方向，而教师在这个系统中正起着控制、调节的主导作用。2. 执行系统。这主要是指学生对知识的理解、巩固和运用的过程；从信息论的观点来看，就是对信息的输入、储存和输出的过程。3. 反馈系统。这主要是指学习的测量与评定。测量是回收信息，评定是辨别、评定信息，即鉴定学生的学习水平。将鉴定的结果返回教师与学生身上，这就叫反馈。最后师生双方根据反馈信息调整教与学的活动。

怎样运用系统论的原理来提高教学效率？许多教师成功的经验证明，认真把握如下四点至关重要。

一、整体性

系统论有一条重要的原则：事物的整体功能大于其部分功能之和。据此，语文教学应当首先着眼于对文章整体的把握，遵循“整体—部分—整体”的程序。这是因为语文是一门综合性很强的基本学科，一篇文质兼美的范文是综合运用各种语文手段来表达某个完整思想内容的有机整体。如果不问课文的中心，不把字词句篇等结构元素看作是这一整体的有机组成部分，而是孤立地进行知识的传授和能力的培养，那是根本无法完成语文教学任务的。苏联教育家果鲁伯柯夫在《文学教学法》中指出：“在课堂教学中分析作品的某一方面、某个形象，归根结底还是要使学生了解作品的全貌以及作品的思想。而反过来说明作品中的某个细节，也应当从对作品的一般观点出发来研究。”这确为经验之谈。在教学中，如果我们不是先有了对《项链》的整体认识，而是把它那突转式的结尾孤立地拿来分析，你能得到什么正确的结论呢？至于像《威尼斯商人》这样以悬念取胜的作品，像《林教头风雪山神庙》这样以伏笔见长的文字，如果不把握作品的整体构思，而去单独地剖析其中的某一部分，你又能得到什么正确的认识呢？

那答案自然是不言自明的。这里，用李商隐的一句诗："倾国宜通体，谁来独赏眉?"意思是应从整体去看绝代佳人的美，谁也不会单独去欣赏她的眉毛。这是很有见地的美学观点。

优秀的语文教师在处理教材时，十分重视遵循"先从整体到部分，再从部分到整体"这样的教学思路。他们注意通过字词句篇的阅读和讲解，使学生明了段与段之间、各段与整体之间的联系，掌握文章的主要内容和基本思想，从而对课文有个全面的认识；然后逐个研究各个构成部分，各个构成方面；最后综合概括全文的主题和写作特色。这就是"整体—部分—整体"的教学过程。据此，我们分析文章一般分为三步：1. 通读全文。对文章先有一个整体的认识，如文章写得是什么内容，是什么文体，层次结构的形式是什么等。2. 化整为零。一部分一部分地分析归纳，并弄清相邻部分之间的关系。3. 串零为整。对文章的前前后后进行连贯的思索。弄清作者思路发展的轨迹，把握文章的主旨。显然，这种着眼于对文章整体把握的教学安排，是完全符合系统论的基本原理的。

二、层次性

任何一个系统都是由各个元素按一定的结构层次所组成的。各元素之间、元素与整体之间以及整体与环境之间存在着有机的联系。这样，就在系统的内部和外部形成一定的层次和秩序。语文教学作为一个完整的系统，也必然具有鲜明的层次性。这是因为，任何一门学科都有其自身的体系：前面的内容总是后面内容的基础，后面的内容又都是前面内容的发展。另一方面，学生对事物的认识也有一个由浅入深、由近及远、由表及里逐步深化的过程。这样，就要求我们必须遵循知识技能发展的序列和学生认知发展的序列，循序渐进地安排教学过程。

怎样按照系统的层次性的特性来循序渐进地安排语文教学呢？这里不妨以作文教学为例。中学语文教学大纲所确定的总体目标是：初中"能写简单的记叙文、说明文、议论文和一般的应用文"；高中"能写一般的记叙文、说明文和常用的应用文"。根据这一总的目标，目前运用比较广泛的几种作文层次训练的序列是：1. 以文体为主线的训练序列。这是依照中学语文教学大纲的要求，按先记叙文，后说明文的文体主线形成的训练体系，设计出记叙、说明、议论的分项训练和整体训练序列。因为它以大纲为依据，与统编语文教材基础同步，所以是运用最普遍的一种作文训练序列。2. 以写作能力发展为主线的训练序列。这是把写作中的各项能力分解为若干训练点，由易到难、由浅到深、由点到面地构成系列。中央教科所编拟的阅读与作文分编的实验课本《作文》就属此例。3. “观察—分析—表达”的三级训练体系。该体系认为作文能力包括认识生活和反映生活两大要素，又可分解为观察、分析、表达三个阶段，因而设计出各阶段的训练目标及其相配套的练笔活动，构成三级训练序列。高原老师便是此系列训练的倡导者。像以上这些作文教学的整体设计，都十分重视分阶段多层次地对学生进行系统训练，这就能把语文知识和技能完整化、系统化，更好地发挥语文教学的整体功能。

三、动态性

实践证明，课堂教学系统的运行过程是动态的，发展变化的。在教学过程中，教学的各个环节一般都处于均衡协调的水平上，即教师、学生、教材及教学中的其他元素都处于同一级水平上，它们相互适应，彼此容纳，形成教学系统的平衡体制。但是，这种平衡不是静态的，而是动态的；不是永恒不变的，而是经常处于变化之中的。这是因为，随着学生的知识基础及能力的不断提高和知识本身的不断深化，教学必然应当随之不断演进；另一方面，社会生活的日新月异和科学文化的不断发展，也要求教学内容的不断更新和师资水平的不断提高。所有这些，都促使课堂教学这一系统的各元素不断地由平衡变为不平衡，然后在更高的层次上实现新的平衡。如此螺旋式地上升，就能把我们的教学不断推向前进。

按照动态性的系统观来指导语文教学，就要求我们语文教师必须积极进取，不断前进；学习别人的经验要勇于创新，对待自己的经验要勇于突破。要知道，教学艺术的生命在于发展，在于突破，在于创新。我们应当懂得教学艺术的体现是在变化中的体现，教学艺术的成熟是在不断成长中的成熟。在这方面，魏书生老师为我们做出了表率。自强、育人、教书，构成了他语文教学思想的整体框架。他认为，“自强”是第一位的，作为教师，首先要改变自己的世界观、人生观、教育观、学生观，改变自己的工作方法。这样，才能使自己的狭隘变得广阔，自私变得利他，僵化的思想方法变得灵活流畅。也正因他按照这样的系统观来指导自己的教学，就使他不断地自我扬弃，自我革新，自我突破；使他在语文教学改革中“从心所欲不逾矩”，不断开创新的局面，开拓新的天地。例如，他按照系统论的原理所摸索创造出的画“知识树”的方法，就是他长期积累不断前进的一种艺术创造。宋人张载《咏芭蕉》诗云："芭蕉心尽展新枝，新卷新心暗已随。愿学新心养新德，旋随新叶起新知。"今天，我们对新德新知的理解当然和古人有很多不同，但这种不断养德长新知的精神仍值得我们学习和借鉴。

四、可控性

教学系统是一个多元、多环节、多层次的整体。各元素之间、各元素与环境之间相互作用，关系错综复杂。同时教学系统中的微观变量太多，使课堂教学千变万化而不容易控制，这自然给我们的教学组织工作造成一定的困难。但系统内各元素之间以及元素与环境之间又是相互联系、相互渗透的，而教师又在这一教学系统中起着控制、主导的作用，他可以根据教学目的和学生实际设计好一堂课。这种教学过程的可控性，正能体现出教师高超的教学艺术。

一般来说，语文课堂教学系统的控制主要体现在如下几方面：1. 定向控制。就是确定明确的教学目标。实践表明，一切教学过程都是实现一定教学目标的过程，过程在目标的指导和支配下运动，目标在过程中实现。2. 定量控制。这里的"量"是指在单位时间内课内外讲与练的数量和范围。教师应当从教材的实际和学生的特点出发严格进行量的控制，切实做到主次分明，有所侧重，适量恰当。3. 定度控制。教学中的"度"主要是指教学内容的难易度和深浅度，我们进行定度控制就是使教学内容既符合教材的要求，又符合学生的年龄特征和实际接受程度。4. 节奏控制。节奏是指艺术品一切要素有秩序、有节拍的变化。在语文教学过程中，下列诸因素的相互交替、衬托、呼应和有规律的配置，就构成了语文教学的节奏美：教学内容详略分明、课堂气氛张弛有度、教师语调抑扬顿挫、教学速度安排得当。讲究并调控好教学节奏，就能使我们的语文教学这一系统更加充满生机，更加具有魅力。

第六节　最优化原则

一、语文教学的成败取决于课堂结构的优化与否

我们同意张志公先生的意见，语文教改既要“瞻前顾后”又要“左顾右盼”，即应该把高等教育前的语文教学作为一个整体来研究，还得横向考虑到语文学科与其他学科的关系。我们经常很容易读到这一类文章：只谈一篇课文，或一节课，或某几个词，或作文的指导、评改等，总停留在教材的理解、赏析或经验、做法上。这不仅零碎，缺乏理论深度，更缺乏全面、整体、长远、宏观的思考。叶圣陶先生说：六十年来，语文教学没有什么改变。老是拘囿一隅，从教法谈教法，就教材论教材，一味“小打小闹”，怎么能够实现语文教改的目标呢?

系统论的产生，为我们改革语文教学提供了强有力的武器。系统论的核心原则是注重整体性。它的中心意思：部分之和不等于整体，整体不等于各部分的简单相加。它不但要求重视局部、元件的优化，而且更重视整体的优化。要求人们在动态中协调内外部各种因素关系，使所有部分的功能都服从整体的最优目标，从而取得最理想的整体效益。可是，长期以来，人们只注重部分、元件的精益求精，以为只要元件精良，然后把它们叠加起来，就一定能得到一个好的整体。这种“简单相加”的思维方法在今天已经有害无益了。举例说，设想一个整体由两个元件组成，每个元件的可靠性均为99.99%，由于采取串联的结构形式，这个由10个高可靠性元件所组成的整体，它的整体可靠性，实践证明，下降为90.4%；依次用100个、1000个可靠性均为99.99%的元件串联成不同的两个整体系统，它们的整体可靠性分别下降为36.6%和0.00426%。一万个这样的元件串联的整体呢?它的整体可靠性几乎完全丧失。为什么呢?就是因为结构的关系。元件质量虽好，但由于结构不合理，就会导致系统整体效益的重大损失；反之，如果结构设计或选择得合理，即使元件性能不尽完善，也能求得好的整体效益。可见，只注意元件，不重视结构，是很难求得最佳的整体效益的。

如果我们把语文教学看作一个整体或母系统，那么，它就有语文教学观、课程结构、教学方法、教师、学生、教学设施与环境等元件或子系统。语文教学的

目的，是适应新形势的发展需要，按照“三个面向”的要求，为培养出合格的创造型人才尽到本身的责任。作为处于教学第一线的语文工作者，我们感觉到，课堂教学在相当长的时间内必将还是一种主要的教学形式。任何课堂教学，师生都是相互作用的。任何语文教师，都有自己的语文教学思想，都要采用教材和一定的教学方法，都要利用一定的教学设施，创设一定的教学环境，并且无一不在影响学生，哪怕是很能独立思考、颇有创造精神的学生都概莫能外。因此，任何课堂结构这部大机器都可以把教学观、课程、教法、教师、学生、教学设施与环境等部件统一组装起来。所以，课堂结构是语文教学的纽带。我们甚至可以这么看：语文教学的成败取决于课堂结构的优化与否。然而遗憾得很，不少中学语文老师长期以来很少或根本没有去考虑课堂结构的优化与否，总在教师水平、学生基础、教学方法与设施等因素上兜圈子，以为这些元件好了，语文教学效果就一定好，反之，则一定差。照此推理，重点中学的语文成绩就肯定胜过非重点中学，可事实上，有的非重点中学甚至一些偏远的乡村中学也超过了重点中学（比如魏书生老师所教的学生），那怎么解释呢？我们认为，课堂结构的优化是其中最重要的因素。如此而已，岂有他哉！

考察分析各种类型的课堂教学结构，可以找出目前较优化的课堂教学结构。结合新时代的形势特点、“三个面向”和语文科同其他科的关系等因素，可以演绎出语文教学应遵循的基本原则，设计出多样的教学模型，经过实践验证，就可以决策出最优化的课堂结构。我们认为，抓住了课堂结构的最优决策，就牵住了语文教改的牛鼻子，否则，恐怕只能是抓了牛尾巴，不管你使多大的劲，还是收效甚微的。

二、课堂教学结构的最优决策

1978 年美国西蒙教授因提出管理科学的决策论而获诺贝尔经济学奖。其实，决策论不限于经济，在社会生活中带有普遍性。它是人们在社会实践的基础上，根据对客观规律及其发挥作用的条件的经验与知识，在决策者的自由意志参与下对实现目标的行动方案进行选择的认识活动。因此，我们可以把决策论引入语文教学研究之中。在做了上述诸种课堂结构的分析考察之后，就能够得出目前最优化的课堂结构决策。语文教学的目标在于适应新的形势，按“三个面向”指示的方向，培养学生听、说、读、写的能力，发展他们积极运用多维的思维方法进行逻辑思维的能力，锻炼他们的各种非智力因素，使之具有高尚的情操。据此，优化的课堂结构务必由阅读、议论、写作三部分组成。阅读，是学生在老师科学系统地指导下的不断精读、略读、浏览的训练过程。老师的意图常常以事前准备好了的阅读提纲出现，而不是心血来潮的非科学、非系统的即兴发问。这种指导既注重一般性，更注重个别性。在学生阅读之前，提醒他们在阅读的时候特别把握住自己对范文的直觉美感，并用文字表述出来。因为，第一印象总是最可宝贵的。一个人爱什么、恨什么、喜欢什么、讨厌什么的心理感受，是任何人也不能外加的。对此，老师将设法一一记录在案，以发现各个学生的潜在意向、兴趣爱好与特点。至于提纲挈领、眉批评点、归纳中心、表达体验，自然是阅读训练过程中不可缺少的内容，在此不啰唆。当学生阅读的时候，教师在巡视，在思考、在交谈、在发现问题、在记录问题、在分析问题、在解决问题。此时此刻，每一个学生都在读，都在思，都在写。发现不读不思不写的，作为教师难道会不去引导吗？在这样的阅读之后，可以展开议论。议论，也是在老师指导下的议论。学生可以谈一点自己最深的感受，也可以做全面评价；可以集中探讨从阅读提纲中提炼出的一个专题，也可以旁采兼答。先同桌个别商议，再“左顾右盼”多个交换，最后抓住有争议或有典型意义的问题进行全班讨论。发言的学生原则上应该是小组推出来的代表或一些观点的代表。在学生讨论交流时，老师绝不是听众，而仍然是指导者，他要随时给予评点，指出优劣，启发思维，引导讨论沿着正确的轨道前进。有了广博的阅读和充分的议论，思维活跃了，视野开阔了，一般来说，写作就不会再发生什么大的障碍了。但是，正如游泳必须下水一样，写作能力的提高一定要勤练笔，必须让学生明白“过写作关”的含义。写作，是综合运用各方面知识锻炼思维，训练表达能力的必要途径。每个中学生都要过这一“关”。据此，优化的课堂结构，就不能不抓紧课堂上的写作训练。这也是在教师指导下的训练，不是放任自流随随便便的练，不是束缚手脚不敢越雷池的练。可以训练审题，可以训练构思，可以训练材料的选择、排列、组合，可以训练文章的开头、过渡、结尾；可以训练说明、议论，可以训练叙述、抒情，可以训练描写比喻、拟人，可以训练夸张、幽默、讽刺，可以训练语序的排列，可以训练动词的准确连接，可以训练句子的变换，可以训练近义词、反义词的选择搭配；可以是老师的评改示范，可以是学生的自改互改……学生的写作训练最忌杂乱无章，要有一定的“序”和“格”。哪一年级哪一学期哪一周哪一天哪一节课要练什么，教师应该都是成竹在胸的。试问，语文教学能离开阅读、议论、写作吗？能缺少其中任何一项吗？虽然如此，我们却认为，最优化的课堂教学结构模型绝不会是唯一的，而应该是百花齐放的。不过，它似乎必须符合下面的原则：

（一）以“教学相互作用”论为理论基础，以学生为主体，教师为主导，发掘学生学习的潜力，工作的焦点在学生身上。

（二）重视讨论，互相启发，集思广益。个人的智慧总比不上群体，要善于培养学生敏捷的思维能力，善于发现学生的长处并为己所用，不人云亦云，不无动于衷。让学生懂得提出一个不完善哪怕是错误的见解也比什么也不提的“无意见”不知要高明多少倍。前者是“思”的表现，“创”的先声；后者是“钝”的反映，“守”的预兆。

（三）设法给学生多创造符合教学目的的学习环境和机会，不断更新教学手段。

我们相信，在富于进取心的埋头苦干的中学语文老师的不断实验中，一定能够诞生出符合中学语文课堂结构的、最优决策的、各种各样的教学模型来，我们的语文教学改革一定能够做得好上加好。

附录一　小学语文课堂质疑的九个切入点

质疑，是思维的开始，是创造的基础。在大力推进创新教育的今天，质疑已经成为课堂教学中引导创新的重要策略。那么，在小学阅读教学中应该瞄准哪些要点切入，引导学生质疑呢？

一、围绕关键点质疑

小学语文教材中的课文大多是文质兼美的名篇，有的一看题目就见“题眼”，有的一读课文就见“文眼”，这些都是课文的关键点。在教学中，如能引导学生围绕这些关键点质疑解疑，必能达到牵一发而动全身的阅读功效。例如，教学《董存瑞舍身炸暗堡》一课就可紧扣题目中的“舍身”一词质疑，教学《一夜的工作》一课就可紧扣文中的“劳苦”和“简朴”质疑，以达到迅速抓住课文要点，准确理解课文内容，深刻领会中心思想之目的。

二、围绕疑难点质疑

学生面对一篇阅读材料，原有的认知结构与新接收的信息总有不相适应的地方。这就是课文中的疑难点，就是学生难以理解之处。在教学中，教师如能引导学生紧扣这些疑难点来质疑，就可引导学生改变思维方向，进入探索的情境，以浅化难，平缓坡度，使之进入自我求通的境界。如教学《赤壁之战》一课，当学生在大体了解了历史背景、事件结果之后，而对其结果迷惑不解时，就可顺势引导学生质疑：为什么周瑜、黄盖竟能以三万联军战胜曹操的八十万大军呢？其奥妙到底是什么呢？这样一来，就能较好地引发学生的探究心理，使其迫不及待地阅读课文。经过一番分析、推理，便能弄清原因在于周瑜他们善于抓住曹操的弱点，巧设圈套，引其中计。这样，学生不仅深刻理解了文章的中心，也受到深层次的思维训练。

三、围绕矛盾点质疑

阅读材料本身的矛盾是作者有意安排的精妙之笔。教学中，如能引导学生抓住这些矛盾点质疑，可创设“愤”“悱”情境，从而训练思维，以统一认识，求得正确而深入的理解。例如，《十里长街送总理》中有这么一句话：“一位满头银发的老奶奶，双手拄着拐杖，背靠着一棵洋槐树，焦急而又耐心地等待着。”很显然，句中的“焦急”与“耐心”是一组矛盾词语，准确理解这对矛盾词语是引导学生正确理解内容，体会老奶奶感情的重点。因此，可抓住这对矛盾词语质疑，让学生去揣摩、体会这句话真实地反映了人们复杂的心情，而这一切都源于对周总理深切的爱戴与怀念。

四、围绕模糊点质疑

学生在阅读过程中，经常会遇到一些似懂非懂的地方，这就是学生的模糊点。教师如能从学生的心智状态出发，调动学生的有意注意，引导他们抓住这些模糊点质疑解疑，必能使其对课文内容有更加深刻的理解。例如，我在教学《她是我的朋友》时，发现学生对“一阵沉默之后，一只小手颤抖地举起来。忽然又放下去，然后又举起来”一句中两个“举”字的意思模糊不清。于是，我顺势引导学生紧扣“举”字质疑解疑，从而比较准确地体会到阮恒当时的真实心迹：害怕——犹豫——勇敢地站出来为朋友献血。

五、围绕兴趣点质疑

一切有成效的学习须以某种兴趣作为先决条件。因此，在课堂教学中，都要努力营造宽松和谐的学习氛围，让学生饶有兴趣地问，自我主动地学。当学习兴趣正浓时，教师要趁势而上，引导学生围绕兴趣点质疑探究，透彻领悟。例如，教学《蜜蜂引路》可设计这样一个蜜蜂的谜语：“嗡嗡嗡，嗡嗡嗡，成群飞进花丛中，授完花粉又采蜜，辛勤劳动立奇功。”用富有情趣的谜语开场，二年级的学生必定会兴趣盎然，主动求学。此时，教师趁热打铁，引导他们紧扣题目质疑：“蜜蜂给谁引路?”“它是怎么引路的?”……这样，就为学习全文奠定了基础，辨明了方向。

六、围绕空白点质疑

由于作者构思炼意、运笔行文的需要，许多文章中往往省略了一些内容，形成语言文字的空白。教学时，引导学生于空白处质疑问难，补充空白，不仅能使学生加深对课文内容的理解，还能发展学生的创造性思维。例如，《金色的鱼钩》一课，在描写老班长生命垂危时还在嘱咐三名小战士："你们一定要走出草地去……"显然，这是作者留下的一处艺术空白。我引导学生由此质疑：1. 为什么句末要用省略号？2. 如果老班长能把这句话说完，可能会讲些什么？这样，不仅使学生在语言能力方面得到训练，而且使学生的思想情感得到陶冶，创新思维得到培养。

七、围绕延伸点质疑

在小学语文教材中，好些课文的结尾语止而意未尽，给我们留下了诸多的想象空间。教学中如能引导学生抓住这些延伸点质疑想象，必将更加深刻地理解课文内容，并有效地培养学生的创造性思维能力。例如，《会摇尾巴的狼》一课的结尾："老山羊轻蔑地看了狼一眼说：'你不会活多久了，猎人会来收拾你的。'说完就走了。"我引导学生这样质疑：老山羊走了以后，狼会怎么样呢？学生展开想象的翅膀，说出了许多既合理又新奇的答案，使语言与思维得到了同步训练。

八、围绕联结点质疑

叶圣陶先生曾说："作者思有路，遵路识斯真。"然而，小学生才步入读写之门，是很难自己把握文章的思路的，需要教师的引导和指点。在教学中，教师如能指导学生理清文路，把握课文的某些联结点，诸如一个关键词、一个中心句，甚至一个过渡段，并围绕这些联结点去探究，对于帮助学生准确理解课文，训练思维能力，掌握读书方法，都是大有裨益的。例如，教学《白杨》一课，就可围绕"爸爸只是在向孩子们介绍白杨树……"这个过渡段，引导学生质疑读文，从而把握人与物之间的联系，领悟课文意趣，同时初步领略借物喻人的构思艺术。

九、围绕迁移点质疑

小学语文教材中的课文一般内容不深奥，结构不复杂，有的课文各个段落之间语言文字相近，句子形式相似，层次结构相仿。在教学中，如能引导学生抓住某些迁移点进行迁移，必将有利于学生举一反三，触类旁通。例如，《美丽的公鸡》一课的第 2、3、4 自然段描写的是公鸡要和啄木鸟、蜜蜂、青蛙比美，而它们都在辛勤地劳动，不愿和公鸡比美的故事，其写法十分相似。我在教学这三段时，采用的就是围绕迁移点质疑深究的方法：先逐句理解第 2 自然段，再总结规律，然后引导学生仿照学习第 2 自然段的方法质疑引读，快速学文。

附录二　中学教师课堂提问的现状与分析

提问是教学过程中教师和学生之间常用的一种相互交流的教学技能，它在教学中不但使用广泛，为过去和现代的教师所应用，而且同教学本身一样具有悠久的历史。它是公元15世纪苏格拉底研究教学法的基础（谈话法），是实现教学反馈的方式之一，是师生相互作用的基础，是启发学生思维的方法和手段。因而，提问在教学中具有重要的意义和作用。

教师的课堂提问是通过师生相互作用，检查学习、促进思维、巩固知识、运用知识、实现教学目标的一种教学行为方式。它是教师教学的重要手段和教学活动的有机组成部分。美国教学法专家斯特林·G．卡尔汉认为："提问是教师促进学生思维、评价教学效果以及推动学生实现预期目标的基本控制手段。"有经验的教师总是十分讲究课堂提问的设计，注意从思维的深度、广度和密度上设计问题，竭力点燃学生思维的火花，使课堂气氛活跃、学生思维高潮迭起。然而并非所有的课堂提问都能达到预期目标。那么，究竟目前中小学课堂中教师提问的现状如何？笔者进行了实证研究，尝试以一定层面、一定数量的课堂录像观察结果为依据，把握中学课堂教学教师提问的相关情况。我们走入中学课堂，运用课堂教学录像观察技术，分别对8位教师课堂语言进行记录、分类、整理，抽取出提问的问题，预先设计出教师课堂提问行为登记表，亦是观察框架（见"教师课堂提问行为登记表"），然后逐次分析。

一、对课堂问题的观察和分析

首先，从提问问题性质、问题内容和提问方式等三个维度对现实课堂提问作出分析。

（一）教师课堂提问问题性质的分析

问题，作为思维的一种表现形式，其根本性的作用在于激发人的思维，而问题的性质则规定着人的思维的方向与思维的内容。在所观察的8个班级的课堂教学中，教师平均每节课所提问题大约为50个，按照教师提问在课堂中的作用，可以将这些问题大致分为三种类型：

1．启发诱导性问题：例如“发现了什么，看到了什么，找到了什么?”“如果……会有什么结果？为什么会有这种结果?”“要使这种事实真的发生，需要哪些条件?”等，这类问题分三个方面，即形成概念、材料解析和应用原理。这类问题占课堂教学提问的50%左右。教师提出这类问题，其意图总是非常明显的，即试图努力引导学生参与课堂教学活动，真正发挥学生的主体作用。但有时在教师提出问题后会有这种现象出现：几乎没有学生主动起立回答问题，甚至在教师一遍一遍地暗示同学主动回答的情况下仍要最终采取点名的方式。这就让教师难以辨明他所提出的诱导性问题究竟对学生有多少启发，有没有达到引导学生参与课堂教学活动的目的。

2．教学程序性问题：这类问题主要用于通过问题的形式来组织课堂教学，如导入新课时的征答性导入语以及复习旧课时为了勾起学生记忆所设计的一些问题。这类问题约占课堂教学提问的20%。它们主要都面向全体学生提问，但有些问题的发问时机似乎并不恰当。

3．突出强调性问题：这类问题在于强调内容的重要，他们通常带有诱导的性质，但是不知出于何种考虑，教师往往并不让学生来回答，而是自问自答。这类问题在课堂教学提问中约占30%。

这些作用不同的教学问题的分布以及问题提出后的实际效果，能够让我们发现教师通过课堂提问来启发诱导学生的概率到底有多大。这似乎可以证明教师在课堂教学中处于一种尴尬的境地，对于课堂提问这一技术的应用也有流于形式之嫌。

（二）课堂教学问题内容的分析

我们对于课堂教学问题的内容分析，主要是以“布卢姆—特内教学提问模式”为基础来研究教学问题的认知特点。教学提问由低到高有六个水平：知识（回忆）、理解、应用、分析、综合、评价。涉及的答案内容综合说来有三种：方法、结论或事实。从我们对教师教学问题认知特点的统计来看，第一、第二水平总和一共占全部认知性问题的80%，而其中要求学生回忆事实的问题则占到80%中的80%。与之相对比的是第五、第六类问题则是微乎其微，而他们恰是最能启发诱导学生的关键点。这些统计结果似乎表明，在教师的课堂教学中，教师的问题多属“低水平”认知的问题，而缺少高水平认知，尤其是创造性思维的问题。就这种现象本身而言，教师的这种问题水平无疑是不利于学生的创造性思维能力的培养，不利于全面开发学生的智力、发展学生的能力的。

（三）对教师课堂提问方式的分析

在研究教师课堂提问方式时，我们主要根据问题的答案是单一还是多样而将教师的问题分为开放性问题与封闭性问题。所谓开放性问题，是指问题的答案或解决方案有多个；而所谓封闭性问题，是指教师所提问题的正确答案只有一个。前者体现出思维的发散性，后者体现出思维的收敛性。

根据我们对所观察的课堂教学提问的统计，在高中阶段，教师平均每节课提问 50 次左右，其中 90% 属于封闭性问题，而只有大约 10% 的问题属于开放性问题。这种现象意味着中学教师的课堂教学侧重于知识的了解与理解，而对创造性思维能力的培养没有给予足够的关注或注意，这对于学生掌握知识、继而运用知识是不利的，同样的也不利于学生的全面发展。

教师课堂提问行为登记表

问题		性质						内容（水平）						方式			
		启发诱导		教学程序		强调		方法		结论		事实		开放式		封闭式	
班级	总计	次数	%	次数	%	次数	%	次数	%	次数	%	次数	%	次数	%	次数	%
1	43	25	58.1	6	13.9	12	28.0	7	16.3	20	46.5	16	37.2	5	11.6	38	88.4
2	55	21	38.2	8	14.5	26	47.3	0	0	8	14.5	47	85.5	4	7.3	51	92.7
3	48	30	62.5	2	4.2	16	33.3	0	0	24	50.0	24	50.0	4	8.3	44	91.7
4	53	24	45.3	13	24.5	16	30.2	1	1.9	46	86.8	6	11.3	3	5.7	50	94.3
5	54	34	63.0	9	16.7	11	20.3	23	42.6	5	9.3	26	48.1	7	13.0	47	87
6	59	31	52.5	13	22.0	15	25.5	22	37.3	28	47.5	9	15.2	5	8.5	54	91.5
7	45	19	42.2	11	24.4	15	33.4	0	0	0	0	45	100	2	4.4	43	95.6
8	54	27	50.0	11	20.4	16	29.6	16	29.6	31	57.4	7	13.0	9	16.7	45	83.3

二、对教师应答的观察和分析

我们进一步分析教师在提出问题学生作答后如何处理，即教师的应答是怎样的。

课堂提问在每天的教学中都是大量的，其有效性直接决定着教师教学的质量水平。以上对课堂教学录像的观察和记录统计，使我们发现课堂教学中教师对于教学提问的环节并没有给予足够的重视。以语文课为例，一般的情况是这样的，教师让全班学生阅读课文，感知材料，然后提出问题引导学生分析、讨论。如果问题比较简单，没什么思维训练价值，这时大部分同学会举手。如果问题有一定难度，对于训练阅读分析能力很有意义，这时常常只有几个人举手，大部分学生还在思考，少部分后进生还没听懂问题或者不知从何处开始考虑。教师稍等一会儿，又有几个人举手，但总共举手的也就是十来个人，教师不能再等了，也不能等到大多数学生都独立思考以后再开始讨论，于是，他叫一名同学起来回答。如果学生回答对了，正好提到了教师板书设计中要用的几个词，他会很满意地肯定学生的回答，并且板书关键词语；如果学生回答错误，他可能直截了当地裁定："不对"。然后叫另一个学生回答，再回答错误，再叫另一个学生。只要有人回答对了，说出了教师需要的关键词语，这个问题的问答任务也就算完成了，教师立即板书，并且迅速提出下一个问题。教师并不热心组织讨论，也不问问同学们是否同意教师认为满意的回答，教师注意的中心，不是学生是否学会怎样分析课文，而是他所要的答案是否被"启发"出来了。这样一个问题一个问题地提问、回答和板书关键词，最后板书完全文结构图，教师进行小结，这篇课文就算分析完成了。

这样的语文课堂教学模式帮助我们总结出学生对于教师提出的问题的反应大致有六种情况，从而可以启发我们从以下六个方面观察教师在学生作答后如何处理：

1. 教师提问后学生没有任何表示，看教师如何处理沉默；

2. 教师提问后学生说"不会答"，看教师如何重复或重述问题；

3. 教师提问后学生说不明白问题，看教师如何解释题意；

4. 教师提问后学生支吾以对，看教师如何启发诱导；

5. 教师提问后学生的回答一部分正确，一部分似是而非，看教师如何提示和探讨；

6. 教师提问后学生迅速作出反应，要求回答问题，答案完全正确，看教师如何评价和鼓励。

通过对这几个方面的观察，我们发现一个很明显的现象，即教师在提问之后对学习能力高的学生（高成就学生）与学习能力相对低的学生（低成就学生）是有区别的。下述行为有时表明了教师的区别对待：

1. 一般只要求低成就学生回答简单的事实问题或者问一些他们不能回答的问题；

2. 等候低成就学生回答问题的时间较短；

3. 向低成就学生提供答案或者叫另外某个人回答，而不是通过提示或重复或者改变提问的语句以改进他们对问题的回答；

4. 奖励低成就学生不适应或不正确的回答；

5. 没有对低成就学生的当众回答给予反馈；

6. 不太经常要低成就学生回答问题；

7. 较少接受和利用低成就学生的想法。

综合说来，就是学习能力相对高的学生（高成就学生）参与课堂交流的机会多，学习能力相对低的学生（低成就学生）参与的机会少。

课堂各不相同，但不同的课堂提问均表达了教师的一些预期目的，即提问不仅是为了得到一个正确的答案，更重要的是让学生掌握已学过的知识，并利用旧的知识解决新问题，或使教学向更深一层发展。这些预期目的的设计并不是只针对学习能力高的学生，但是最后实施的结果却恰恰是体现了区别对待，以致造成更大的差别。我们对这种现象可以有这样一种猜测，即教师也有难处，如果指定学习能力相对低的学生来回答问题，将遇到两个难题：一是这部分学生的知识基础、表达能力、思维发展水平、动机发展水平都比较低，引导他们完成一项学习活动要花费很多时间，这时全班中等以上学习水平的学生坐在那儿就要不耐烦了；二是如果把问题提得简单些，他们在教师的帮助下完成或独立完成，而学习水平比较高的学生又会认为太简单了，不屑一答。如何解决这个问题？现在多数教师的办法就是少叫或不叫他们。如此，他们的学习机会总比别的学生少，课上的学习达成度也就总比别的学生低。这样，通过课堂上教师的提问以及提问后的应答，我们甚至找出了造成低成就学生与高成就学生间差距日益增大的课堂上的原因之一。

三、课堂提问观察给予我们的思考和启示

通过对课堂问题和教师应答等两方面的观察和分析，我们可以得到以下几方面的启示：

（一）提问技能的评价标准是多方面的

不能单看是否有学生能说出正确答案。大致可从以下十个角度来评价一位教师的提问技能：

1. 提问目的是否正确，是否紧密结合教学；
2. 问题是否有启发性，能否指引学生学习；
3. 问题的设计是否包含多种水平；
4. 能否把握提问时机促进思维发展；
5. 问题表述是否清晰，语言是否简明易懂；
6. 问题提出后是否有适当停顿，给予学生思考的时间；
7. 提示是否恰当，能否帮助学生思考；
8. 提问面是否广泛，能够照顾到各类学生；
9. 对答案是否能分析评价，强化学习；
10. 能否鼓励学生参与教学，回答问题。

（二）学生通过课堂上提问后教师的应答来察觉教师的区别对待

学生对于教师课堂问题的回答状况可以反馈教师的教学情况，帮助教师了解学生掌握知识的程度，同样，教师的应答也是一种反馈，学生可以利用这种反馈，了解自己的学习情况和自己在教师眼中的地位。学生们知道老师对学习能力相对高的学生投注了更高的成就期望，因而会提出一些有难度或是能启发思维的问题，并向这些学生提供更多的机会与选择；而另一方面，老师向学习能力相对低的学生提供更多的帮助，对这些学生的学习情况和课堂行为给予更消极的反馈。学生对教师的反馈可以察觉和解释，这在一定程度上可以帮助我们看到教师期望的传递是有区别的，帮助我们理解教师期望是如何在课堂中发挥效应的。这样，教师在使用课堂提问技术时，不仅要注意问题设计、提问的时机以及应答的技巧，还要注意提问的对象，防止传递不当的期望或者在提问过程中表现出歧视，避免给学生带去教学机会的不平等，或致使学生因为教师的低期望而导致学习动机降低。

（三）注重提高课堂提问思维含量

当然，课堂提问要遵循一定的原则，以充分发挥它的作用，从而帮助教师运用科学的教学策略，达到提高课堂教学效果、促进学生能力发展的目标。防止和克服课堂提问不良倾向的有效策略就是充分发挥教师在问题设计过程中的创造性思维，努力提高课堂提问的思维含量。

1. 要明确目的，设计有思考价值的问题：在问题设计时，教师不仅要考虑提什么样的问题，还要考虑为什么提这样的问题，使每一个问题既为活跃学生的思维服务，又成为完成本课教学任务的一个组成部分。问题的设计可以从培养学生的感知能力、分析综合能力、比较能力、抽象概括能力和创造想象能力等几方面入手，使提问具有较好的启发诱导性、清晰的层次性和恰当的时机。

2. 要讲究艺术，掌握调控策略：提问是课堂教学的重要组成部分，提问要注意哪些问题、提问中可能出现哪些问题、怎样解决等，教师在进行问题设计时应考虑好并做好充分的准备，以便教学时及时调控，保证课堂上学生的思维不偏离正确的轨迹。其中有两个方面最为重要：第一，对学生可能出现的各种反应、回答应有充分的估计并事先想好应对的策略；第二，考虑问题的提出是否有利于调动全体学生参与的积极性。设计问题时，要考虑让每一个学生都积极参与思维，坚决杜绝优生活跃、差生兴趣不高的课堂缺陷，使各层次、各类型的学生在课堂上都有自己的位置，各尽所能，各有所得。

附录三 《湖心亭看雪》课堂实录

时间：2017 年 3 月 30 日下午 14：10—14：50

地点：深圳市盐田区外国语学校阶梯教室

学生：七年级（7）班

主题：深圳市孙春成语文教学课型盐田区推广活动

执教：孙春成

师：老师很欣赏同学们这样，坐得很自然。我到一个地方讲课的时候，每一个学生坐得都很端正，正襟危坐的，很不放松，很不自然，没有必要，放松一点，自然一点，这样非常好。大家看一下大屏幕，这是什么景色啊？

【屏显】四幅雪景图

生（齐）：雪景。

师：你们谁见过真实的雪景？哦，你见过？你老家哪里？

生 1：湖南的。

师：哦，你是湖南的，湖南那里是下雪的。嗯，好，不错啊。……班里大部分同学都没见过雪景？那你们想不想赏雪啊？

生（齐）：想！

师：好，今天我们就跟着张岱赏一番雪景吧！

（板书课题：《湖心亭看雪》张岱）

师：同学们，说说“看雪”的“看”字在这里是什么意思。

生（齐）：观赏。

师：看就是观赏的意思，观赏就十分准确了。那这个湖是哪里的湖啊？

生（齐）：西湖。

师：对，西湖，杭州西湖。你们看屏幕上的雪景，就是杭州西湖的雪景，我们现在就跟随张岱去观赏西湖雪景。

师：同学们齐读一下作者简介好吗？

【屏显】张岱（1597—1679），字宗子，又字石公，号陶庵，又号蝶庵居士，明末清初山阴（浙江绍兴）人。出身仕宦世家，少时为富贵公子，爱繁华，好山水，晓音乐、戏曲，明亡后不仕，入山著书以终。著有《陶庵梦忆》《西湖梦寻》等。本文选自《陶庵梦忆》。

（生齐读作者简介）

师：这位作者，出身仕宦世家，“仕宦”是什么意思啊？

生（齐）：做官的。

师：再看后面“少时是富贵公子”，那按现在所说就是什么啊？

生（齐）：官二代。

师：对！非常正确。是官二代，同时也是富二代。所以，张岱这人爱繁华、好山水，晓音乐、戏曲。“明亡后不仕”是什么意思？

生（齐）：不再做官。

师：对！而且是“入山著书以终”，也就是进到山林里著书立说，一直到老。他的著作有《陶庵梦忆》《西湖梦寻》。这篇文章就选自《陶庵梦忆》。现在，老师给同学们示范朗读一下这篇文章，请同学们默读。

（师范读全文）

【屏显】《湖心亭看雪》补充注释

（说明：在注释中，下面画横线的是书上没有的注释，没有画横线的是书上注释不准确的）

1. 绝——断，断绝。在此引申为“消失”。

2. 是日更（gēng）定——是，代词，这。更，古代夜间计时单位，一夜分为五更，每更约两小时。定，停止，结束。

3. 拏（ná）——通假字。通“桡（ráo）”，又通“桡（ráo）”，即“船桨”。又名词作动词用，即“撑（船）”。

4. 拥毳（cuì）衣炉火——拥：抱，持。

5. 雾凇（sōng）沆（hàng）砀（dàng）——凇：水汽凝成的冰花。

6. 上下一白——天色湖光全是白皑皑的。一：副词，全，都。

7. 惟（wéi）——只，只有。

8. 长堤（dī）一痕——堤，堤坝。

9. 芥（jiè）——小草。

10. 毡（zhàn）——毡子，用羊毛等压成的像粗毯子似的东西，隔潮气。

11. 童（tóng）——未成年的男仆。

12. 强（qiǎng）饮——痛饮，痛快地喝。强，竭力。

13. 客此——客，做客；名词作动词用。

14. 喃（nán）喃——象声词，低语声。

15. 相公——原意是对宰相的尊称，后转为对士人（读书人）的尊称。

16. 更——还。

17. 及——到……时。

18. 痴似——痴于，痴过。痴，痴迷。

师：这篇文言文篇幅不长，应该说是比较浅显的。我们是七年级的学生，但这是八年级的课文，那就有点为难大家了。刚才我听胡老师说，我们班是这个学校最优秀的班级，大家看课下的注释，有点简单，所以孙老师给你们提供了补充注释。这些下面画横线的注释，是课本上根本没有的，是老师自己查资料提供的；下面没画横线的注释是书本上的注释不太准确，老师纠正了、加了补充注释的。请同学们试着根据课文的注释和老师提供的补充注释翻译一下本文，好不好啊？在你们的草稿纸上翻译一下，这是场竞赛，看谁翻译得快，可自行翻译，也可以六个人组成一个小组翻译，要动笔的啊。马上开始！

（学生翻译，老师巡视）

师：哦！有什么异议吗？原来老师给同学们提供的文章没有课下的注释啊！那老师赶快把教材给每个学生复印一份吧！好，老师去复印了，先看看我给你们的补充注释啊，先试着翻译一下，有什么不懂的就问孙老师，好吗？

（教师个别讲解补充注释的内容。课文上的注释下发给了学生）

师：有不明白的可以先问孙老师，举手示意。

生2：老师，“是日”的“是”是什么意思呢？

师：“是”就是“这”的意思，“是日”就是“这一天”。不错哦，敢于提问题！

生3：老师，补充注释的“士人”是什么意思呢？

师：“士人”是指“读书人”。我们现在大学本科毕业获得的“学士证”上就有这个“士”呀！

师：刚刚这两名女生表现很好，敢于直接向老师提问！

师：你们这个组讨论得挺激烈，但是似乎没讨论出什么问题来？

生4：老师，“金陵”是哪里？

师：金陵就是现在的南京。

师：你们小组好像在各自为战啊？

师：哪一个小组翻译完了有成果之后就举手示意，看哪一组快，这是一场竞赛。好，你们小组完了是吧，稍等一下，还有其他组没完。还有哪一个小组完了请举手示意，又有一个小组完了。好，第三个小组也完了。没完成的不着急啊！好，第四个小组也完了。还有两个小组，好，全部完了。

【屏显】参考译文：崇祯五年十二月，我住在西湖。接连下了三天的大雪，湖中行人、飞鸟的声音都消失了。这一天晚上八点左右，我划着一只小船，穿着毛皮衣服、带着火炉，独自前往湖心亭看雪。（湖上）冰花弥漫，天与云与山与水，浑然一体，白茫茫一片。湖上可以看到的影子，只有西湖长堤露出的一条淡淡的痕迹，湖心亭露出的一点轮廓，和我的一只小船，船中的两三粒人影罢了。

到了亭子边上，看见有两个人已铺好了毡子，面对面坐着，一个小孩正把酒炉里的酒烧得滚沸。（他们）看见我，喜出望外地说：“在湖中怎么还能碰上（你）这样（有闲情逸致）的人呢！”拉着我一同饮酒。我痛饮了三大杯，然后（和他们）道别。问他们的姓氏，得知他们是金陵人，在此地客居。等到（回来）下船时，船夫低语道：“不要说相公你痴，还有比你更痴迷的人呢！”

师：老师在屏幕上给大家显示出了参考译文，核对一下自己的译文，看哪里和参考译文不一致，思索一下为什么，不明白的地方再问老师，比如“怎么我是这样翻译的，老师你是这样翻译的？”可以举手提问，做学问在于比较，在比较里面就有学问了，你们核对一下屏幕上老师的参考译文。把你们的观点说出来。好，你来。

生5：第二句的开头，“大雪三日”，我觉得“三”应该是虚指，指很多天，而不是具体的三天。

师：大家觉得她说得怎么样啊？我觉得应该给她点赞！不错，请坐！这个同学是非常善于思考的学生，“三”在文言文里面就像这个学生说的，它常常是一个不定指的数字，就是指多的意思，但是在这里呢，“大雪三日”是不是多的意思呢？还是作者的准确意思呢？我谈一下我的观点。

师：连着下了三天大雪？如果说是在北方，在东北，或者在西北，那是连着下好多天的雪啊，因为那里纬度很高，天气严寒，经常好多天下大雪是司空见惯的事情，可以想见这个“三”就不只是三天了。但是，同学们，湖心亭看雪是在哪里啊？是在杭州西湖，西湖那里，你想象一下，连着下三天的雪，从纬度上、地理学上讲，那就是很大的雪了，是不是啊？所以呢，我还是觉得翻译成接连下了三天的大雪比较准确，这是我的一家之言，也不一定对啊！但是这个同学刚才的观点非常棒啊。好，继续，如果对比完了没有问题就举手，或和老师翻译的八九不离十就举手。

师：有问题的话就举手，像这个女同学一样提出问题来，然后我们共同解决。好，这位男同学发言。

生6：第二大段，我痛饮了三大杯，但是纸上给出的翻译里，“强”是尽力的意思，我尽力喝了三大杯酒。

师：哦，尽力就是很努力，也就是竭力的意思。其实你不是一个非常能喝酒的人，本来你喝一杯就觉得可以了，但是人家劝你，你竟努力地喝了三大杯，那你感觉是不是很痛快啊？文言文的翻译有两大类，一类是直译，比如刚才的这个“大雪三日”是接着下了三天的大雪，这基本上属于直译，那这里属于什么译法呢？是意译，只要大概的意思对了，就可以了。好，请坐。所以这个同学也很棒，他提出的这个问题涉及了文言文的两大翻译方法，一个是直译，就是既保持原文内容、又保持原文形式的翻译方法或翻译文字；另一个是意译，也称为自由翻译，它是只保持原文内容、不保持原文形式的翻译方法或翻译文字。直译与意译相互关联、互为补充，同时，它们又互相协调、互相渗透，不可分割。非常棒！还有没有？如果有核对完的小组就举手，你们核对完了有没有什么问题。

师：一个小组完了，还有吗？这个小组也完了，好，不错。同学们看一下大屏幕，齐读这个参考译文。

（生齐读参考译文）

师：好，到此为止，一节课40分钟，一半的时间过了，所以这个环节就是疏通文义，翻译全文。同学们可以说是六人小组，互相合作的形式，完成了这一环节的学习任务。尤其是一开始，老师没有给同学们下发课下注释的时候，而且这是八年级的课文，让你们七年级的学生学习应该是很有难度的，在底下听课的老师都非常清楚这一点，但是我们班同学在这20分钟里很有效率，翻译得非常棒！中间个别学生还善于发现问题，敢于大胆的提问，而且这两个同学提的问题都很有质量，所以，老师不得不佩服在座的同学们。从某个角度来说，我在你们这个年龄当学生的时候，比起你们差很多，所以你们都是我的老师。真的，我为你们点赞！老师很欣赏你们，很喜欢你们！但是这个环节还没完，你看下面这个，“本课文言文知识积累”，凡是学习文言文，每课的内容都不同，你要把你学习的文言文知识系统地梳理一下，形成这样一个良好的学习习惯，好不好呀？我只是帮你们把框架列出来，你们填个空，第二场竞赛开始了啊，看谁填得快，或者六人小组合作学习。填完就请举手示意。

【屏显】本课文言文知识积累（填空题）

一、通假字

1.

二、一词多义

1.

2.

3.

4.

三、词类活用

1.

四、古今异义

1.

（学生完成文言文知识梳理填空任务，老师巡视）

师：全部填完的小组可以举手了。

师：有没有填完的？

师：好，由于我们是七年级学生，学习八年级的课程有些难度，老师把答案公布一下。

【屏显】本课文言文知识积累（填空题答案）

一、通假字

1. 拏（ná）：通“挐（ráo）”，又通“桡（ráo）”，即“船桨”。又名词作动词用，即“撑（船）”。

二、一词多义

1. 是：①是日更定（这）　②是金陵人（表判断）

2. 一：①一白（副词，全）　②长堤一痕（数量词）

3. 更：①是日更定（古代计时单位）　②更有痴似相公者（还）

三、词类活用

1. 客：原意为“客人”，此处为“做客”。名词作动词用。

四、古今异义

1. 余：古义，我，例：余住西湖；今义，剩下。

师：刚才私下里我了解了一下，其实同学们都答得不错。赶快，做一下笔记，尤其是一些没想出来的地方，看下谁做笔记做得最快。谁笔记完了就举手示意。你叫什么名字？

生7：吴亦林。

师：吴亦林，嗯，很棒！你是这节课表现最好的。

师：通假字、一词多义、词类活用、古今异义。怎么样？做完笔记的举手示意，没做完笔记的赶快。

师：好，都做完笔记了。接下来请从文中找出最恰当的一个字来评价一下张岱其人，就找一个字。

师：好，你来。

生8：“痴”。

师：大家认为他说的对吗？

生（齐）：对！——

师：好，英雄所见略同，就是这个“痴”字。他怎么个“痴”啊？哪里“痴”啊？举手发言，有没有举手发言的啊？张岱的“痴”体现在哪里？好，你说。

生9：时间——体现他对旧朝的眷恋之情。

师：体现他对旧朝的眷恋之情，“眷恋”就是“痴”的意思，是不是，一家之言，嗯，很棒！还有没有发言，张岱的“痴”体现在哪里？好，你来说。

生10：体现在“大雪三日”。下了三天的大雪，可见那里很冷，还要穿着毛皮衣，我觉得他对这西湖很痴情。

师：很痴情西湖？是不是啊？又是一家之言，你们自己回答不出来，人家回答出来了还不表扬一下？

生（齐）：鼓掌。

师：到目前为止，发言的同学一个个比老师还聪明，比老师都厉害。好，继续发言，还有吗？刚才发言的同学，有的说对前朝很痴迷，有的说对景色很痴迷，还有呢？你说，不要重复别人的。

生11：要我说啊，他有两个地方有点矛盾，先是“独往湖心亭”，但后面又说“舟中人两三粒而已”，这说明他不是自己一个人去的，所以这也表达出来一个词，说明他知道唯有自我，遗世独立，不随波逐流。

师：老师请你把自己的发言概括一下，刚才那个同学说是“痴景”，那你这个叫痴什么？

生11：痴我。

师：大家说他这个是痴什么？是不是“痴人”啊？你虽然没有高度概括出来，但你回答的比概括的更精彩，好，为你点赞！

师：这个班的同学真的很好，我去全国各地讲课见到多少的学生，我们盐田外国语学校这个班是最棒的，真的，你们很有思想。

【屏显】崇祯五年十二月，余住西湖。大雪三日，湖中人鸟声俱绝。是日更定矣，余拏一小舟，拥毳衣炉火，独往湖心亭看雪。

师：这个是“痴”什么啊？

生：（部分学生）是“痴行”。

师：对呀！太聪明了！

【屏显】雾凇沆砀，天与云与山与水，上下一白。湖上影子，惟长堤一痕、湖心亭一点，与余舟一芥、舟中人两三粒而已。

师：这个不就是刚才那个同学说的“痴”什么啊？

生（齐）：痴景！

师：非常正确！就是刚才那位同学所说的——痴景。

【屏显】到亭上，有两人铺毡对坐，一童子烧酒炉正沸。见余，大喜曰：“湖中焉得更有此人！”拉余同饮。余强饮三大白而别。问其姓氏，是金陵人，客此。及下船，舟子喃喃曰：“莫说相公痴，更有痴似相公者！”

师：这就是刚才那位同学说的——

生（齐）：痴人！

师：没错。你们真是好样的！

【屏显】张岱，出身仕宦世家，明亡后不仕，入山著书以终。《陶庵梦忆》《西湖梦寻》写于明亡入山后，书中缅怀昔日繁华，追忆前尘往事，字里行间流露出深沉的故国之思和沧桑之感。满纸荒唐言，一把辛酸泪。都云作者痴，谁解其中味。

师：这个又是“痴”什么啊？

生：（个别学生）痴心——

师：非常正确！

师：张岱出身于仕宦世家，在明朝享尽了荣华富贵。时过境迁，写这篇文章时是清朝，跟明朝时期一比，他当然留恋前朝，怀恋明朝。作者追忆前朝往事，文章中融入深情的故国之思，这种沧桑之感，不就是第一个同学发言的内容吗？满纸荒唐言，一把辛酸泪，关于作者痴，谁解其中味啊？痴什么呢？痴心不改！对这四个“痴”的把握，反映了我们班的同学非常优秀，七年级学生对八年级的课文一个个都回答得如此精彩，真的，你们把老师给征服了！“痴”，这是对张岱最确切的评价。他痴迷于天人合一的山水之乐，痴迷于世俗之外的雅情雅趣，清高自赏，超凡脱俗。经过我们讨论，一个超凡脱俗的张岱就活生生地展现在我们面前，是不是啊？是，非常的棒！老师为你们喝彩！给你们点赞！（竖起大拇指）

【屏显】白描写作手法：所谓白描，原来是中国绘画的传统技法，指不着颜色，也不画背景，只用墨线勾勒出人或事物的形象的画法。它重在以形传神，不重形似而求神似。后来人们把这种写意的技法引进写作。白描写作手法，即用最朴素、最简练的笔墨，不事雕琢，不加烘托，抓住描写对象的特征，如实地勾勒出人物、事物与景物的情态面貌。（图例花鸟白描、山水白描和人物白描）

师：什么是“白描写作手法”？请齐读屏幕内容。

（生齐读）

师：你们看大屏幕上，老师举得这三个例子，白描花鸟，白描山水，白描人物，就是不着颜色，也不画背景，只用墨线勾勒人或物的形象的画法画出来的，就是中国绘画的传统技法——白描。后来人们把这种写意的技法引进了写作，白描的写作手法就是用最朴素的、最简练的笔墨，不矫饰、不烘托，抓住描写对象的特征，如实勾勒出人和事物、景物的情态面貌。你们说说《湖心亭看雪》中哪些句子是运用了白描的写作手法，找出来的就举手。好，你马上就找出来了，你说。

生12：“雾凇沆砀，天与云与山与水，上下一白。湖上影子，惟长堤一痕、湖心亭一点、与余舟一芥，舟中人两三粒而已。”

师：老师很惊叹你们的才华，好像我讲之前，你们就学过似的，那不可能的嘛，八年级的课你们根本没学过，怎么知道这个答案啊，老师只能佩服你们。这个同学读得非常好。

师：“雾凇沆砀，天与云与山与水，上下一白。湖上影子，惟长堤一痕、湖心亭一点、与余舟一芥，舟中人两三粒而已。”作者在这里使用白描的写作手法，寥寥几笔，就为我们勾画出了“天人合一”的境界，宛如一幅写意山水，悠远脱俗。而在大自然面前，茫茫雪野，不由你顿生“渺沧海之一粟”的人生感慨。

师：同学们，这节课我们就学到这里，你们还有什么问题吗？

生（齐）：没有。

师：真的没有什么问题了吗？

生（齐）：没有。

师：真的没有不懂的地方了吗？

生（齐）：没有。

师：究竟有没有？大声告诉我！

生（齐）：（大声说）没有！

师：好吧！你们没有，老师给你们提个问题。

【屏显】作者开头说“余拏一小舟……独往湖心亭看雪”，后面怎么又说“舟中人两三粒”，还出现了“舟子”这样一个人物？这岂不前后矛盾？

师：如此前后矛盾，这又如何解释？明明是说“独往”湖心亭看雪啊，最后怎么又出现“舟中人两三粒”和“舟子”这些人物？难道是因为张岱写这篇文章时脑子不够用，说话颠三倒四的？有没有人知道原因是什么啊？有没有人发言？

师：孟子曰：“尽信书，不如无书。”读书不要拘泥于书本或迷信书本，“学贵有疑”，学习就贵在能发现问题，提出疑问。刚才我们上课的时候有几位同学都提出了问题，而且提的问题很有质量，提的问题很有探讨价值，老师再给刚才提出问题和回答问题的学生提出表扬！学习应该做到“有疑敢问，有疑善问，有疑必问”。至于这个问题是怎么回事，我也上互联网查了，也没得到我认为满意的解释，但是看今天同学们都这么聪明、这么优秀，这个问题留下作为你们的课下作业，你们自行讨论，自行解决，好不好啊？

生（齐）：好！

师：同学们，下课！

生（齐）：谢谢老师，老师再见！

师：同学们再见！

附录四　教学问题以问题教学来解决

——《湖心亭看雪》教学构思

孙春成

“教学问题”用“问题教学”来处理是最好的办法。我以自己教学《湖心亭看雪》一课为例加以说明。

一、让学生自行疏通文字，了解大意。文言文新课，第一个步骤该做什么呢？我大胆让学生自主翻译课文，让学生真正成为学习的主体，大大提高了学生自主探究、自主学习的能力。我只是给学生额外提供了教材里面缺乏的“补充注释”，让学生直接自主翻译，或六人小组合作翻译。翻译的结果好不好，我也没有当判官，而是给学生提供了“参考译文”，让学生比较，在比较中获得知识，这种比较的过程何尝不是学生自主探究的过程呢？这里，尤以学生 5 关于“大雪三日”的“三”的质疑最为精彩。如此教学，学生的翻译就自然而然地、切切实实地落到了实处。这一教学步骤，不仅培养了学生自主探究的能力，而且教会了学生自主探究的方法，即“比较法”，可谓一箭双雕。

二、寓知识积累于自行解决问题之中。我教文言文，都特别重视学生对文言文知识的系统梳理和归纳，为的是让学生建立知识之间的联系性，以至积累便是学问。我一改以往平铺直叙、索然无味的讲解和直接把答案告诉学生的做法，把“知识梳理”转换为“填空题”，将这节课涉及的文言知识设计成一个个填空题，让学生做，在做题的过程中独立思考。这种“知识梳理”转换为“填空题”，寓知识积累于解决问题之中的做法，既培养了学生自主探究的能力，又让学生学会了积累知识的方法，还让学生轻轻松松掌握了知识，一举多得。

三、“主旨探究”与“写法探究”，详略得当但有所侧重。对张岱“痴”的探究可谓重点，我不惜笔墨、用墨如泼，一连探究了“四痴”，而且这个探究的过程都充分体现了学生自主探究的特点。学生 9、学生 10、学生 11 的回答都令人大开眼界，耳目一新，非常精彩；再加上老师的相机诱导与恰切点拨，让教学出现了小小的高潮，引人入胜。至于对“白描手法”的探究，则一笔带过，点到为止，极省笔墨，可谓惜墨如金。

四、“学贵有疑”收束全课。教学结尾余音绕梁，充分激发了学生的探究欲望，可谓高潮之至，问题教学艺术达到了最高境界。

附录五　孙春成指导教师参加“教学比赛”获奖目录

【孙春成1999年3月至2002年9月任深圳市龙岗区小学语文教研员，2008年9月至今任深圳市龙岗区初中语文教研员。这期间指导深圳市龙岗区语文教师参加教学比赛，共获得市级一等奖以上荣誉38项，市级二等奖荣誉42项（略）。项目包括：现场课堂教学大赛、基本功大赛、教学技能大赛、微课大赛、录像课大赛、教学设计大赛等等】

序号	姓名	所在学校	获奖项目	级别与等级	获奖时间
国家级课堂教学基本功大赛（共3项：一等奖1项，二等奖2项）					
1	刘洋	深圳市龙岗区外国语学校	第二届全国初中语文教师教学基本功大赛	国家级一等奖	2012.4
2	赵查	深圳市龙岗区实验学校	第三届全国初中语文教师教学基本功大赛	国家级二等奖	2014.5
3	刘毅	深圳市龙岗区平湖中学	第五届全国初中语文教学基本功大赛	国家级二等奖	2015.5
省级课堂教学大赛（共6项：一等奖4项，三等奖2项，其中包括冠军3项）					
4	刘洋	深圳市龙岗区外国语学校	广东省2010年初中语文文言文阅读教学大赛	省级一等奖（冠军）	2010.12
5	俞晓燕	龙岗区平湖外国语学校	广东省2010年初中语文文言文阅读教学大赛	省级一等奖	2010.12
6	赵查	深圳市龙岗区实验学校	广东省2012年初中语文古典诗歌鉴赏教学大赛	省级一等奖（冠军）	2012.12
7	刘毅	深圳市龙岗区平湖中学	广东省2014年初中语文童话寓言教学大赛	省级一等奖（冠军）	2014.12

（续表）

8	郑冉	深圳市龙岗区龙城初级中学	广东省2016年初中语文名著导读课堂教学大赛	省级三等奖	2016. 12
9	王珂珂	深圳市龙岗区龙城初级中学	广东省2017年初中语文青年教师教学能力大赛	省级三等奖	2017. 11
市级课堂教学大赛一等奖（共29项：教学大赛16项，录像课与微课5项，教学设计8项，其中包括冠军5项）					
10	覃亮	深圳市龙岗区沙西小学	深圳市1999年小学生情境作文课堂教学大赛	市级一等奖	1999. 12
11	田聪维	深圳市龙岗区实验学校	深圳市2008年初中语文教学大赛	市级一等奖（冠军）	2008. 10
12	刘洋	深圳市龙岗区外国语学校	深圳市2010年初中语文文言文阅读教学大赛	市级特等奖（冠军）	2010. 10
13	赵查	深圳市龙岗区实验学校	深圳市2012年初中语文古典诗歌鉴赏教学大赛	市级特等奖（冠军）	2012. 12
14	包望	深圳市龙岗区新梓学校	深圳市2012年初中语文古典诗歌鉴赏教学大赛	市级一等奖	2012. 12
15	杨乔	深圳市龙岗区南联学校	深圳市2012年初中语文古典诗歌鉴赏教学大赛	市级一等奖	2012. 12
16	方金翠	深圳市龙岗区梧桐学校	深圳市2012年初中语文古典诗歌鉴赏教学大赛	市级一等奖	2012. 12
17	朱海英	深圳市龙岗区福安学校	深圳市2012年初中语文古典诗歌鉴赏教学大赛	市级一等奖	2012. 12

（续表）

18	刘戬佞	深圳市龙岗区可园学校	深圳市2012年初中语文古典诗歌鉴赏教学大赛	市级一等奖	2012. 12
19	钟文	深圳市龙岗区龙城初级中学	深圳市2012年初中语文古典诗歌鉴赏教学大赛	市级一等奖	2012. 12
20	刘毅	深圳市龙岗区平湖中学	深圳市2014年初中语文寓言与童话课堂教学大赛	市级特等奖（冠军）	2014. 11
21	陈丽蓉	平湖实验学校	深圳市2015年初中语文教师技能大赛	市级一等奖	2015
22	饶晨曦	深圳布吉可园学校	深圳市2015年初中语文教师技能大赛	市级一等奖	2015
23	代小娟	深圳实验承翰学校	深圳市2015年初中语文教师技能大赛	市级一等奖	2015
24	郑冉	深圳市龙岗区龙城初级中学	深圳市2016年初中语文名著导读课堂教学大赛	市级一等奖	2016. 11
25	王珂珂	深圳市龙岗区龙城初级中学	深圳市2017年初中语文青年教师教学能力大赛	市级一等奖（冠军）	2017. 10
26	周东芳	深圳市龙岗区梧桐学校	深圳市首届微课大赛	市级一等奖	2014. 4
27	赵查	深圳市龙岗区实验学校	深圳市初中语文优质录像课比赛	市级特等奖	2009. 6
28	张庆	深圳市龙岗区新亚洲学校	深圳市初中语文优质录像课比赛	市级一等奖	2009. 6
29	徐瑶	深圳市龙岗区平安里学校	深圳市初中语文优质录像课比赛	市级一等奖	2009. 6

（续表）

30	周东芳	深圳市龙岗区梧桐学校	深圳市初中文言文阅读教学专题教研录像课	市级一等奖	2010.12
31	周东芳	深圳市龙岗区梧桐学校	深圳市初中文言文阅读教学设计	市级一等奖	2010.12
32	刘毅	深圳市龙岗区平湖中学	深圳市初中文言文阅读教学设计	市级一等奖	2010.12
33	罗彩萌	深圳市龙岗区天成学校	深圳市初中文言文阅读教学设计	市级一等奖	2010.12
34	刘洋	深圳市龙岗区福安学校	深圳市初中文言文阅读教学设计	市级一等奖	2010.12
35	杨琼	深圳市龙岗区平安里学校	深圳市初中文言文阅读教学设计	市级一等奖	2010.12
36	肖艳君	深圳市龙岗区福安学校	深圳市初中文言文阅读教学设计	市级一等奖	2010.12
37	孙芸	深圳市龙岗区天成学校	深圳市初中文言文阅读教学设计	市级一等奖	2010.12
38	盛志勇	深圳市龙岗区新亚洲学校	深圳市初中文言文阅读教学设计	市级一等奖	2010.12

附录六　孙春成“立体教学”研究大事记

一、出版专著（共20本）

1．1993年出版专著《立体教学初论》（山西教育出版社。魏书生写序，刘国正题写书名）。

2．1997年出版专著《立体教学再论》（山西教育出版社。魏书生题词：立体思维沐春风春雨，教学硕果渐成长成熟。刘国正题写书名）。

3．1997年出版专著《立体教学三论》（山西教育出版社。陈金明写序，刘国正题写书名）。

4．1998年出版专著《立体教学论》（山西教育出版社。魏书生题词：全面发展天地阔，立体教学道路宽。程翔题词：勤奋耕耘，硕果累累。许建国题词：举前贤之未及，其后学于成规。陈金明、景克宁、贺斌写序，刘国正题写书名）。

5．1998年出版专著《语文课堂教学艺术漫谈》（语文出版社。魏书生题词：艺术活动的写真，科学思辨的结晶。钱梦龙、宁鸿彬写序）。

6．2001年出版专著《语文课堂立体教学模式》（广西教育出版社）。

7．2003年出版专著《中学语文课堂创新教学模式》（中山大学出版社。唐海海写序）。

8．2003年出版专著《小学语文课堂创新教学模式》（中山大学出版社。唐海海写序）。

9．2003年出版专著《给语文教师的101条建议》（南京师范大学出版社。魏书生写序）。

10．2003年出版专著《新语文课堂：探究教学法》（南京师范大学出版社。章熊题词：只有教师善于探究，学生才能学会探究）。

11．2003年出版专著《语文研究性学习：学与教融合的策略》（南京师范大学出版社。李吉林题词：年轻人志在千里，愿立体教学更上层楼）。

12．2003年出版专著《初中语文课堂教学艺术》（中国林业出版社）。

13. 2003 年出版专著《语文课堂问题教学策略》（广西教育出版社。于漪写序）。

14. 2004 年出版专著《语文立体化教学艺术》（中国林业出版社。魏书生写序）。

15. 2004 年出版专著《语文反思性教学策略》（广西教育出版社）。

16. 2004 年出版专著《新课程语文教育随笔》（广东教育出版社）。

17. 2017 年出版专著《语文教学十大创新课型》（山西教育出版社。魏书生写序，钱梦龙题写书名）。

18. 2018 年出版专著《语文课堂立体教学课型》（山西教育出版社。魏书生、于漪写序，钱梦龙题写书名）。

19. 2018 年出版专著《语文课堂问题教学课型》（山西教育出版社。于漪写序，钱梦龙题写书名）。

20. 2018 年出版专著《语文课堂教学艺术法宝》（山西教育出版社。钱梦龙、宁鸿彬写序）。

二、发表论文（共 45 篇）

1. 1986 年第 6 期《语文教学论坛》发表第一篇论文《“立体教学”初探》。

2. 1988 年第 5、6 期《语文教学通讯》发表论文《关于“立体教学”理论的再思考》。

3. 1989 年第 1 期《山西大学师范学院学报》发表论文《知识积累与能力培养》。

4. 1989 年第 3 期《语文教学论坛》发表论文《指导学生批改作文的理论与实践》。

5. 1990 年第 2 期《山西大学师范学院学报》发表论文《教学过程中思维的立体性探幽》。

6. 1992 年第 3、4 期《山西大学师范学院学报》发表论文《浅谈提高语文课堂教学效率》。

7. 1993 年第 2 期《山西电教》发表论文《求异思维在作文立意上的运用》。

8. 1995 年第 9 期《新语文》发表论文《不妨试试“存疑法”》。

9. 1995 年第 13 期《运城地区教育学会会刊》发表论文《关于中学语文教

学现状的思考》。

10. 1996 年第 5 期《中学语文教学参考》发表论文《也谈“落实”》。

11. 1997 年第 3 期《语文学习》发表论文《一堂课就是一篇文章》。

12. 1997 年第 9 期《中学语文教学》发表论文《提高青年教师素质之我见》。

13. 1998 年第 5 期《语文教学通讯》发表论文《思维的立体性结构及最优化运动》。

14. 1998 年第 8 期《教育理论与实践》发表论文《幽默在语文教学中的功用》。

15. 1998 年第 10 期《中学语文教学》发表《读书是我的责任》。

16. 1999 年 1 月 8 日《中国教育报》发表论文《如何成为“研究型”教师》。

17. 1999 年第 3 期《人民教育》发表《呼唤“研究型”教师》。

18. 1999 年 5 月 14 日《中国教育报》发表论文《怎样写教学后记》。

19. 1999 年 6 月 11 日《中国教育报》发表论文《教学的四种境界》。

20. 2000 年 6 月 9 日《中国教育报》发表论文《贵在发现》。

21. 2000 年第 7 期《中学语文教学》发表论文《语文教学科学化的必由之路》。

22. 2001 年第 4 期《中学语文教学》发表论文《教育家与教书匠》。

23. 2002 年第 2 期《中学语文教学》发表论文《有效开展研究性学习的思考》。

24. 2002 年第 11 期《语文建设》发表论文《走进教学的三重境界》。

25. 2003 年第 1 期《语文建设》发表论文《牵一发而动全身》。

26. 2003 年第 6 期《中国小学语文教学论坛》发表论文《立体探究，发展创新》。

27. 2003 年第 7 期《中学语文教学》发表论文《教会学生思考和创新》。

28. 2015 年第 12 期《中学语文教学参考》发表论文《最优化：打造高效语文课堂教学的尝试》。

29. 2016 年第 6 期《中学语文教学参考》发表论文《我这样教〈秋天的怀念〉》。

30. 2016 年第 6 期《中学语文教学》发表论文《我这样上名著导读课》。

31. 2016 年第 8 期《中学语文教学参考》发表论文《“立体教学”的尝试》。

32. 2016 年第 10 期《中学语文教学》发表论文《有效提问：语文教学的常规武器》。

33. 2016 年第 10 期《中学语文教学参考》发表论文《把每篇课文当作一个课题进行研究》。

34. 2016 年第 12 期《中学语文教学参考》发表论文《学会创建“语文课型”》。

35. 2016 年第 12 期《语文教学通讯》发表论文《语文课堂教学评价须要“标准化”》。

36. 2017 年第 1 期《作文教学与研究》发表论文《学生互相评改作文的理论与实践》。

37. 2017 年第 5 期《语文教学通讯》发表论文《关于语文课堂教学十大问题的思考》。

38. 2017 年第 3 期《中学语文教学参考》发表论文《蒙太奇：“名著导读”教学设计的基本方法》。

39. 2017 年第 6 期《中学语文教学参考》发表论文《教学常规里的教学研究及其价值》。

40. 2017 年第 8 期《中学语文教学参考》发表论文《语文教学须要追求原创》。

41. 2017 年第 29 期《语文教学通讯》发表论文《辩证法：处理好语文课堂教学的十大关系》。

42. 2017 年第 12 期《中学语文教学参考》发表论文《“课文主旨”与“课堂主旨”之辨》。

43. 2018 年第 3 期《中学语文教学参考》发表论文《重温“驾驭教材”》。

44. 2018 年第 6 期《中学语文教学参考》发表论文《情感教育：贯穿语文教学的一根红线》。

45. 2018 年第 9 期《中学语文教学参考》发表论文《我的“一课一得”观》。

三、获奖论文（共11篇）

1. 1987年10月论文《论幽默在语文教学中的功用》荣获“中学语文教育理论研讨会”论文奖。

2. 1988年4月论文《关于“立体教学”的思考》荣获“陕甘晋川冀中学语文研讨会”首届年会优秀论文奖。

3. 1988年论文《“立体教学”与思维》被选为参加山西省中小学教学改革与实验研讨会的文章。

4. 1988年论文《指导学生批改作文的理论与实践》荣获全国青年教改新秀论文评选一等奖。

5. 1989年论文《一堂课就是一篇文章》荣获山西省中学语文教学研究论文优秀奖。

6. 1989年论文《知识积累与能力培养》荣获全国青年教改新秀论文评选一等奖。

7. 1995年论文《于无疑处生疑》荣获第二届中华圣陶杯中青年教师论文大赛一等奖。

8. 1995年论文《明确主攻方向，加强作文教学》在“全国青年语文教师联谊会”成立大会上被评为一等奖。

9. 1996年论文《关于中学语文教学现状的反思》在当前语文教学突破性改革征文中荣获优秀奖。

10. 1998年论文《论提高青年教师素质》编入《如何实施素质教育》大型学术文库。

11. 2000年论文《贵在发现》荣获《中国教育报》“教学漫议”征文二等奖。

四、科研课题与兼职

1. 1990年被《语文周报》聘为“兼职编辑”。
2. 1993年被《山西电教》聘为“特邀编辑”。
3. 1995年在山东泰安发起成立“全国青年语文教师联谊会”，任常务理事。
4. 1997年被聘为“全国教学艺术研究中心”副理事长。
5. 1997年《立体教学论》列为山西省教育科学“九五”规划课题。

6. 1997 年成立“运城地区立体教学研究会”（孙春成任法人代表），拥有200 余名会员（即“立体教学”实验教师），设立试点达 42 所学校，辐射运城地区 13 个县市。

7. 1999 年在人民大会堂被聘为全国中语会青年语文教师研究中心第二届理事会常务理事。

8. 2003 年《立体教育》列为中国教育学会“十五”科研规划课题。

9. 2005 年 9 月中国教育学会“十五”科研规划课题《立体教育》经专家鉴定结题（鉴定专家：魏书生、钱梦龙、陈金明、靳家彦、程翔）。

10. 2006 年《立体教育系统工程理论》列为中国教育学会“十一五”科研规划课题。

11. 2013 年被运城学院中文系聘为兼职教授。

12. 2014 年被运城幼儿师范高等专科学校聘为兼职教授。

13. 2014 年被陕西学前师范学院师资培训学院聘为授课专家。

14. 2016 年被山西省忻州师范学院聘为客座教授。

15. 2016 年被陕西师范大学文学院聘为教育硕士合作导师。

16. 2016 年被深圳大学聘为教育硕士导师。

17. 2016 年被深圳市龙岗区教育质量监测中心聘为兼职研修员。

18. 2016 年被聘为深圳市“尹庆华名师工作室”专家顾问。

19. 2017 年被陕西师范大学特聘为授课专家。

五、获奖成果（共 19 项）

1. 1990 年在福建厦门集美中学“全国第二届青年教师中学语文教学研讨会”上做公开课并被评为优秀奖（本次会议两大收获：一是和魏书生老师同台上课；二是将书稿《“立体教学”初论》交给魏书生老师，请他写序获得成功）。

2. 1999 年专著《语文课堂教学艺术漫谈》荣获“语通杯”全国语文教研成果大赛一等奖。

3. 2005 年 12 月“立体教育”系列成果参加“首届全国基础教育课程资源博览会优秀成果展”。

4. 2005 年《语文课堂立体教学模式》荣获“中国教育学会奖”一等奖。

5. 2006 年 11 月“立体教学”被评为深圳市继续教育课程。

6. 2008年《语文课堂立体教学模式策略体系》系列科研成果荣获深圳市龙岗区基础教育教学成果一等奖。

7. 2009年《语文课堂立体教学模式》被评为深圳市龙岗区继续教育培训优质课程。

8. 2009年《语文立体化教学艺术》荣获“第五届中国教育学会科研成果”三等奖。

9. 2010年在上海执教《外婆的手纹》一课荣获《中国教育报》主办的“全国第三届两岸同课异教中学语文课堂教学研讨会”一等奖。

10. 2010年指导刘洋参加“文言文课堂教学大赛”，荣获深圳市和广东省双料冠军。

11. 2012年指导刘洋参加“全国第二届初中语文教师教学基本功展评活动”，荣获一等奖。

12. 2012年指导赵查参加“古典诗词课堂教学大赛”，荣获深圳市和广东省双料冠军。

13. 2014年指导赵查参加“全国第三届初中语文教师教学基本功展评活动”，荣获二等奖。

14. 2014年指导刘毅参加“童话寓言课堂教学大赛”，荣获深圳市和广东省双料冠军。

15. 2016年指导刘毅参加“全国第三届初中语文教师教学基本功展评活动”，荣获二等奖。

16. 2016年《语文教学十大创新课型》被深圳市龙岗区教学研究室审定为中小学校本教材。

17. 2016年《语文教学十大创新课型》被评为深圳市中小学“好课程”。

18. 2016年在苏州“全国初中语文名师精品课堂展示活动”中执教《秋天的怀念》，荣获一等奖。

19. 2017年“语文课堂立体教学策略体系”（20本系列专著）荣获广东省教育教学成果奖（基础教育）一等奖。

六、成果推广（共38项）

1. 1992年创办山西省运城地区教育专业杂志《教研向导》。

2. 1995年8月在“全国青年语文教师联谊会首届年会”上做学术报告，并向与会代表赠书《“立体教学”再论》《“立体教学”三论》500余本。

3. 1997年“运城地区立体教学研究会”召开首届年会，魏书生、钱梦龙、程翔、肖家云为千名与会代表上示范课，运城行署副专员闫存来和运城行署教育局局长梁增华与会讲话，景克宁教授演讲，向与会代表赠送专著《立体教学论》达800余本。

4. 1997年11月21日山西省交口县教委决定在全县中小学推广“立体教学”，并邀请孙春成上示范课和做学术报告。

5. 1998年在山西省运城地区夏县中学召开运城地区“立体教学”研讨会，皇甫彩虹老师做公开课并演讲。

6. 2000年在深圳市龙岗区龙城小学设立“立体教学”试验点。

7. 2001年在求水山庄召开深圳市龙岗区“立体教学”推广大会，给10所学校颁发“立体教学实验基地”牌匾，给实验老师颁发优秀论文证书，赠送与会代表每人一份2000年5月19日的《中国教育报》（上有专版介绍“立体教学”在龙岗的实践经验），深圳市小学语文教研员肖桂林老师做题为《小学语文与多媒体》的报告。

8. 2003年3月23日浙江省青田县教育局教研室组织举办了“立体教学”推广大会，并邀请孙春成上示范课和做学术报告。

9. 2004年4月10－11日“辽宁省中等职业学校语文教师培训暨经验交流会”邀请孙春成上示范课、做学术报告、评课。

10. 2004年4月21日“立体教育”课题首届年会在深圳市龙岗区实验学校召开，魏书生做题为《新课改的语文教育发展趋势》的报告；孙春成上示范课《事物的正确答案不止一个》，并做报告《“立体教学”与新课程改革》。

11. 2004年首届“立体教学杯”课堂教学大赛在深圳东方半岛学校举行，龙城小学语文教师尹佳俊荣获冠军。

12. 2005年4月9－10日“立体教育”课题第二届年会在深圳市布吉高级中学召开，魏书生上示范课并做学术报告。

13. 2005年11月24－25日第二届“立体教学杯”课堂教学大赛在深圳市龙岗区实验学校举行，龙岗区实验学校初中语文教师陈理荣获冠军，靳家彦上示范课并做学术报告。

14. 2006年5月20日“立体教育”课题第三届年会在深圳市龙岗中专召

开，钱梦龙做学术报告《新课程关键词解读》。

15. 2006 年 11 月 10 日第三届“立体教学杯”课堂教学大赛在深圳市龙岗会堂举行，四川师范大学附属实验学校语文老师柳舒荣获冠军，于永正上示范课并作学术报告，深圳市教育局副局长唐海海到会致辞。

16. 2009 年在深圳大学教授继续教育课程《语文课堂立体教学模式》。

17. 2010 年在深圳大学教授继续教育课程《语文课堂立体教学模式》。

18. 2010 年 12 月 4 日参加教育部《中国教师报》主办的“全国第三届两岸同课异教中学语文课堂教学研讨会”执教《外婆的手纹》一课荣获一等奖。

19. 2013 年 3 月 2－5 日到广东省清远市连南、阳山两县支教。

20. 2014 年 9 月为山西大学图书馆捐赠 7 种个人专著。

21. 2014 年 11 月为陕西省市级教学能手国培计划高级研修班上示范课《秋天的怀念》和《孤独之旅》，并做学术讲座《语文教学艺术》。

22. 2014 年 12 月到广东省茂名市茂南和电白两县支教。

23. 2014 年在深圳市“名师课堂”活动中上示范课《孤独之旅》。

24. 2015 年在深圳市“名师课堂”活动中上示范课《秋天的怀念》。

25. 2015 年 11 月 12 日，为深圳市龙岗区初中语文教师做了题为《立体教学模式的理论与实践》的讲座。

26. 2015 年 12 月 3 日，为深圳市龙岗区初中语文教师做了题为《骆驼祥子》的示范课。

27. 2016 年 3 月 25 日为陕西师范大学 2016 届教育硕士授课 6 课时。

28. 2016 年 11 月 25 日在《中学语文教学参考》杂志社举办的“全国初中语文名师精品课堂展示活动”中执教《秋天的怀念》一课荣获一等奖。

29. 2016 年 11 月 26 日在“苏浙中学语文教学论坛第二届年会”做学术讲座《怎样提高语文课堂教学效率》。

30. 2016 年 12 月 12 日应邀在广东省初中语文“名著导读”课堂教学大赛上评课《骆驼祥子》。

31. 2017 年 3 月在《新作文杂志社》举办的全国“三新”作文教学研讨会上执教《指导学生互相评改作文》一课荣获一等奖。

32. 2017 年 3 月 18 日为深圳大学 2016 级硕士研究生授课 4 学时，并赠书《语文教学十大创新课型》26 本。

33. 2017 年 3 月深圳市龙岗区教育局教学研究室给龙岗区各个初中免费发放

《语文教学十大创新课型》365 本。

34．2017 年 3 月 30 日在深圳市盐田区“深圳市初中语文教学十大创新课型推广活动”中执教示范课《湖心亭看雪》并做学术讲座《怎样提高语文课堂教学效率》，同时向与会教师赠书《语文教学十大创新课型》64 本。

35．2017 年 4 月 12 日为陕西省高中骨干教师研修班上示范课《雨霖铃·寒蝉凄切》并做学术讲座《怎样提高语文课堂教学效率》。

36．2017 年 5 月 11 日在深圳市坪山区“孙春成语文教学课型推广大会暨坪山区初中语文名家讲学活动”中执教示范课《简·爱》并做学术讲座《语文教学十大创新课型》。

37．2017 年 5 月 17 日在深圳市直属学校初中语文“同课异构”教学研讨活动中执教示范课《爱莲说》并做学术讲座《语文教学十大创新课型》，同时，向与会教师赠书《语文教学十大创新课型》96 本。

38．2017 年 5 月 27 日在《中学语文教学参考》杂志社举办的“全国初中语文名家精品课堂展示活动”中执教《骆驼祥子》一课荣获一等奖。并向与会教师赠书《语文教学十大创新课型》1080 本。

39．2017 年 5 月 28 日在《中学语文教学参考》杂志社举办的全国初中语文“年轻教师成长”论坛活动中做学术讲座《学会构建语文教学课型》。

40．2017 年 7 月 9 日为深圳市光明新区初中语文教师暑假培训会做《语文教学十大创新课型》讲座，并向与会教师赠书《语文教学十大创新课型》120 本。

41．2017 年 9 月为深圳市龙岗区民办初中语文科组长培训做题为《语文教学十大创新课型》的讲座，并向与会教师赠书《语文教学十大创新课型》120 本。

42．2017 年 11 月为东莞市初中语文国家统编教材研讨会做题为《如何提高语文课堂效率》的讲座。

43．2017 年 11 月为东莞市初中语文国家统编教材研讨会上《秋天的怀念》的示范课。

44．2018 年 4 月有 18－19 日，广东省教育学会中学语文教学专业委员会在龙城初级中学召开“广东省初中语文深圳龙岗立体教学经验交流现场会”，面向全省推广“立体教学”。

45．2018 年 4 月 20 日，在“广东省初中语文深圳龙岗立体教学经验交流现场会”执教研讨课《孤独之旅》。

46．2018 年 5 月 8 日在佛山禅城区初中语文教师素养提升活动中执教《孤独之旅》观摩课。

47．2018 年 5 月 8 日在佛山禅城区初中语文教师素养提升活动中做专题讲座《怎样提高语文课堂教学效率》，并向与会代表赠送 100 册《语文教学十大创新课型》。

48．2018 年 5 月 20 日在由陕西师范大学基础教育研究院主办的“全国中学语文名师精品课展暨学科综合素养高端论坛”上执教示范课《武陵春》。

49．2018 年 5 月 20 日在由陕西师范大学基础教育研究院主办的“全国中学语文名师精品课展暨学科综合素养高端论坛”上学术讲座《立体教学的应用价值》。

七、获得荣誉

1．1987 年荣获北方七省中学生作文竞赛优秀指导教师奖。

2．1988 年 9 月被评为中共临猗县“先进教育工作者”。

3．1999 年 5 月荣获山西省“运城地区首批青年学术技术带头人”称号。

4．2001 年 4 月荣获第七届中华圣陶杯中学生作文大赛指导优秀奖。

八、媒体宣传与推广

1．1990 年 4 月 14 日《山西日报》报道《孙春成任教五年，写论文三十多篇》。

2．1994 年 11 月 25 日《山西日报》报道《举前贤之未及，启后学于成规——记教育名人孙春成》。

3．1994 年第 11 期《青少年日记》封二人物。

4．1995 年《中学语文教学》第 1 期专题报道《梅花香自苦寒来——记立体教学理论的开创者孙春成》。

5．1998 年 1 月 2 日《中国教育报》报道《建树“立体教学”的人》。

6．1998 年《语文教学通讯》第 5 期封面人物。

7．2000 年 5 月 19 日《中国教育报》加“编者按”整版介绍、推广了“立体教学”在深圳市龙岗区小学语文的实践经验《发展思维培养创新型人才》。

8．2002 年第 3 期《中学语文教学》封二人物。

9．2002 年 12 月 4 日《龙岗日报》专题报道《“立体教学”研究者孙春成速写》。

10. 2003 年 4 月 12 日《深圳特区报》专题报道《孙春成：高声喊出“立体教学”》。

11. 2003 年《记者观察》第 4 期报道《孙春成与“立体教学”》。

12. 2003 年在《中国教育电视台》《学术报告厅》栏目做“立体教学”学术报告。

13. 2003 年《中国小学语文教学论坛》第 6 期封面人物。

14. 2003 年第 6 期《中国小学语文教学论坛》辟“立体教学观”专栏。

15. 2003 年第 7 期《中学语文教学》辟“立体教学课例研讨”专栏，钱梦龙发文点评《启而不发，跃如也》。

16. 2003 年 1 月 10 日《中国教育报》整版介绍、推广了“立体教学”的系列成果，肩题为“18 年教研实践执着追求，13 部教学专著心血凝成”，主标题是“他挑战语文课堂教学”，副标题是“记‘立体教学’的创立者孙春成”。

17. 2004 年中国教育电视台播《中国教师》栏目 20 分钟，专题报道《孙春成和他的“立体教学”》。

18. 2004 年在深圳卫视《论道》栏目做学术报告《创新教育呼唤创新型人才》。

19. 2004 年深圳卫视播 45 分钟专题节目《“立体教学”的创立者——孙春成》。

20. 2004 年 5 月 29 日《晶报》专版报道《经历了风雨才能见彩虹》。

21. 2017 年第 1、2 期《中学语文教学参考》刊登魏书生老师为《语文教学十大创新课型》所写序言，题为《我与孙春成的师徒情缘》。

22. 《深圳侨报》2017 年 5 月 10 日发表《语文教学十大创新课型》书评《课堂教学的升华，科学思辨的结晶》（潘希武，正高级教师，博士，深圳市教育科学研究院副院长）。

23. 《中学语文教学》2017 年第 6 期发表《语文教学十大创新课型》书评《艺术活动的写真，科学思辨的结晶》（潘希武，正高级教师，博士，深圳市教育科学研究院副院长）。

后记　　教育贵在创新，创新始于问题

一个民族要想站在科学的最高峰，就一刻也不能没有理论思维。纵观人类社会发展的历史，就是人们不断创新的历史。创新是生存于这个时代的人最不可缺少的精神和素质。创新的重要性已经被提到了关乎一个民族生死存亡的高度。江泽民同志指出：“面对世界科技飞速发展的挑战，我们必须把增强民族创新能力提到关系中华民族兴衰存亡的高度来认识。”不会创新就意味着不仅不能适应这个时代，还会被这个时代所淘汰。

当前，我们讨论的热点问题就是：如何培养学生的核心素养？从本质上讲，教育从来就应该将培养学生的创新精神与能力作为重要任务和核心目标。世界各国都已经开始对本国创造型人才的培养给予前所未有的重视和关注。日本政府提出“创造力开发是通向21世纪的保证”；美国哈佛大学校长普西认为：“一个人是否具有创造力，是一流人才和三流人才的分水岭。”在这样一个时代，我们以往的惯于维持和适应的教育已经到了不得不彻底改革的时刻。不是吗？君不见，在传统教育模式下，我们已经培养了太多的知识累积型人才，我们已经拥有了不少的高分低能者。

那么，究竟如何培养学生的创新精神和能力呢？有一则故事对我们的启发很大。

一个老人曾经搞了一次别开生面的测试，他用粉笔在黑板上画了一个“圆圈”，然后请被测试者回答这是什么。

结果，当问到机关干部时，他们一个个面面相觑，都用求救的眼光看着在场的领导。领导沉默许久，说道：“没经过研究，我怎么能随便回答你的问题呢？”

当问到大学中文系的学生时，他们哄堂大笑，拒绝回答这个只有傻瓜才回答的问题。

当问到初中生时，一位尖子学生举手回答：“是零。”他得到了老师的表扬。一位差生喊道：“是英文字母O”，他却遭到了老师的批评。

最后，当问到小学一年级的学生时，他们异常活跃地回答：“句号”“月亮”“烧饼”“乒乓球”“老师生气时的眼睛”“我家门上的猫眼”……

事后，老人给这次测试起了个题目：“人的创造力是怎样丧失的?!”

那么，人的创造力到底是怎样丧失的呢？这个故事耐人寻味，发人深省。老人认为，忽视创造性思维能力培养，便扼杀了人们的创造力。

创新能力取决于思维的创新；要培养学生的创新精神和能力，就必须关注学生的思维素质。是否关注学生思维素质的教育，是应试教育和素质教育的一条分界线。应试教育虽然也关注学生的思维，不过关注的重点不在提高思维素质，而在于建构适应考试需要的被动的思维方式。由应试教育训练出来的被动的思维方式，年复一年地销蚀着学生正在生长着的好奇心、求知欲、自信心和创造力，严重地阻碍了人的全面发展和健康成长。全面推动素质教育，就必须首先变学生的被动学习为主动学习，变学生的被动思维为主动思维，进而帮助学生建构起符合时代要求的辩证思维系统，提高思维素质。不断地优化思维，不断地强化思维能力，是思维素质内在的趋向性要求。由于思维素质对人的思维效率、思维的创造性、思维成果在实践中的施行具有关键性的作用，所以，旨在提高人的综合素质的诸方面的教育，便不能不关注学生思维方式的改进和思维能力的增强。

创造性思维本身即意味着创新，意味着不断地超越。创新能力的培养首先意味着创造性思维能力的培养。

其实，每个人身上都蕴藏着巨大的创造潜能，要把这种潜能充分挖掘出来，变成现实的创造力，必须通过接受科学合理的教育。心理学的研究表明，普通人所发挥出来的潜能，只是他身上所蕴藏的潜力的极小的一部分。即使是爱因斯坦那样的创造天才，也只不过开采出了他脑力的一小部分，有专家认为，这一小部分至多不会超过40%。大发明家尚且如此，普通人就更不用说了，多少有潜力、潜质的人都由于各种各样的原因被埋没、被忽视了。所以，美国心理学家、创造学家基尔福特指出，我们多数是创造性未得到发挥的人，而创造性得到充分发挥、发展的人只是极少数。这就给教育提出了一个严肃的问题，即如何找到一种有效的方法，使具有创造性但未得到充分发挥的人，通过接受教育，将自身的创造潜能最大限度地发掘出来；如何进行科学合理的组织，使得教育成为提高人们创造性的最佳外部诱因。这是教育面临的重大挑战。

心理学的研究还表明，人的思维活动是有规律可循的，人的思维能力也是可以培养和开发的。因此，无论使学生“学会生存”也好，“学会关心”“学会学习”也好，只有学会思维，学会创造性地思维才是最核心和最首要的。因此，21世纪的教育，必须把教会思维放在第一位，使得每一个受过教育的学生都能够自己发现问题、分析问题和解决问题，作出科学决策，进行有所创新的工作。让每一个学生学会思维，使其成为一个有思想的人，成为一个真正“受过教育的人”。

教育的真谛在于教会学生创新。教会学生创新，教会学生思考，语文教育有着不可替代的作用，因为语言就是思维的外壳，就是思维的外部表现形式。在语文能力中，无论听说读写哪一种能力，贯穿其中的归根结底是思维能力。所以，语文课堂教学一定要千方百计地激活学生的思维，使之绽放出创新的美丽花朵。

现代思维科学认为，思维过程起始于问题的形成和确定，任何思维过程总是指向于某一具体问题，没有问题，思维就成为无源之水、无本之木。纵观我们的一切教学活动，可以说都是以解决问题为出发点和归宿的，因此，旨在培养学生发现问题、提出问题、分析问题和解决问题诸能力的问题教学的产生将十分必要和自然而然。

“语文课堂问题教学课型”是对马赫穆托夫“问题教学”在语文教学中的创造性借鉴和发展。本书以基础教育新的课程改革为大背景，以培养创新人才为宗旨，以强化问题意识，培养学生的创新精神与创造性思维能力为切入点，以培养学生发现问题、提出问题、分析问题和解决问题诸能力为目标，从基本理论、教学目标、教学原则、结构功能、教学程序和教学方法诸方面，构建了语文课堂问题教学课型体系，是问题教学在语文学科应用的最新成果的科学整合，操作性极强，对于深化语文课改，教会学生创新、发展学生智力、造就创新人才，具有现实而深远的指导意义。

毋庸讳言，我们对“语文课堂问题教学课型”的探索，尚且不足甚至于幼稚，唯望本书能起到抛砖引玉之效，以吸引或感召更多的同仁加入研究语文课堂问题教学的队伍中来，努力为我国培养新世纪的创新型人才作出应有的贡献。

在成书的过程中，笔者参考或吸收了有关图书和报刊上的相关资料或论述，恕不一一注明出处，并在此特表歉意和谢忱！

最后，我必须要特别感谢我最尊敬的师长、爱戴的前辈、全国著名教育家、特级教师于漪老师，感谢她一直以来对我的教研工作的鼓励、支持和帮助！在于老师年事已高，且工作十分繁忙的情况下，她还欣然应允给我的拙作写序，令人感动之至！同时，我也必须感谢我尊敬的师长、爱戴的前辈，全国著名教育家、特级教师钱梦龙老师为本书题写书名！

孙春成

2017 年 5 月 6 日于深圳